NUMBER 604

THE ENGLISH EXPERIENCE

ITS RECORD IN EARLY PRINTED BOOKS
PUBLISHED IN FACSIMILE

HERACLIUS

THE BOKE
INTITULEDE ERACLES
AND... OF
GODEFREY OF BOLOYNE

CAXTON, WESTMESTER, 1481

DA CAPO PRESS
THEATRVM ORBIS TERRARVM LTD.
AMSTERDAM 1973 NEW YORK

The publishers acknowledge their gratitude to
the Syndics of Cambridge University Library
for their permission to reproduce the
Library's copy, Shelfmark: Inc.3.J.1.1.3499 and
the sections a and b; and the pages:
1_2; 1_3r; 1_7; 4_3; 4_6; 4_8r; 5_6r; 6_4v; 7_3v;
8_1r; 8_8v; 11_5r; 13_6r; 14_8v; 16_4v; 16_5r; 16_7r from
the Library's copy, Shelfmark: Inc.3.J.1.1.3498.

S.T.C.No. 13175

Collation: a^6, b^4, $1\text{-}16^8$, 17^6

Published in 1973 by

Theatrum Orbis Terrarum Ltd.,
O.Z. Voorburgwal 85, Amsterdam

&

Da Capo Press Inc.
- a subsidiary of Plenum Publishing Corporation -
277 West 17th Street, New York N.Y. 1011

Printed in the Netherlands

ISBN 90 221 0604 7

Library of Congress Catalog Card Number:
73-6140

The hye couragyous faytes. And valyaunt actes of
noble Illustrous and vertuous personnes ben digne
to be recounted, put in memoryc and Wreton. to thende
that ther may be gyuen to them name Inmortal by so=
uerayn laude and preysyng. And also for to moeue and enflam
me the hertes of the Redars and hierers. for teschewe and flee
Werkes vycious dishonnest and vytuperable, And for tempryse
and accomplysshe enterpryses honnestes and Werkes of gloryous
meryte to lyue in remembraunce perpetuel, ffor as it is so that
thystoryagraphes haue Wreton many a noble hystorye as Wel in
metre as in prose. By Whiche thactes and noble faytes of thaun
cyent conquerours ben had in remembraunce and remayne in gre
te large and aourned volumes and so shal abyde in perpetuel me
morye to thentente that gloryous Prynces and hye men of noble
and vertuouse courage shold take ensample temprise Werkys lee
ful and honneste, Fyrst for goddes quarell in mayntenyng oure
fayth and the libertees of holy chirche. For the recuperacion of the
holy land Whiche our blessyd lord Jhesu Criste hath halowed by
his blessyd presence humayne and by sheding therin for oure re=
dempcion his precious blood. ffor the releef of suche cristen men as
ther dwelle in grete myserye and thraldom. And also for the de=
fence of theyr Royammes. Londes. Enherytages and subgettes
And for thyse causes tendeuoyre theym in theyr noble personnes,
With alle theyr puyssaunces and power. tadresse and rempyse theym
in theyr auncyent Fraunchyses and lyberte, Accordyng to that
We fynde Wreton in holy scripture of many noble historyes. Which
Were here ouer long to reherce. But in especial of thre noble and
mooste Worthy of alle other. that is to Wytte fyrst of duc Josue
that noble prynce Whiche ladde and conduyted the Children of
Israhel the chosen people of God oute of deserte in to the lon=
de of promyssyon the Londe flowynge Mylke and hony.
Socondly of Dauyd the Kynge and holy Prophete, Whome
God chaas after his herte, And achyeuyd many grete Ba=
taylles gouernyng the sayd chosen people of God by the
space of fourty yeris, And the thyrde of the Noble Judas Ma=
chabeue. how he deffended the sayd people in fyghtyng many
and meruayllous Batayles. for verray zeele and loue of his la
We and mayntenyng of the same. Vnto the deth. ffor Which causes
a forsayd the names of thyes thre abyde perpetuel for thre of the
mooste beste and Nobleste of the Jewys, And in the nombre of

a ij

And by cause valyaunce and prowesse is remembryd emong the gentylesz paynymes as emong the hebrewes I fynde wrtton of the incredible chualrous prowesse of the noble and valyaunt Hector of troye Whos excellent actes wryten Ouyde Homer Virgyle Dares Dyctes and other dyuerse and eche better than other wherchyng his noble vertues strengthe and humanyte Secondly of Alysaundre the grete kynge of Macedone Which domyned and had w hym obeyssaunt the vnyuersal World And the thyrde the noble Julyus Cezar Emperour of Rome Whos noble actes ben wreton by poetes as lucan state and other And dayly remembryd as newe and fresshe as be yet lyuyd Whiche thre ben sette as for the moost Worthy emong the gentyles and paynems

Now lete Vs thenne remembre What hystoryes ben wreton of Cristen men of Whom ther be many Wreton But in especial as for the best and Worthyest I fynde fyrst the gloryous most excellent in his tyme and fyrst founder of the round table Kyng Arthur kyng of the brytons that tyme regnyng in this Royamme of Whos retenue Were many noble Kynges Pryncos lordes and knyghtes of Which the noblest Were knyghtes of the round table of Whos actes and historyes there be large Volumes and bookes grete plente and many O blessyd lord Whan I remembre the grete and many Volumes of seynt graal ghalehot and launcelotte de lake Gawayn perceual Lyonel and tristram and many other of Whom Were ouer longe to reherce and also to me vnknowen But thystorye of the sayd Arthur is so gloryous and shynyng that he is stalled in the fyrst place of the mooste noble beste and Worthyest of the cristen men Secondly of Charlemayn the grete Emperour of Allemayne and kyng of ffraunce Whos noble actes and conquestes ben wreton in large Volumes With the noble faytes and actes of his douze piers that is to saye Rowlond and olyuer With the other Whos name and renommee abydeth also perpetuel and is stalled in the second place emonge the most Worthy of Cristen men Of alle thyse historyes a for rehercd the bookes and Volumes ben had in latyn frensshe andz Englysshe and other langage

Thenne as for the thyrd of the Cristen pryncos taken reputed and renommed for to be egal emong thyse Worthy z best that euer Were I mene the noble Godefroy of Boloyne Whiche

now but late not yet four C. yere syth he floured and was stal
led in the thyrde stalle of the moost worthy of Cristen men . whos
hystorye is made and wreton in Latyn and frensshe in large and
grete volumes/ And as not knowen emonge vs here , whiche ben
adiacent and neyghbours to the place of his natyuyte, whos no-
ble hystorye I late fonde in a booke of frenssh al a longe of his
noble actes valyaunces prowesses, and accomplysshement of his
hye empryses, In whiche I fynde very causes as me semeth
moche semblable and lyke vnto suche as we haue nowe dayly to
fore vs. by the mescreauntes and turkes emprysed/ ayenst Cri-
stendom. And yet moche more nowe than were in his dayes/ ffor
in his dayes the turkes had conquerd vpon Cristendom but vn
to the braas of seynt George by Constantynople. And had no
foote on this syde the sayd Braas. but at this daye it is so that
they haue comen ouer and goten that Imperial Cyte Constanty
nople a forsayd, and many Royammes and countre / to the grete
dommage and hurte of alle Cristendom, To the resistence of whom
as yet fewe Cristen prynces haue put theym in deuoyr. Thenne
I retorne agayn vnto the conqueste at suche tyme as they were
come to the sayd Braas, that by the dylygent solicitude of a poure
heremyte/ the sayd Godeffroy of Boloyne and other dyuerse pryn
ces/ lordes and comyn peple auowed the croysyng and empryse to
warre agayn the mescreauntes. And to recouere the holy Cyte of
Iherusalem. whiche afterward they achyeupd and conquerd fro
the sayd braas vnto the holy lande and recouerd the holy cyte of
Iherusalem/ as in this sayd booke al a longe and playnly shal
appere. In whiche cyte the sayd Godeffroy was elect and chosen
for his vertue/ prowesse/ and blessyd disposicion to be kyng of the
sayd Iherusalem/ and the londe therabout

Thenne I thus vpsytyng this noble hystorye/ whiche is no
fable ne fayned thynge . But alle that is therin trewe /
Consyderynge also the grete puyssaunce of the Turke grete ene-
mye of oure Cristen fayth destroyar of Cristen blood and vsurpar
of certayn Empyres and many Cristen Royammes and coun-
trees. And nowe late this sayd yere hath assaylled the Cyte and
castel in the Isle of rhodes, where valyantly he hath be resisted. but
yet not withstondyng he hath approched more ner. & hath take the
Cyte of Ptronte in puylle . by whiche he hath goten an entre
to entre in to the Royamme of Naples. And fro thens withoute
he be resisted vnto Rome & ytalye , to whos resistence . I beseche

a3

almyghty God to prouyde yf it be his Wylle. Thenne me semeth
it necessary and expedyent for alle cristen prynces to make peas /
amytye and allyaunce eche With other·and prouyde by theyr Wyse
domes·the resistence agayn hym for the defense of our fayth and
moder holy chirch/ e also for the reuperacion of the holy londe e
holy Cyte of Iherusalem/ In Whiche our blessyd sauyour Ihesu
Crist redemed vs With his precious blood. And to doo as this no
ble prynce Godeffroy of boloyne dyde With other noble and hye
prynces in his companye· Thenne for thexhortacion of alle Cristen
prynces /Lordes/ Barons/ knyghtes /Gentilmen/ Marchanntes /
and all the comyn peple of this noble Royamme Walys e yrlond
I haue emprysed to translate this book of the conquest of Iheru
salem out of frenssh in to our maternal tongue /to thentente tcn
courage them by the redyng and heeryng of the meruecyllous hist
toryes herin comprysed/ and of the holy myracles shewyd /that e /
uery man in his partye endeuoyre theym vnto the resistence a fore
sayd /And reuperacion of the sayd holy londe· e for as moche as I
knoWe no Cristen kynge better prouyd in Armes· and for Whom
god hath sheWed more grace /And in alle his empryses gloryous
Vynquysshour·happy and euyous /than is our naturel /laWful,
and souerayn lord and moost cristen kynge /EdWard by the grace
of god kynge of englond and of ffraunce and lord of yrlond /Vn
der the shadoWe of Whos noble protection /I haue achyeued this
symple translacion /that he of his moost noble grace Wold adresse
styre · or commaunde somme noble Capytayn of his subgettes to
empryse this Warre agayn the sayd turke e hethen peple·to Whiche
I can thynke that euery man Wyll put hand to in theyr propre
persones /and in theyr meuable goodes /Thenne to hym my moost
drad naturel and souerayn lord I adresse this symple and rude
booke besechyng his moost bountuous and haboundaunt grace to
recepue it of me his indigne and humble subgette William Cay
ton· And to pardonne me so presumynge· besechyng almyghty god
that this sayd book may encourage /moeue·and enflamme the her
tes of somme noble men·that by the same the mescreauntes maye
be resisted and putte to rebuke· Cristen fayth encreaced and en /
haunced·and the holy lande· With the blessyd cyte of Iherusalem·
recouerd and may come agayn in to cristen mens hondes· Thenne
I exhorte alle noble men of hye courage to see this booke and here
it redde· by Which ye shal see What Wayes Were taken: What noble
proWesses and Valyaunces Were achyeuyd by the noble compa /

nyes·ჳ especial by the said noble prynce godeffroy of boloyne duc
of Loreyne , by whiche he deseruyd the name of one of the moost
worthy that euer were·and ys stalled in the thyrd stalle of the
Cristen conquerours , And in the nynthe of the mooste worthy /
where his name and renomme shal remayne and abyde perpetuel /
And for to deserue the tenthe place . I beseche almyghty God to
graunte and ottroye to our sayd soueraynlord·or to one of his no
ble progenye / I meane my lord prynce·and my lord Rychard
Duc of yorke and norfolke·to whom I humbly beseche / at theyr
leyzer and playsyr to see ჳ here rede this symple book. by which
they may be encoraged to deserue laude and honour·and that their
name and renomme may encreace and remayne perpetuel, And
after this lyf short and transytorye, All we may attayne to come
to the euerlastyng lyf in heuen· where is ioye and reste withoute
ende·Amen

Thenne for to knowe the content of this book·ye shal playn
ly see by the table folowynge· wherof euery chapytre trea=
teth at alonge

Of thardaũt desire that the peple had to see Jherusalem, and hoW thoost approched and Was lodged by ordenaunce capitulo ☾ lxbij
Of the situacion of Jherusalem, andz of the descripcion, andz also of many other cytees toWnes and countrees theraboute ·
Capitulo ☾ ℒ xbiij
HoW Jherusalem hath hadz many names after dyuerse lordes therin regnyngz, And yet of the situacion Wel at longe
Capitulo ☾ ℒxix
Here thystorye deuyseth of many merueyllous edifyces conteyned in the same cyte of Jherusalem, e Who made them capitulo ☾lxx
HoW the turkes of Jherusalem Whan they kneWe the comyngz of oure hooste stopped the pyttes andz fontaynes of the toun ,
Capitulo ☾ ℒxxi
Of the nombre of them of thoost, of them of Jherusalem, and hoW our men lodged them in the siege to fore Jhrlm, capitulo ☾ ℒxxij
HoW our men began tassaylle Jherusalem, Andz of the grete dy ligece that they dyde to make engyns for to take it, cõ? ☾ ℒxxiij
HoW our peple Were in grete meschyef atte sayd siege, And hoW the turkes deserted them, by cause they myght yssue andz entre in and out of the toun capitulo ☾ ℒxxiiij
HoW the turkes enforced them to make merueyllous engyns ayenst oures, and of the meschyef don to the cristen men dWellyng in the toun capitulo ☾ ℒxxb
In this tyme arryued a ship of geneWys atte porte of halappe · And hoW theyr messagers cam in to thoost andz of theyr request,
Capitulo ☾ ℒxxbj
HoW alle the pylgryms euerich after his estate, payned them to make thengyns for thassault capitulo ☾ ℒxxbij
Of the fayr processions that oure pylgryms made, to thende that god shold gyue to theym byctorye, And hoW they pardonned eche other theyr male talentes and euyll Wylles capitulo, ☾ ℒ xxbiij
HoW oure men sodenly transported in the nyght theyr engyns · Vnto that other parte of the toun for tassaylle on that syde
Capitulo ☾ ℒxxix
HoW the daye foloWyng our peple made a merueyllous assault, e hoW the turkes defended them subtylly e Wel capitulo ☾ ℒxxx
The nyght departed the sayd assault, our peple WithdreWe them, And hoW they Watched theyr engyns, andz the turkes the toun,
Capitulo ☾ ℒxxxj
HoW oure peple returned agayn on the morn to thassault, Andz

Here endeth the table of the content and chapytres nombred of
this preſent book entitled the ſiege and conqueſte of Iheruſalem
by criſten men

¶ Here begynneth the boke Intituled Eracles, and also of Godefrey of Boloyne, the whiche speketh of the Conquest of the holy londe of Jherusalem, conteynyng diuerse Warres and noble faytes of Armes made in the same Royame, and in the contrees adiacent And also many meruayllous Werkes happed and fallen as wel on this syde, as in tho partyes this tyme durynge, And how the valyant duc Godefrey of Boloyne conquerd with the swerd the sayd Royamme, And was kynge there,

¶ The ffirst chapitre treateth how Eracles conquerd Perse and slewe Cosdroe, and brought in to Jherusalem the very crosse, capitulo ¶ primo,

THe Auncyent hystoryes saye that Eracles was a good crysten man and gouernour of thempyre of Rome, But in his tyme Machomet had ben whiche was messager of the deuil And made the peple to vnderstonde, that he was a prophete sente from our lorde, In the tyme of Eracles was the fals lawe of machomet sowen and sprad abrode in many partyes of thoryent, and namely in Arabye, in so moche that the prynces of the londes yet Wold not gyue faith to his secte that he prechid and taught Whiche is cursed and euyl, but he constrayned them by force and by swerd to & alle their subgets to obeye to his commandemens, and to byleue in his lawe, Whan Eracles had conquerd Perse and slayn cosdroe Whiche was a puissaunt kynge he brought agayn to Jheru= salem the very Crosse, Whiche they had ladde in to perse, And abode and dwellyd in the londe of Surye, And dide do ordeyne and chose a patriarke a moche wise man named Modeste, By whos counseil he dyde do make agayn the chirches, and habylled the holy places, and clensed them that the tyraunt Cosdroe of Perse had smeton doun and destroyed, Eracles sette grete entente & made grete costes for to repayre them, And whiles he entended ther aboute, homar the sone of captap whiche was a prynce of Arabe the thirde after ma= chomet, cam in to this contree named palestyne with so grete nom= bre of peple that alle the londe was couerd with them, and had thenne taken by force a moche stronge Cyte of that londe named Jadre, ffrom thens he drewe hym toward damaske, and assieged

12

the cyte/and by strengthe toke hyt/ffor he had so grete a nombre of
peple that nothyng myght resiste hym/themperour heracles which
yet dwellyd in a parte of this londe named Cylyce herde tydynges
of this peple/And sente good espyes & trewe in whiche he trusted
for to see and serche their couine/ffor he desyred moche to haue a
doo with thise peple on the felde and fyghte and chase them out of
the londes and cytees whiche obeyed to Cristente & to thempyre of
Rome But whan his messagers cam he had by them knowlecte
certaynly that he had not peple ynowhe to fyghte ayenst them/ffor
they were so fyers & so orgupllous of the grete nombre of peple that
they had/that they thought/nothyng myght resiste them/And ther
vpon heracles had deliberacon and counseilled with his peple/that
it shold be lest dishonour to departe and retorne in to his cotre/than
suffre his peple to be destroyed & myght not amende it/Thus thene
he departed out of Surye by cause the kynge of Arabe & his peple
were of so grete power & so proude/as they p fonde all the contre
habandonned to them/ffor in a shorte tyme they had conquerd alle
the contre of Surye vnto Egypte /One thynge that was to fore
happenned in this contree whiche helpe moche them of Arabe ten-
crece their power ffor cosdroe the puissant kynge of perse of whom
I haue spoken to fore/had ben with grete puissaunce in Surye
and had destroyed the Cytees and castels/brent townes & chirches
and slayn grete partye of the peple/and the remenant had brought
in to Captyuyte/And toke the cyte of Iherusalem with force and
slewe within the toun xxxvj . M . men/And bare away with
hym the Veray crosse that our lord Ihesu Cryste suffred deth on for
vs And ladde with hym the patriarke of Iherusalem named A-
charye and brought hym with hym with the other Captyfs,

Here recounteth thistorye how that the puissaunt kynge Cosdroe
wastyd the Empyre of Rome for tauenge the deth of themperour
Maurice/fader of his wyf/capitulo   ij°

NOw I shal telle yow why he had so doon/lyke as I sayde
he was a ryght myghty kynge / now had ther ben an em
perour at Rome named Maurye which as we fynde
was moche acqueynted with seint gregorie And was his gossib

ffor the sayd sepnt Gregorye had cristenyd to hym a doughter na-
med Marie, This Maurice gaf her in Maryage to this Cosdroe,
And ther by was a grete frenship bytwene them, z grete alyaūce
bytwene them of perse and the Romayns as longe as themperour
lyued in suche wise, that for the loue of his wyf, z the Romayns
whiche were Cristen, This Emperour made Cosdroe to be baptised
But after it befylle y fom slewe in treson this Emperour Mauri-
ce, And was Emperour in his place, and was called ffom czar,
whan cosdroe herd herof he had mervyllous grete sorow grete des-
dayne, grete orguyel z grete hate ayenst the peple of the Romayns
by cause that he whiche had slayn theyr lorde vntrewly, and
was yet blody of the blood of the emperour they had chosen to be
their lord and had gyuen to hym thempire, ffor this cause he enten-
ded to his power to hurte and destroye al thempire of Rome,
And for this cause for tauenge the deth of the fader of his wyf,
whiche ofte enticed hym therto, he entred in to the londe of Surye
whiche thenne was subget to thempyre of Rome and wasted z
destroyed it, lyke as I haue said to fore, and voyded almost alle
the peple that was therin / ffor whiche cause This kynge homar
aforsaid z his peple of Arabe that fonde this londe so voyde myght
the better do theyr wylles with alle/

How this puissaunt kynge entred in to Iherusalem, and demaū-
ded dylygently of the Temple and reedyfied it and assigned grete
reuenues therto for tentretene it capitulo   iij°

Whan they cam in the holy cyte of Iherusalem. they fonde
it destroyed, and deserte, sauf a fewe cristen men whiche
dwellyd there and were suffred that they shold lyue as
Cristen men and make agayn their chirches and that they shold
haue a patriarke In the while that this myghty prynce duellid
in Iherusalem he began tenquyre moche ententifly of the peple of
the toun z pryncipally of the patriarke whiche was named So-
phonye, z had ben chosen after modeste whiche was deed of whom
I haue spoken to fore In what place the temple of our lord
13

had be Whan Titus the prynce deffeted and destroyed al the cyte he shewid to hym the very certayn place & the fondamentes & a part of the murayltes Whiche were thene yet apperyng, he made anon to be sought & to be brought to hym Without longe taryeng grete nombre of masons & of carpenters, & dide do be fette stones of marble & of other manere & alle thynges necessarye therto he dide do assemble as moche as shold nede, And devised the maner and ordynance of the mesure, and of the dyspences for to make the temple And as he was a noble prynce of hye affaire & noble, he brought anon to ende this that he had emprised in suche wise that the temple was redefyed in suche forme and estate as it yet apereth, this saide prynce hym self assygned grete rentes & revenues ffor ever more for to sustene and repayre alle that shold be nedeful to thedyfises and other necessites of the temple, and for the seruyng of the lyght, day and nyght by the handes of them that be commysed to kepe the temple, Ther is in the same temple within and without letters of golde in the langage of Arabe Whiche devyse as we suppose, Who was he that redefyed the temple, and what tyme, And how moche it costeth rebylde it,

How Charlemayne by his lyberalite gate for the prouffyt of cristen peple in hethenes, Champyre of hethen prynces, capitulo   iiij

Hus it happed that this holy cyte of Iherusalem for the synnes of the peple was in seruage and in daunger of hethen peple longe tyme, That is to wete cccc xxx iiij yere contynuelly but not allway in one manere, They were one tyme better & another tyme werse, lyke as the lordes chaunged Whiche were of dyuerse maneres & condicions but neuertheles thise peple were alway in subiection, It happed that one grete lorde of this saide la we had nyghe in his seignorye all the londe of thoryent sauf only yne, This prynce was named, Aaron & his surname rssit, This man was of so grete cortoyse, of so grete largesse, of so hye vygour, and of so grete affaires in alle good maners that yet the paynems speke of hym, lyke as they doo in ffraunce of Charlemayn, they were bothe in one tyme this aaron & this charlemain

And therfore in their tyme the cristen peple in Iherusalem were in
better poynt/than thei had euer be to fore Vnder ony of the hethen pe
ple/ffor Charlemayn the good Emperour whiche so moche traua/
illed and suffred for our lorde/and so moche enhaunced the fayth
of Ihesu Criste to thende that the Cristiente in Surye myght be the
better and more debonairly cheryssed and entreated/Pourchassed
so longe that he had the loue aud acqueyntaunce of the said Aaron
by messages that sente and cam/wherof this Aaron had moche
grete Joye/And aboue alle the prynces of the world he louid and
honoured themperour Charlemayn and the Cristen peple that we/
re Vnder hym/And alle the holy places that were Vnder his po/
wer/he wolde that they shold be entretiened mayntened and wel
aourned lyke as Charlemayne had desyred and sente to hym
worde/wherof it semed that our peple beynge there/were more
Vnder the power of Charlemayne than Vnder the power of the
hethen men/whan he myght fynde the messagers of Charlemayn/
he charged aud laded them alle with rychesses of thorient/with
clothes of sylke with spyces/Jeweles of golde of dyuerse fa/
cions/And with ryche precious stones whiche he sente to his fren
de Charlemayn/And largely he gaf and rewarded the messa/
gers/And emonge al other thinges/He sente into ffraunce an
Olyphant/This debonayrte pourchased the good Charlemayn
for the Crysten men that were in captiuyte Vnder the said Aa/
ron/And in lyke wyse the said Aaron for the loue that he bare
to Carlemayn pourchassed for other Cristen men that were in
al hethenes Vnder dyuerse lordes as in egypte And in Aufri/
que/That is to seye in Allexandrye/And in Cartage/ffor he
sente grete yeftes aud moche good to sustene the power of Cris/
ten men & sente grete presentes Vnto theyr lordes & maistres my serie
auntes & amyable letters/In suche wise that he pourchassed their
loue & acqueyntaunce/by whiche they conteyned them more debo/
nairly Vn to cristiens y were in theyr subiection thus dyde the hye
prynce charlemayn Vnto the hethen lordes that were fer fro hym/
ffor it is to be bileuid/that yf he had ben nyghe to them that
he wold haue essayed for to haue delyuerd in another maner the
peple of our lord lyke as he dyde ryght gloriously in many
places/

1 4

Of the noyse that sourded emonge the hethen men discordynge in
theyr lawe,and how they of egypte yssued out of theyr londe and
of the euyllis that they dyde capitulo   v°

i N this season it happed that a grete debate sourded by
twene the mescreauntes of Egypte , and the mescreauntes
of Perse,ffor eueryche partye of this peple wold haue the
seignourye vpon the other,The Rote of this grete hate and enuye
sourded and aroos of that whyche discorded , and yet dyscorde of
certayn poyntes of theyr lawe,in suche wise that they haue dyuer
se names , ffor they that holde the lawe of perse haue the name in
theyr langage,soun,And they of the lawe of Egypte be named
sixa.And they be not so ferre fro the very crysten lawe , as ben the
other,It happed that they of Egypte yssued out of theyr londe ,
and conquerd alle the londes vnto Antyoche,And emonge the
other cytees that were taken,The holy cyte of Jherusalem cam vn
der theyr power and seignourye,The peple that were there in cap
tinyte were resonably wel entreated,tyl it happed by the suffrauce
of god that his peple shold be chastised,and that was by a desloyal
and cruel lord and calyphe of Egypte whiche was named hecam,
he passed in malyce and cruelte alle his predecessours in suche wyse
that the peple of his lawe helde them as wode men of pryde , of
rage,and of falsehed,Emonge the other tyrannyes he commanded
to caste doun to the ground the chyrche of the sepulcre of our lorde
Jhesu Cryste,whiche had ben made first of Constantyne thempe
rour,by a noble Patryarke of Jherusalem named Maxyme,and
after redefyed by modest that other patriarke,In the tyme of he
racles of whom we haue spoken to fore,he sente to them a fals ca
liphe one his bayly whiche was lord of Rames and named hyart
This dyde the commandement of his lord and caste it doun to
grounde,In this tyme was patriarke of this chyrche a right va
lyaunt man named Oreste , and was vncle vnto this vntrew
kynge of Egypte broder of his moder , And this was the reson
why he was so cruel ayenste Crystiente,ffor the hethen men sayde
that he shold neuer be ferme in theyr lawe,by cause he had a crys
ten moder,And for to take away this suspecion he destroyed this

How thaffliccyon.iniuries and tormentes of crysten men grewe
in the tyme of Calyphe sextam capitulo   vi°

No thenne forthon began thestate of our peple at Jheru-
salem to be more greuous and more sorowful than it was
wonte to be, ffor they toke grete displaysir at theyr herte
for the chirche of the resurrexion of our lorde Whiche they sawe so
destroyed emonge them, And on that other syde they were char-
ged ouer sorowfully wyth tributes.taskes and tayllages ayenst
the custome and preuyleges graunted to them of hethen prynces,
And also they were deffended to make ony festes on the dayes of
theyr hye festes, but thenne they were compellyd to trauaylle by
force and angre,or they were commanded not to yssue out of theyr
howses ne dores,but holde them cloos wythin, to thende that they
sholde make no semblaunce of feste wythin them, And yet also
they myght not be therin in pees ne assured,but they caste at them
by the wyndowes grete stones. donge. dyrte. and foul ordure,
And yf it happed somtyme a Crysten man to saye a light worde
that dyspleased ony of the hethen men,Anon he shold be taken like
a murderer and brought to pryson,and shold lose therfore his fys-
te or fote, or he was brought to the gybet, And alle the good
that he had,was brought in to the handes of the Calyphe,Som-
tyme they wold take the chyldren of the crysten peple,bothe sones
and doughtres in to theyr owne howses, and made them mes-
creauntes ayenst theyr wylle, And somtyme by betynge, and
another wyth lyes and flaterye made many yonge folke to
renye our fayth, And thus they dyde to our peple moche sha-
me and grief, But notwythstondyng, good crysten men lefte
not, but admonested and conforted the peple to suffre al this

With a good here and veri penitence for the faith of Ihesu Criste
and promysed them for thise shames ,the ioye ,honour and the
glorye of heuen Whiche euer shal endure ,The good Cristen peple
spack so to gydre , that they euforced them to holde And ke-
pe their cristen fayth the more surely ,By cause they dyde them
so moche harm And repreef It sholde be ouer longe a thin-
ge to recounte to you , Alle the meseases e the myschiefs that
the peplesof our lord endured that tyme .But I shal shew yow
one exampel , to thende that by the same ye vnderstonde the more
of other , One of the hethen men ouermoche malicious and vn-
trewe Whiche hated of ouermoche cruel hate the cristen men , he
aduised and thoughte an a day how he myght brynge them to
deth He sawe wel that alle the cyte helde the temple in moche
grete honour e reuerence Whiche was recedefyed e the laye peple na
med it ,the temple dominus ,e that they whiche had the charge
to kepe it dide al their peyne to kepe it cleen e nette ,now ther was
a place to fore the temple Whiche was named thaitre of the tem
ple , Whiche they wolde kepe as clene , as cristen men kepe their
chirches and aultres , And this vntreu man that I haue said
yow of to fore . Toke by nyght in suche wise that no man sa-
we it , a dede hounde al roten and stynkyng and brought it in
to the same aitre to fore the temple , On the morn whan they
of the tonn cam to the temple they fonde this dogge , Thenne
sourded and aroos ,a crye ,a noyse and a clamour so grete
thurgh alle the toun ,That ther was nothinge spoken of but of
this hounde · They assembled ,and put out of doubte ,that this
was not doon ne caste there but by the Cristyens , Alle the he
then men Accorded to this poynt that alle the cristen peple shold
be put to deth With the swerd , And there were theyr swer-
des drawen redy out , And they also that sholde smyte of their
heedes · Emonge the cristen men was a yonge man of a moche
grete herte and of grete pyte , And spak to the peple and said
to them , ffair lordes trouthe it is , That I am not culpable in
this thinge . ne none of yow as I byleue certaynly ,But it
shold be ouermoche grete dommage yf we alle shold deye thus
ffor by this shold alle the Cristendome be quenchid in this lon-
de , Wherfore I haue thought in my self , How I shal de-
lyuer yow alle by thayde of our lord , Two thynges I

desyre of you for the loue of god / That one is that ye praye for my
sowle in your orisons / That other is that ye deporte and honoure
my poure lygnage / ffor I will take this thinge on me / and saye
that I allone haue doon this fayt which they put on vs alle / they
that doubted the deth had grete Joye whan they herd this / and pro-
mysed to hym their orisons and thonoure of his lygnage / In this
maner that they of his lygnage euermore on palmsonday shal be
re tholyue which signyfyeth Jhu Criste whan he cam in to Jhe-
rusalem / Thus this man cam to fore the Justice / And said to them
that the other Cristen men were nothyng culpable in this fayt /
and sayde that he hym self had doon the dede / whan they herde this /
they delyuerd alle the other / And he only had his heed smeton of /

How at the requeste of Themperour of Constantynoble the cristen
men obteyned lycence to bylde agayn the chirche of the holy sepul-
cre capitulo   .lij°.

¶   Moche diseases suffred the peple of our lord in this tyme but
         Jhu cryste that wel can sette remedyes in thinges moeue
illouse out of ordre / & recomforte them after ffor this vntrewe
prynce of egipte betam deyde / and his sone named daher regned af-
ter hym / This daher rene wed the alyaüces with themperour of con
stantynoble which was a Romayn and named Eliopolitans ,
he prayde the said daher whom he moche louyd that he wold suffre
that the Cristen men myght redefye the chirche of the holy sepulcre
which his fader had do beten doun / he graunted it for the loue of
themperour / It was not longe after that this emperour deyde / and
after hym regned Constantyn which had to surname Monoma-
ques / which is to saye in grece as a man fyghtyng allone / The po
ure cristen that were in Jherusalem had lycence for to make agayn
their chirches / but they had not the power for their pouerte / And
herupon they had a counseyl that they wold sende to themperou-
ur / and requyre hym for goddes sake that he wold helpe and
socour of his Almesse for the redefyeng of this holy werke ,
Ther was in the toun of Jherusalem a good man named Johan

Cariaintes born in Constantynople & had ben a grete gentilman of the contre as of his lignage, But yet Was he more gentil of herte & good maners, This man Was comen on pylgremage to the holy sepulcre and had lefte alle the kobaūce and thonour of the World, & had taken thabyte of relygion, ffor to folo we our lord Jhesu Criste in pouerte in the place, where he suffred pouerte & messease for vs This said John Was prayd of alle the cristen peple there that he Wolde entrepryse this message for to go to themperour for the loue of god and of them, he dyde it With a good Wylle and departed, aud cam in to Constantynoble and spak to themperour, and dide alle that he Was requyred, ffor themperour graunted that he Wolde make alle the dispences that shold be nedeful to the byldyng of this holy chirche, and Wolde recevye it at his owen coste, This John Was moche Joyous Whan he had so wel accomplisspd his message, and toke leue of themperour and cam agayn in to Jherusalem, Whan he had said to the peple the good tydinges that he brought, they made grete Joye And many Wepte grete terees for pyte, by cause they thoughte that our lord Wolde not alway forgete them, Whan he had doo to them suche comforte, In this tyme Was patriarke in Jherusalem an holy man named nycesores, Themperour held ryght Wel his promesse ffor he sente Without taryeng grete partye of his tresour, and dide do make the chyrche of the holy sepulcre moche hye in thestate and manere that it is yet, And Was ful made the yere of thincarnacion of our lord a M. xl viii And had ben xxx vii yere destroyed This Was ryght the yere to fore that our peple recouerd the cyte, Whan the Cristen men there had made agayn the chirche, they Were moche Joyous and Were also therin Well comforted of alle theyr meseases and repreues that they suffred Wherof they had grete plente, not only in Jherusalem, But also in alle the cytees aboute, as in bethleem, And in the cyte Where Amos the prophete Was born named Tcaia, As ofte as the Caliphe sente in to the lande a newe bayly, so ofte Were sette on them new tributes & taillages Whiche they myght not Well paye, & yf they payed not anon they menaced them for to caste doun their chirches to the ground, & saide they had of theu lord comandement so to doo thus in this soro W Were the cristen peple, one While vnder them of egipte, another tyme vnder them of Perse, But this Was not but yet a begynning to them as Whan they cam vnder the power of the turques/ffor the turques conquerd the Royame of perse,and also of Egypte Thus the holy cyte fylle in to their demayne/Whiche demened it so cruelly & tormented it so cruely,that it semed to the peple of our lord that they had be in fraunchise and in grete reste vnder them of Egypte and of perse Thus helde the turkes them there viij yere,

Of the turkes froWens they cam ,and hoW they greWe in to grete puisaunce and dide chese them a kynge for to mayntene their Warres capitulo,   viij?

F
or as moche as We haue spoken of the turkes,& shal ofte speke of them in this book/me semeth good that I saye to yoW froWens this peple cam first/& Wherby they had so grete poWer/The turke & turkemans cam out of a lynage Rote & of a contre toWard the Eest Whiche is in surye And Were a peple moche rude & Without ordynaunce/ne had no contreye ne no certayn dWellyng place/But Went all aboute fro londe to londe,& sought pastures for their beestis/ne neuer dwellid in castel ne toun,And Whan they Wolde meue from one place to another, thenne Wente euery lynage by hym self,And they made in euery kynred or lygnage a prince Whiche Was theyr Justicer by thise pryncis all their mesfeates and trespaces Were redressyd and amendid,And they obeyed and dide that he or they comanded/They caryed With them alle theyr chynges seruauntes, menages, houshold, thier Oxen kyen sheep ,and other beestis In this thynge Was alle theyr rychesse,They laboured no londe by eeryng ne soWyng ne they coude neyther bye ne selle/ffor they had no moneye ,but their beestes their chese and Mylke changed thei for to haue other thinges that they neded Whan they had ben in one place and had nede to goo in to another,they sente the Wisest of their peple vnto the princes of the cotre/ And they made couenauntes for them for to dWelle in theyr Wodes & pastures for the tribute that they shold paye lyke as they shold accorde/NoW it happed that a grete partye of this peple departed fro the other,and entred in to the londe of perse,& fonde this londe moche plentyVous of pastures ,and ryght good of suche as they neded, And gaf to the kynge the trybute that they Were accorded fore/ And dWellyd there I can not telle hoW longe ,This peple began to groWe and mnlteplye in suche Wise that

there were of them a meruayllous grete nombre, in so moche that
the kynge and they of the contre self began to haue grete doubte of
them and fere, leste they myght doo harme by the power that ouer-
moche grewe and encreced, here vpon they had a counseyl emonge
them, that they wold dryue and chasse them by force out of theyr
londe, But after they chaunged theyr counseyl, and semed better,
that they shold charge them with suche tributes that they myght
not suffre, And thenne they shold departe by their owne agrement
lyke as they were come, Thus they dyde, But they suffred lon ge
this greuce, til atte laste whan they myght nomore suffre, thei cou-
seylled emong them self that they wold nomore paye to the kynge
Whan the kynge herde this, he dide do crye thurgh alle his Royam-
me, that they shold yssue out of it by a certayn day that was named
to them, And that they shold passe the flood named cobar Whiche is
Vtterist part of the Royame of perse on that other syde, And whan
they were departed and on the playn they sawe them self ouer &
apperceyued that they were so grete plente of peple that no londe
myght suffyse them, ne withstonde them yf they helde hem to gydre
ffor tofore whan they dwellid in perse, they dwellid fer a sondre in
suche wise that they knewe not their power, But now whan they
sawe that they were so many, they had meruaillous grete desdayne
of that they had suffred, and the pryde & greuousnes of one prince
They take counseyl emonge them and sawe that no peple myght
resiste them, but myght conquere alle londes ther aboute, But one
thynge destroubled them, and that was, they had no kynge on
them, And thenne they dyde in this manere, They fonde emonge
them an hondred lignages, of whiche euerich had his meyne, And
euery lignage brought forth an Arowe marked in suche wise that
the Arowe of eche lignage myght be knowen, and whan alle thise
Arowes were brought to gydre, They called a lytil chylde, and
commanded hym to take vp suche one as he wolde, ffor they had
acorded emonge them, that of the lignage that the Arowe shold be
taken vp by the chylde, they shold chese them a kynge, The chylde
toke vp one of a lignage that after was called Selduces, Now
they knewe that of this lignage they muste chese a kynge, And
they toke an hondred of the most prudent & wise men that they coude
fynde in al the lignage, And commanded that eche of them shold
brynge an arowe, wheron his name shold be wreton, And after
they called the chylde, and bad hym take vp one of the Arowes,
And concluded emonge them, that he shold be kynge, of whom he

toke vp the arowe, he toke vp one, on whiche was wreton Selduc,
This Selduc was a moche goodly man, and gretly honoured
in his lignage, he was grete and stronge a good knyght and wel
proued, and semed wel to be a good man and of hye werkes, They
chees alle this man for to be theyr kynge as they had promysed,
And dyde to hym homage and fealute by oth and obeyed hym and
honoured hym lyke as is don to a new kynge, This kynge for the
first of his commandementis commanded and made do crye ouer,
all on payne of lesyng of theyr lyues they shold repasse & goo ouer
agayn the flood of Cobar, and retorne agayn in to perse, ffor they
wold no lenger be in danger for to seche place and stede where they
myght dwelle, but wolde that they shold conquere this londe and
other, and retayne them in theyr seignourye, lyke as he sayd and
commanded it was don, ffor the peple conquerd in a short space by
force of armes not only the Royame of Perse, but alle Arabe and
other contrees of thorpent, and toke them by strengthe and retay-
ned them vnder theyr power, And thus it happed that this peple
that tofore had be so rude, and lyued so out of rule as beestis, after
gate in lasse than fourty yere so grete seignouryes as ye now here,
And mounted in so grete pryde, that they wolde no more haue the
name lyke as the other had, Wherfore they were called turkes,
The other that wold not leue theyr maner of lyuynge were alle-
way named and yet ben Turquemans, This peple whan they had
conquerd this contre of thorpent, they wold entre in to the Royam-
me of Egypte, ffor they were of moche grete puissaunce, And des-
cended in to Surrye, and conquered the contre, And emonge
the other cytees they toke the holy cyte of Iherusalem, And suche
peple as they fonde there they demened right euyl and tormentid
and greued them more than they had ben tofore, lyke as I haue
sayd to you tofore,

Of thorryble synnes regnyng thenne in crystiante as wel in thyse
partyes, as in tho partyes capitulo   ix°

W E haue herd how this peple that were crysten were deme-
ned in this contre of thorpent, Now ye may here how the
crystiente is contened and ruled in other partyes of the
world, knowe ye for certayn that this tyme were fouden but fewe,
that had the drede of our lord in theyr herte, Alle right wysnesse,
alle trouthe, alle pyte were faylled, The fayth of Ihesu cryste was

as it had be quenchid, and of charyte men spack not, debates, dis∕
cordes, and warres were nyghe oueral, in suche wyse that it semed,
that thende of the world was nyghe, by the signes that our lord
sayth in the gospell, ffor pestylences and famynes were grete on
therthe, ferdfulnes of heuen, tremblyng of therthe in many places
and many other thinges there were that ought to fere the hertes of
men to drawe them fro euyl, & to brynge to them the remembraunce
of our lord, But they were as deef and blynde of heeryng and of
seeyng, this that was nedeful to them for to saue theyr sowles,
The prynces and the barons brente and destroyed the contrees of
theyr neyghbours, yf ony man had saued ony thynge in theyr ke∕
pyng, theyr owne lordes toke them and put them in prison and in
greuous tormentis for to take fro them suche as they had, in suche
wyse that the chyldren of them that had ben riche men, men myght
see them goo fro dore to dore for to begge and gete theyr brede, and
somme deye for hungre and mesease, As to the chirches ne Religy∕
ouses they kept not theyr priuyleges ne none other fraunchyses,
but were taken fro them alle that mocht be founden as wel meo∕
bles, rentes, and other thynges, ye the crosses chalyces and the sen∕
sours they toke fro the chirches, and molte them for to selle, yf ony
fledde to the chirche for to warante and saue hym, he was taken &
drawen out vplaynously as out of a tauerne or ony other place,
To Monkes and clerkes were doon wronges and all the shames
they myght, Ther was no iustyce, but on them that trespaced not
ne forfayted nothyng, The contrees were ful of theues & of mur∕
driers, In cytees ne in good townes was noman sure, There reg∕
ned customably dronkenship, lecherye, playeng at dyse & robberyes,
ther was no mariage kepte, ne lignage, And also as of euyl lyf
were the clerkes or werse, as the other, The bysshops ne the other
prelates durst not reprehende ne chastyse none for theyr euyl wer∕
kes, The Rentes of holy chirche they gaf ne payd none, but solde
the benefices, And fynably I saye yow that alle euyl werkes had
surpzysed alle crystiente, in suche wyse that it semed that eueryche
dyde payne for to serue the deuyll,

Of a bataylle that themperour Romayne of Constantynople had
ayenst a puissaunt prynce of thoryent named Gelphet ca⁹   v⁰

o   Wr lorde that by his pyte chastyseth in this world for to spa∕
       re in that other, and can wel bete his children that he loueth

for to saue them suffred a grete flawe to come in to the contre for
to chastyse the peple. ffor in this tyme whan themperour Romayn
was lord in constantynoble, yssued out of the partyes of thoryent
a puissant hethen prynce named Welphet. whiche brought with
hym so grete plente of peple out of perse & surye that they couerd alle
the cōtre, & the multitude was so grete that it myght not wel be nō-
bred, they brought with them cartes, Charyottes, horses. camels,
beuffes, kyen, & other smale beestys so grete plente, that vnnethe it
myght be byleuydr. & with this grete apparayl. This grete force &
strengthe he brought in to thempire of constantinoble, & began to
take & waste alle that he fōde, & where as they fonde fortresses, cy-
tees or castellis they toke it al with assault. ffor nothyng myght re-
sist e them. But that they smote alle doun to therthe, alle the peple hool
fledde to fore hym, this tydynges cam to themperour that this gre-
te lord had supprised & taken alle his contre, anon without taryeng
he sente alle about in thempire. & dyde thēne somone alle his hoost &
assembled as moche peple as he coude gete, & as moche good as he
myght fine for this werke that was so grete, whan his peple were
comen he yssued with as many men of armes and of warre as he
myght haue, & drewe to that parte where this helphet cam, he fonde
hym to sone as he that was ferre entred in to the londe. whan they
knewe that eche of them was so nygh other, they ordeynedr theyr
bat3ylles for to fyghte. & assembled so cruelly & of so grete angre,
as peple that had eche to other grete hate. The hethen foughte for
enhaunce theyr lawe & for encrece theyr power. & the cristen men
defended theyr fayth & the lawe of Ihesu criste & to saue and kepe
theyr liues & franchyses and theyr wyues. childeren & theyr con-
tree. The bataylle was moche grete & cruelle. moche peple slayn &
blode shadde here & there Atte laste the grekes myght not suffre the
faytes ne the grete plente of the mescreaūs, andr fledde as discom-
fyted so fowle. that none retorned agayn. bnt ranne away with-
oute ordenaūce euerych where he myght best saue hym they that fol-
wed them dyde alle that they wolde. They slewe many. & toke gre-
te plente a lyue. Andr emonge alle other Themperour was taken
hym self. whan tydinges cam in to the contre that the batayl was
loste. andr themperour taken. ther was grete sorowe of alle tholde
men. wyues, & childeren that had not ben there. helphet this pryn-
ce of myscreauntes seeyng that he had thus playn victorye of the
cristen men. mounted & aroos in to grete pryde. ffor he thought wel
that he shold fynde no barre that shold lette hym to doo his will in

21

thempyre. Whan he Was lodged & his hooft aboute hym, he cōman-
ded themperour to be brought to fore hym Which had be taken in the
bataylle, & he sette his foote vpon the necke of themperour, & this
dyde he ofte & Whan he sholde mounte vpon horsbak or descende, in
shame and despite of the fayth of our lord and of the cristen peple
Whan he had thus a Whyle shamed reupled & despyted themperour
He lete hym goo & delyuerd hym & som of his barons, that had be
prisoners, & Whan themperour Was come agayn in to constanty-
noble, the barons of the londe reputed hym as ouermocke disho-
noured, as he that had shamefully conduycted the bataille & toke
hym & raced out his eyen & lete hym vse his lif in sorowe & shame
This prynce belphet began to take alle the londe in suche Wyse that
in a lytil Whyle he cōquerd fro the lystes of surye vnto the see cal-
led the braas of seynt george, Which is Wel xxx iourneyes of len-
gthe, & x of brede, & in som place xv, & Whan he cam to the braas,
he Wold haue passed in to constantinoble, Whiche is on that other
side of that litil see, But he myght not finde shippis ynoWgh, Thus
the cristen peple of that londe for theyr synnes Were vnder this cru-
ell peple, emong the other the noble and hye cyte Where saynt peter
Was & made fyrst as chyef of cristente, that is antioche Was taken
in the ende and subgette vnto the turkes, thus had this belphet in
his seygnorye & demayne the londes named celessurye, the two ali-
ces, pamphylee, lyce, lycarne, cappadoce galace, bethyne & a parte of
the lasse asye, alle thise coūtrees ar moch fertile & ful of peple, this
hethen peple began to bete doWn the chirches & greue the cristen pe-
ple as it plesyd them, ffor so grete afftraye & drede Was in the her-
tes of the cristen peple, that they alle fledde vj iourneyes fro the sa-
id belphet, this Was a thynge that greuyd merueylously the hoo-
ly cyte of Iherusalem & the peple of the coūtre, ffor Whyles themp-
erour of constantynoble Was in good pees & in his grete poWer,
many grete socours grete comfort of ryche yeftes & of large almes
ses cam vnto the peple of surye, and also fro the londe of antioche.
But thenne they had loste alle, & had none hope that euer ony ay-
de ne socours sholde come to them, Wherfor they supposed euer to be
in seruage & captyuite Without ony rauson

Of many maners of tormens that the cristen peple suffred for
theyr synnes in that tyme, capitulo   vjº
WHyles that this tyme Was so peryllous for the seygnorye of
    thyse hethen men, cam oftymes in pylgremages the grekes

and the latyns in to Iherusalem /ffor to praye oure lord and crye
hym mercy / that he wold not forgete thus his peple . yet many
cam theder in grete perylle . ffor alle the countrees by whiche they
shold passe were ful of theyr enemyes /and ofte they were robbed
and slayn , And whan they myght escape and come to the holy
cyte they myght not entre therin . But eche persone muste paye a
besaunt for trybute . Wherof happed ofte that they that were des-
poylled had not wherof they myght paye this trybute / & myght
not entre in to the town , And for this they suffred colde hun-
gre and grete mesease / And many deyde . And herof the Cristen
men of the town were moche greued / For they susteyned them
that lyued , And muste burye them that were dede / and seche
such thyng as was nedeful to them self & other / They that myght
entre in the town were yet more greued /ffor som were murdred in
the holy places of the cyte secretely /& was doon to them moche sha
me & repref openly . Ther was fylthe caste in theyr visage /& other
spytte in the myddes of theyr visage /& som men bette them , Wher-
fore the cristen men of the town that had som acqueyntaunces with
the hethen men conducted and ladde them to theyr pylgremages
for to kepe them to theyr power . There were in the cyte of them of
Malfe which is a cyte of puyll which had a chirche in Iherusalem na-
med saynte marye de la latyne wherby was an hospital of poure
peple . Where as was a chappel that was named saynt john clep-
mont /This saynt Johan was a patriarke of Allexandrye /Thab-
bot of the chirche of our lady had in his cure & in his pourteypaunce
this hospital . & pourchassed alle that was nedeful for them . There
were wexpuyd alle the poure pylgryms whiche had not wherof to
lyue , And this ho ws was of moche grete charyte /Thus were the
cristen peple in grete disease in the town ./But there was nothyng
that displesyd them . as whan they had made theyr deuocions atte
holy places in the town with grete traueylles & grete costes . And
whan they were in the seruyse of our lord /the hethen mescreauntes
cam in with grete noyse & crye . and satte vpon the aulters /threwe
doun the chalyces /brake the lampes /& the tapres /& yet for more to
angre the cristen peple /they toke ofte the patriarke which was the-
ne by the berde and by the heer , And threwe hym down to the
grounde /& defowled hym vnder theyr feet . of whiche alle cristente
had grete sorowe & moche pyte / In thyse sorowes & meseases we-
re the cristen men in the londe of Surye as I haue sayd you to fore
CCCC four score & ten yere /and alwey cryed vnto our lord for

mercy With syghes & teeres, & prayde hym deuoutly that he Wold not alle forgete them, But the good lord that aftir the tempeste & derke Weder can Wel brynge clerenes and fayr season beheld this peple in pyte, And sente to them comforte and delyuerance of the tormentes in Whiche they had longe ben

How aftir the had ben four C C C lxxxx yere in serua-
ge of the hethen peple, our lord pourueyed remedye for his cristen pe-
ple, capitulo   vij?

i Haue Wel said to you byfore, that out of many londes cam
pilgryms in to Jhrlm, among alle other ther Was one Which
Was of the royame of ffrance born in the bisshopryich of Amyens
That is to Wete, one named peter Whiche had ben an heremyte in a
Wode, And therfor he Was called peter theremyte, this Was a litil
man of body & as a persone had in despite & lytil preysed by sem-
blaunt, But he Was of a merueyllous grete herte, of moche clere
engyne, and good vnderstondynge, and spak right Wel, Whan he
cam to the gate of Jherusalem, he payd the trybute of a besaut & en-
tred in to the cyte, and Was lodged in a good cristen mans hoWs,
This petre alWey enqnyred & demauded moche of his hoost of the
gouernaunce & estate of the cyte, And hoW the cristen men conteyi-
ned them vnder the hethen men, And hoW theyr lord demened &
gouerned Hem, his hoost Whiche had longe ben in the toWne, tol-
de to hym alle the maner playnly of the tymes passyd. And hoW
the cristente had be defoWled, And the holy places dishonoured,
Whiche Was soroWful to here, And be hym self Which a good Whi-
le had be in the toWn for to doo his pylgremage, saWe Wel & per-
ceyued a grete partye of the caityfnes in Which the cristen men We-
re, he herd saye that the patriarke Was a good Wyse man deuote &
religyo9 Which Was named symeon, Peter thought that he Wold
goo & speke With hym, & demande of hym the estate of the chirckes
of the clergye & of the peple, he cam to hym & dyde so as he thought
And asked of hym alle thise thynges, The patriarke apperceyued
Wel by his Wordes and his coutinaunce, that he Was a man that
dredde god, & right Wyse and vnderstondyng, And began to telle
to hym by layser, alle the meseases of the cristen peple. Whan pe-
ter herde thise soroWes of the mouthe of this good man Whom he
byleuyd Wel coude not absteyne hym fro grete syghes, & Wepyng
many teeres for pyte, & ofte demaded of the patriarke yf ther Were
ony coseil & remedye for this Werke, & the holy & deuote patriarke

answerd hym. We haue made many oryfons & prayers vnto oure
lord god for to receyue vs in to his mercy and grace. But we ap/
perceyue wel, that our synnes be not yet purged, ffor we ben cer/
taynly in the culpe and blame. Whan oure lord whiche is so right/
wys holdeth vs yet in the payne. But the renome of the contrees
by yonde the montaynes is moche grete here. that the peple there
and specially of them of ffraunce ben good cristen peple and moche
stedfaste in the fayth. And therfor oure lord holdeth them at this
day in moche grete peas and in hye puissaunce, yf they wolde praye
our lord that he wolde haue pyte on vs, or that they toke counseyl
for to socoure vs, we haue certaynly hope that our lord shold helpe
vs by them for taccomplysshe oure werke. ffor ye see wel that the
grekes and themperour of Constantinoble whiche ben our neygh/
bours and as kynnesmen maye not helpe ne counseyle vs, ffor they
them self ben as who sayth destroyed, And haue no power to de/
fende theyr owne lande, Whan peter herd this, he answerd in this
maner, fayr fader trouthe it is. that ye haue sayd, ffor of that londe
am I. And god be thanked, the fayth of oure lord is moche better
holden there and kepte, than it is in ony other londes that I haue
ben in. syth that I departed on my journeye fro my contre, And I
byleue certaynly that of the mescase and seruage in whiche thise
hethen mysbyleuyd peple holde you Inne, that by the playsyre of
almyghty god by theyr good wylles they shold fynde coüseyl and
ayde in this your grete nede & werke, Wherfor I counseyl you one
thyng yf it be aggreable to you & seme good, that is that ye sende
your lettres vnto oure holy fader the pope and to the chirche of ro/
me vnto the kynges prynces & barons of the occident & weste par/
te, In which late them wete playnly how it is with you, & that ye
crye to them for mercy, that they wolde socoure you for the loue of
god & for his fayth in suche maner, that they myght haue honoure
in this worlde & sauacön of their soules in that other, & for that ye
be your peple, ye haue no nede to make grete dispeas, yf ye thynke
I be sufficiaunt for so grete a message, ffor the loue of Jhu Criste &
remyssyon of my synnes I shal entreprise this vyage and offre
my self to take so moche traueyl for you, And I promyse truly to
you that I shal late them haue knowlech how it is with you, yf
god sende me grace to come thydre, Whan the patriarke herd this, he
had moche grete ioye, he sente anon for the moost saddest & wysest
men of the cristen peple & for the clerkes & lay men, & sayde & shew
de to them the bounte and the seruyse. that this good man offryd to

23

them / They were right glad / And thanked hym moche / Thenne
anon withoute taryenge / they made theyr wrytynges and sealed
them with theyr seales / and delyuerd them to peter theremyte /

How the said peter theremyte entreprised the more hardyly his
vyage by thapparicōn or vision that he sawe in his sleep / ca̱ xiij?

Ruly our lord god is swete / pyteous / and mercyful / ffor he
wylle not suffre to perysshe / ne to be loste / them that haue in
hym ferme and stedfast hope / And whan the men lacke helpe / god
sendeth to them his ayde / And this may clerely be seen in this wer
ke / for fro whens cometh that this pour man / whiche was lytil &
despysed persone wery and brused of so grete iourneye and waye /
that durste enterprise so grete a dede and werke / how myght he we
ne that our lord wolde accomplysshe so grete a werke by hym / as
for to delyuere his peple fro the myserye and captyfnes that they
had ben in nygh fyue C yere / But this hardynesse cam to hym of
the grete charyte that he had in hym / And the fayth wrought in
hym for the loue that he had to his bretheren / In thise dayes hap
ped a thynge / that moche lyft vp his herte to poursue his enterpri
se / ffor this good man / whan he had taken this message and char
ge therof / he wente moche ofter than he was woonte to doo to the
holy places in the cyte · and cam on an euentide to the chirche of
the holy sepulchre / and made there his prayers deuoutly with gre
te plente of teeris / Aftir this he sleepte vpon the pauemēte / & hym
semed that our saueour Ihesu Criste cam to fore hym and charged
hym self to doo this message / And said to hym petre aryse vp has
tely / and goo surely thedyr as thou hast entreprysed / ffor I shal be
with the / It is now tyme from hens forth / that my holy cyte be
clensed / and that my peple be socoured / Petre awoke in this poynt
And was fro than forthon more abandouned vnto the waye and
also sure as his iourneye and message had be doon / he entermed
and appoynted his departyng for to doo his erande / And had leue
and benediction of the patriarke / he descended doun to the see / and
fonde there a shyp of marchauntes that wolde passe in to puylle /
he entred in to the ship / the which had good wynde & in shorte tyme
arryued at bar / peter yssued out & wente by londe to rome he fonde
in the contre the pope vrban / and salewed hym in the name of the

Patriarke and of the cristen peple of Surye and delyuerd to hym
theyr lettres , & sayde to hym by mouthe moche truli & wysely the
grete sorowes the miseryes and vyletres that the cristen suffred
thenne in the holy londe / as he that was expert therof / and coude
wel saye to hym the trouthe

Of the persecucions of the chirche in that tyme / and how the po
pe Vrban was putte oute of the see of Rome by the bysshop of
Rauenne,   cᵒ xiij

i   N this tyme Harry themperour of Allemayne had a gre=
        te debate ayenst the pope Gregory the seuenth to fore this
Vrban / and the discorde aroos for the rynges and the croses of the
bisshoppes that were dede in thempyre / For suche a custome had
ronne a grete whyle there that whan the prelates were deed / the
rynges and croses of them were brought to themperour / And he
gaf them to his clerkes and his chapplayns or whom he wolde / &
sente to the chyrches and bad them that they sholde holde them
for theyr bisshops and archebisshops without other eleccion & o=
ther proef / by whiche holy chirche was adommaged sore / For he
sente ofte persones / that were not propice therto / The pope gregorie
sawe that this custome was ayenst the right and lawe wretyn
and also ayenst reason / and prayd hym amyably to leue this for
the loue of god / of holy chirche and for sauacion of his sowle / for
it apperteyned nothyng to hym / Themperour wold not leue this
for the pope / wherfor the pope cursed hym / herof themperour had so
grete despite & so grete desdayne / that incontinet he began to warre
ayenst the chyrche of rome / & ayenst the pope he made to rise an ad=
uersarye / Tharchiebisshop of rauenne whiche was named Gilbert
& was wel lettred & moche riche / This bisshop trusted ouermoche
in thayde of themperour / And in the plente of his rychesse / And
he cam to rome / and deposed and put out the pope of his see by
fauour & force / And became so fel and of so grete pryde that he had
that he forgate his wytte & reson that he ought to haue by his cler=
gye / And sette hym self in the see / And made hym to be holden for
pope as he that wel wende to haue ben it / I haue said you to fore
that at that tyme / Cristen peple were in grete paryll thurghout all
the world / & that the comandemens of the gospel were moche for=
goten , and of holy chyrche / And men ranne faste and ha=
boundantly to the werkes of the deuyl & to all synnes / & whan this
discorde and Scysme was so grete , Thenne alle trouthe was

24

goon & the fayth of our saueour was lyke as it had ben alle peryſ
ſhed, The byſſhoppes, the abbottes and the prouoſtes were beten &
ſette in priſon, And alle theyr thynges were taken a wey fro them
namely by them that helde of themperour, In this debate was do-
ne alle the ſhames and repreues to the pope, Thenne the holy fa-
der ſawe that he was not obeyed as he ſhold be, and that he was in
paryl of his lyf, And he went in to puylle by the helpe and coun-
ſeyl of Robert guichart, whiche thene was lord of the contre, This
Robert dyde vnto our holy fader, and to his peple as moche of ho-
nour of ſeruyſe and bounte as they wold take and yet more, at
laſte our holy fader wente hym in to ſalerne, & becam ſeke and la
ye doun & there dyde, & was there buryed, The Cardynals that
were there choſe another whiche was named biatur, whiche en-
dured but one moneth or there aboutes After hym they choos this
vrban that I ſpack of to fore, This vrban ſawe that themperour
was yet in his malice & his angre, & durſt not abandone to hym
ne put hym in his power, but helde hym in the fortereſſes of ſome
barons that for goddes ſake reteyned hym in grete doubte, whiles
he was in this poynt, peter theremyte cam to hym, and brought
to hym the meſſage fro the Cryſten men in the holy londe, our holy
fader the pope knewe moche wel, the bounte, the wytte, and the re-
ligion that was in this peter, And anſuerd to hym moche ſwetly
and ſayde that he ſhold goo haſtyly ſpeke to the princes and ba-
rons of the royame of ffrannce of this werke, for yf he myght eſca
pe ſauely fro the handes of themperour he hym ſelf had Intencion
to paſſe the montaygnes, and drawe hym toward tho parties for
to helpe the letter to this werke, yf it were poſſible, Thenne pe-
ter was right glad of this good anſwere of our holy fader, and
paſſed lombardye and the montaygnee and cam in to ffrance,
And began diligently to gete the barons like as he was ſent ex-
preſly to them, and tolde to eche of them the ſhames and diſcon-
fentures that the hethen peple dyde to the Cryſten folke in the ho
ly londe, And the ſame he ſaid to the mene peple, for he aſſembled
them oftymes, and tolde to them the ſorowful ſtate of the londe &
Cyte of Jrlm, in ſuche wyſe that he made them to wepe many a te-
ere, And at euery tyme he made ſome fruyt by his ſayeng and ex-
hortyng the peple to gyue ſocours to the holy lande, And like wi-
ſe as ſaynt john baptyſte preched to fore to make the way to fore
Jhu cryſte, ſo in the ſame wyſe this peter brought tydynges to
fore the comyng of our holy fader, wherfore he hym ſelf whan he

cam was the better herd and byleuid / and the more dyde in this
werke,

Of a general counseyl that the pope Vrban ordeyned for the re=
formacion of holy chirche & thamendement of the peple, cap° xv°

i   N the yere of thyncarnacion of our lord M · lxxxxv · re=
gned the fourth harry kynge of almayn and emperour of
Rome / the xviij yere of his regne / and the xij of his Empire and
In fraunce regned thenne philipe the sone of harry · Thenne sawe
our holy fader the pope Vrban that the world was moche empey=
red and torned to euyl / and helde a counseyl ther vpon of the
prelates of ytalye at playsance / Where he made establysshement by
theyr counseyl for tamende the maners of the Clergye and of the
laye peple · After he knewe wel that he was not sure in the power
of themperour / and passed the montaygnes and cam in to the ro=
yame of fraunce / he fonde the peple euyl endoctryned / and ouer=
moche enclyned to synne / Charite faylled / and warres and dis=
cordes were emonge the riche men / And thought that it was nede
to doo his power & myght for tamende Cristiente / he ordeyned a ge=
nerall counseyl of alle the prelates that were byt wene the mon=
taynes and the see of Englonde / this counseyl was sette fyrst at
Clony / Another tyme at pup nre dame / And the thirde tyme at
Cleremont in auuergne / This was in the moneth of Nouembre ·
Ther were many Archebisshops / bisshops, abbotes / and grete pre=
lates and persones of holi chirche of thise parties / Ther were by the
general counseyl many conmandements gyuen for tamende cler=
kes & laye fee / for teshewe synnes / and recouere good maners ·
There was holy chirche al reformed / of whiche it had grete nede ,
Emonge alle other Peter therempte was there whiche forgate not
the werke that he was charged with / but admonested the prela=
tes eche pryuatly by hym self & prayde the comune peple openly
moche wel and wysely / Thenne toke our holy fader the wordes and
shewed generally to alle the counseyl / What grete shame it was to
alle the cristen men of our faith / that was so nyghe destroyed &
faylled in the place where it began / and it myght be grete fere and
drede whan it faylled at the heed & welle / that the ryuers shold
not endure / that were rennyng thurgh the world / And saide mo=
che wel that alle the very Crysten peple shold take therof grete des=
pite of thus destroyed by their defaulte / and his contre delyu=
uerd to his enemyes / And promysed that yf they wolde take

Vpon this pylgremage. he wolde chaūge theyr penaunce in to this werke. And yf they dyde in this waye confessid and repentaunt. he wolde take it on his fayth. that they incontinent shold goo in to the Ioye of heuen. On that other syde as longe as they were in the seruyse of our lord. they were in the warde and kepyng of holy chirche. bothe they and theyr thynges in suche wyse that they that dyde to them ony domage. shold be acursed. & alle this commanded he to be kept of alle the prelates that were atte coūseyl. This don he gaf euery man leue. and commanded shold preche this pylgre= mage and pardon. And tolde to them that alle men shold trauaylle to gyue and make longe trewes and pees of the warres for tacco= plysshe the better this pylgremage and to performe it.

How many noble & hye men and other of the Royame of fraunse crossed them for to goo ouer see. ca pvj°

o   Wr lord gaf his grace vnto our holy fader the pope in vtte=
      ryng of the word of god. Which was said in suche wyse. that
it was fyxed & roted in the hertes of them that herde hym. and not only of them that were present. but of alle other that it was recorded and tolde vnto. ffor the bisshops wente in to theyr coun= trees & preched to theyr peple like as it was to them commanded. How be it that it was a strange thyng & right greuous for a man to leue his contree. his wyf. his children. and lygnage. And leue them that he loueth by nature. But whan one thynketh what re= ward he shal haue of our lord so to doo. thenne he geteth a feruent loue in hym self for the charyte of our lord. and leueth the natu= rel loue of his flessh. for to saue his sowle. and this myght wel be perceyued and seen. ffor the peple of the Royame of ffraunce and the grete barons and other lasse that were enclyned to synnes & acustomed to doo ylle as I haue said to fore. aftir they herde this prechyng. entreprysed so vygozously the werke of our lord and auowed them to ward this pylgremage as ye shal here. ffor it se= med that euery man ought to entreprise tauenge the wronge and shame that the hethen dyde to our lord and to his peple in the londe of Iherusalem. Ye shold haue seen the husbonde departe fro his wyf. And the faders fro the children. and the children fro the fa= dres. And it semed that euery man wolde departe fro that he louyd best in this world. for to wynne the Ioye of that other. Ther was so grete affraye and so grete a meuyng thurgh alle the londe that vnneth ye shold haue founde an hows. but that som had entreprised

this viage/J saye not that alle that wente were wyse and of pure
entencion toward our lord/ffor som monkes wente out of theyr
cloystres without leue of theyr abbottes or pryoures/ʒ the reclu-
ses wente out of the places where they had ben closed in/and wen-
te forth with the other/Som wente forth for loue of theyr fren-
des to bere them felawship/Other wente forth for doubaunce lest
they shold be reputed for euyl and not good/And som there were
that wolde withdrawe them for theyr creancers and haue respite
of theyr dettes/But how that it was theyr entencions within
theyr hertes semyd good for the grete enterpryse that they shewed
outward/And it was of grete nede that this pylgremage was
chosen at that tyme/ffor there were in the world so many synnes
that they withdrewe the peple/fro our lord/And it was well be-
houeful that god shold sende to them som addressement by whiche
they myght come to heuen/and that he gaf them som traueylle as
it were a purgatorye to fore theyr deth/   At this counseyl auo-
wed presently this pylgremage the good bisshop of Puy named
Aymart/whiche aftirward was legate in the same hoost/and
conteyned hym moche wysely ʒ truly/Also the bisshop of Oren-
ge whiche was an holy man and relygyous auowed there the sa-
me viage/And ynnombre of other whiche were not at that counseyl
that enterprised the same vowe/Our holy fader had commanded/ʒ
made the bisshops to holde it/that alle they that wolde auowe this
pylgremage shold sette the signe of the crosse on their right sholdre/
ffor thonoure of hym that bare the torment of the crosse vpon his
sholders for to saue vs/and taccomplysshe this that oure lord
sayth in the gospell/Who that wil lyue aftir me/renye hym self ʒ
take the crosse ʒ folowe me/Wel forsaketh he hym self that leueth/
that the flesshe loueth/for sauyng of his sowle/Whan one of the gre-
te varons was croysed so on his sholdre in a contre · alle the peple
of the contre that were also croyssed cam to hym and chees hym for
theyr captayne and made to hym feaulte for to haue his ayde and
warantise in the waye of the sayd pylgremage,

The names of noble men that enterprised this pylgremage as
wel on this syde as beyonde the montaynes/capitulo   xviij°

i   IN the Royame of fraunce and of Allemaygne/hughe the yon-
      ger brother of the kyng of fraunce/Robert therle of flaun-
dres/Robert Duc of Normandye Sone to kynge William of

Englond,/Stephen therle of chartres & of bloys Which was fader
to erle thybauld the olde Which lyeth at laigny,/Raymond therle
of tholouse,/and many knyghtes of that londe , The valyant man
Godefroy of buyllon Duc of lorayne With his two bretheren
Bawdwyn and eustace,/And one theyr cosyn Bawdwyn sone to
the counte huon de Retel,/Therle garnyer de gres/Bawdwyn the
erle of henawde,/Ysoart the erle of ye/Rembout therle of Orenge ,
William therle of forests,/Steuen therle of Aubmalle ,/Rotrout
the erle of Perche,/Hughe the erle of saynt pol ,/& many barons &
knyghtes that were not counted,/As raoul de bangenel,/Euerard
du puisat,/Guy de garlande Which was steward of fraunce,/Tho-
mas de fferre,/Guy de possesse,/Giles de chanmout,/Girard cherisy,/
Rogier de baruple,/Henry dasique,/Centyn of heart,/Guillem ama
naux,/Gaste the lediers,/Guillem de montpellyer,/ and Gyrard de
Roussilon,/ye may wel knowe that with this peple were croyssed/
moche grete plente of knyghtes and other With grete nombre of
comune peple ,/Whiche peter thermyte gadred in the Royamme
of fraunce & in thempyre of Allemaygne,/And by yonde the mon-
taigns men croyssed them also,/Buymount the prynce of Tarente,/
Whiche was sone to Robart guychart that was Duc of puylle,/&
Tancre his neuew,/his sustres sone,/and many other grete barons
of this londe that were not so renommed ne knowen as thise were
There was grete Appareyllemens and araye that was made for
this pylgremage,/The grete men had enterprised that assone as the
Wynter was passed/they wold putte them on this pylgremage,/
The mene peple , the knyghtes , the barons,/and other aftir they
were acqueynted that one With that other,/sente to eche other let-
tres and messages for taccorde to goo to gydre,/and apoynted the
tyme of departyng,/and of the waye that they sholde holde,/And/
whan Marche was come,/ye sholde haue seen horses arayed/With
sommyers palfroyes and stedes,/tentes and pauyllons,/and to ma-
ke armures,/ye maye wel knowe that there was moche to doo of
many thynges,/ffor the barons were accorded that they sholde not
goo alle to gydre,/ffor no contre myght suffyse ne fynde that Which
shold be nedeful for them,/ffor Whiche cause alle the hoostes neuyr
assembled/as ye shal here tyl they cam Unto the cyte of Nycene,/
The mene peple charged them self not moche With tentes ne Ar-
mures,/ffor they myght not bere it,/And therfor euery man garnyst
shid hym aftir that he was With moneye and goodes as moche as
he supposed shold be nedeful for hym,/Whan the daye of departyng

cam ther Were grete sorowe Was grete Wepynges andȝ grete cryes at
departynge of the pylgryms/ffor there Were but feWe hoWses but
of them som Wente/Andȝ suche hoWsholders ther Were/ that they
Wente alle andȝ caryed theyr Wyues audȝ bare theyr childeren
With them/Jt Was a meruepllous thynge to see this meuynges/
ffor it had not byfore be acustomed to see suche thynges in fraunce/
ne neuer byfore Was crosse born ne taken for pylgremage

Of thauentures that a RoWte of Cristen men hadȝ in this
Viage/ Of Whome one Gaultyer Withoute knoWleche/ Was
Captayne/capitulo   xViij°

    He yere of thyncarnacion of our lord.M.four score xVj/the
    eght daye of Marche cam a gentilman a knyght right noble
named Gaultier Without knoWleche to his surname. With hym
cam a meruepllone grete plente of folke a foot.ffor ther Were but
feWe men a hors bak in this roWte/they passed in allemayne andȝ
dreWe hem toWardȝ hongrye/ The Royamme of hongrye Was alle
enuyronned With grete Watres and large merskes and depe lakes
in suche Wyse that none myght entre ne yssue but by certayne pla-
ces andȝ strapt entrees that ben as yates of the londe. Jn hongerye
Was thenne a kynge a moche valyannt man namedȝ Colemant/
Andȝ Was a very good cristen man/He kneWe that Gaultier cam
by londe With grete peple/andȝ hadȝ therof moche grete joye/andȝ
helde Wel With the pylgremage that he had enterprised/he recpued
them debonayrly in his londe.and commanded thurgh his royame
that they shold haue alle maner Vytaplle good sheep.and alle that
they nededȝ/ The pylgryms passedȝ alle hongrye in good peas/tyl
they cam to the ende Where they foude a Water Whiche Was named
Marce/This Was the boude of hongerye toWard thoryent.they pas-
sed this Water in good peas.andȝ entred in to hongrye. And Wit-
houte knoWyngȝ of this Gaulteer some of his peple abode ouer
the Water/Andȝ cam to a castel namedȝ Malleuplle.for to by Vi-
taplles of the Whiche they had nede.Th: hongres by canse that alle
the hoost Was passed sauf they Which Were but a feWe. ranne Vp-
on them/Andȝ betre them/Andȝ dyde to them ouermoche shame.
They passedȝ the Water and cam to gaultier/and sheWde to hym
playnly hoW they had ben demened Without forfayttr.They hadȝ
moche grete despite andȝ moche soroWe herof.Andȝ hadȝ passed the

Water agayn·yf they had hadƺ not so grete peryl andƺ so grete dis-
twurblyngƺ· Andƺ thought they woldƺ goo theyr waye and leue
for tauenge this thynge· So long they wente tyl they cam to belle
graue· Whiche is the first Cyte of longrye on this syde· Gaultier
sente to the duc of the town and requyred hym that he wolde late
them ther by vytaylles, he wold not suffre ony to be sold to them
Thoost had grete disease for lak of vytaylle, andƺ myght not len-
ger kepe them. but that a grete parte of them wente a fowragyng
for to gete vytaylles for them andƺ for theyr beestys, They founde
grete plente of beestes in the contre, Whiche they toke and brought
to theyr lodgynges, Whan they of the contre herd this, they armed
them & assembled grete peple of the countree, & ran vpon them whe-
re they droef their proyes & fought with them, & toke the beestes
fro them, & many of them they slewe, & hunted the other away the no
bre wel of Cyl of onre men shytte them in a monasterye for to
kepe them there sauf, but the bourres cam there aboute, & sette fyer
on the chirche andƺ brente alle, Gaultier sawe that he ledde with
hym many folysſh peple whiche he coude not rule ne sette alle in
ordenaūce, And withdrewe hym fro them & toke them that woldƺ
be ruled and obeye hym and wente in to forestes of longrye Which
ben large and long and began to passe the moost wysely and styll
that he myght, tyl he cam to a cyte named stralye, and is a contre
namedƺ danemarcke the moyen, There fonde he a goodƺ man that
was duke of the londe, Whan this duke knewe what they were &
whytther they wente, he receyued them moche debonayrly, and made
them to haue vytaylles and other thynges good chepe, And dyde
to them bountes and seruyses ynowgh for the oultrage that was
doon to them at belgraue, And dyde redresse, andƺ yelde agayne to
them as moche as he myght recouere, and aboue alle this, he dely-
uerd to them good conduyte and sewr tyl they cam to constanty-
noble, Whan they were come to constantinoble themperour sente for
gaultier, he cam vnto hym & sayde to hym thoccasion of his viage
& that he wolde abyde there peter theremyte· by the commandemt
of whom he had brought thyse pylgryms, Whan themperour herde
this, he receyued hym moche wel and swetly, and assygned to hym
a fayr place without the town, where as he lodgedƺ hym with his
felawship, andƺ commandedƺ that they sholdƺ haue vytaylle andƺ
alle other necessaryes good chepe, and ther soiourned they a whyle

Howǃ Pieter the heremyte was chyef of a grete hoost in this

I t was not longe after that peter theremite cam fro his contre,
With grete plente of peple vnto the nombre of xl/M , he cam
in to lorayne··and passed francone/bauyere · osterych/and drewe
hym toward hungrye · Peter sente his messagers to the kynge of
hongrye to thende that he myght passe his Royamme · he sente hym
worde that he sholde haue good leue yf they wold goo in peas
without medlynges and oultrages/They answerd that they we-
re pylgryms of our lord /& had no talente for to trouble the pees·
Thus entred they the royamme of hongrye· and passed by the
lande without ony debate·Vytaylles and other thynges had they
ynough good chepe , At thende they cam to the castel of whiche
I spak to fore /named maleuylle:There herd they saye/what was
don to them of the retenue of Gaultier and the grete oultrage
don to them without cause/& sawe yet the armes and despoylles
of theyr felaws that had be robbed there hange yet on the walles·

Oure pylgryms that sawe this were alle as they had ben
out of theyr wytte & ran to armes/& began euery man to do wel
they toke the town by force· & smote of the hedes of alle them that
were within sauf a fewe which ran in to the water & were drow-
ned·ther were founde of them that were deed wel a four M/& of pe-
ters meyne were slayn an C/whan this was don the hoost fonde the
re grete plente of vytaylles/& abode wel viii dayes in that place·The
duc of hongrie which was named Incisa vnderstode how thise pil
gryms had venged their felaws ayenst them of maleuylle/& doub-
ted for as moche as he had defended the vytaylles to our peple/&
that he had slayn many of them· And hym semed that bellegra-
ne was not strong ynough /therfor he lefte the town /and wente
in to a strenger castel /Thus alle they of the cyte yssued with their
goodes /and drewe them to the depe forestes /Peter whyles he laye
yet at maleuylle herd saye that the kyng of hongrye had herd of the
deth of his peple/wherof he was moche angry /and that he somo-
ned and assembled alle his power for tauenge his men that had
be slayn /And doubted herof /And was no meruaylle /wherfore
he made tassemble alle the shippes that myght be founden atte ry-
ue of the see to hym , and made his peple to departe moche hastely
his cartes and charyottes/ & the beestes they had meruayllous gre
te praye & lad away grete rychesses fro the castel of maleuylle that
they had there taken whan they were passed ouer in to hongrye·

they cam to fore bellegraue / and fonde the cyte alle voyde. ffor they
were alle fledd / After they wente eght grete iourneyes by many
grete forestes tyl they cam to fore a cyte named Nyze / This
town fonde they moche stronge and wel wallyd with grete to wy=
res and stronge / And within was grete garnyson and the beste
men of warre of alle the londe and grete plente of armours and
Vytaylle / Peter the heremyte and his hoost fonde a brygge of sto=
ne by whiche they passed a water rennyng nygh to the cyte / they
passed the brygge and lodged them bytwene the water and the
towne. And by cause they had not mete ynough / Peter sente his
messages vnto the lord of the toun / and prayd hym fayr for hym
and for his peple that were cristen / and pylgryms that wente in
the seruyse of our lord / that they myght bye Vytaylles of the toun
at resonable prys / Thenne the lord sende worde to peter that he wold
not suffre / that they shold entre in to the toun / But & yf he wold
gyue hym good ostages / that his peple shold do no harme ne oul
trage to the peple & marcheauntes of the toun that shold come
for to selle them Vytaylle / he shold sende to them ynough at resona=
ble prys • Whan Peter and his peple herd this they were glad
ynough. They delyuerd good ostages / and anon they of the town
cam out with grete plente of Vytayl and other thynges necessarye
in the hoost /

<p>

How some of the oost of peter theremyte vnwetyng hym sette
fyre in the subarbes of Nyz at theyr departyng. cap° xx°

m oche was this nyght the hoost of the pylgryms refresshyd of
alle thynges that they had nede / ffor they had ben long fro
ony good toun. And they of the cyte were to them moche debonair
and resonable. On the morne they demanded theyr ostages / And
they were delyuerd gladly And forth they wente in peas. But
now ye shal here how the deuyl doth grete peyne for to empesshe &
lette good werkes / In this companye had ben the euen a fore a
stryf to one of the marcchauntes of the town / and som of the oost /
Whan the hoost was departed the duchemen assembled to the nom=
bre of an hundred • and for vengeaunce of the stryf / they sawe vij
myllenes • Whiche stode at brygge nygh the town / and sette them
a fyre and brente them anone / this was not ynowgh • but there
was a litil borough without the cyte / and they sette that a fyre al=
so and brende hit to asshes / and syth wente theyr waye after theyr

felaẘhip ẘhiche kneẘe nothyng þerof/ Of this thynge the lord of the toẘn ẘhiche had the euen to fore ſee ẘbe to them grete debonayrte ẘas gretely meuyd for þe ſaẘe that they rendrid euyl for good/ and ẘas half out of his ẘytte for angre, This felonnye that this feẘe dyde ẘas ẘytred alle the hooſt.ẘhiche ẘas euyl t pyte.he made anon arme alle the toẘn t yſſued on horſbak and on fote hym ſelf cam to fore/ and prayde and mocke deſyred his peple for to venge vpon thyſe falſe roẘars and theups the oultrage that they had don.ẘhan they approched the hooſt/ they fonde fyrſt thiſe thre malefactours ẘhiche hadr not yet ouertaken theyr felaẘs, And ronne on them and ſmote of their heedes/it had thēne be ynoẘgh.bnt they ẘere not content · but ſmote in the aftirſt parte of thooſt ẘhiche doubtedr nothyngr, they fonde charyotes · ſommyers.males · ſeruauntes · ẘymmen audr childrren, ẘhiche myght not goo ſo faſte as the other,Thy ſleẘe many and ſomme they ouerthreẘe andr ladde aẘay the cariage · And thus retorned in to theyr cyte ẘithout hurte and alle blody of the bloode of the pylgryms.

How Peter therempte ẘas aduertyſedr of alle this. And of the harme that enſieẘedr, capituls   xxj?

p Eter ẘas goyng ẘith the grete cōpanye ẘhan a meſſager cam to hym rydyngr t toldr to hym of this aduenture that ẘas fallen in the taplle of thooſt · Peter ſente anon to them that ẘere to fore that they ſhold retourne agayn the ẘay that they ẘere compn vnto the cyte of nyz/ In this retorne they fonde thynges ynoẘgh that diſpleſyd them · ffor they fonde their felaẘes bytedr lyeng by the ẘaye,they had grete ſoroẘe þerof/ One fonde his fader deed,Another his brother.or his ſone.and another his ẘyf or his doughter,there ẘere many diſconuenyents · Peter ẘhiche had his entencion pure vnto onre lordr,entendedr not but tappeſe the malyce and leye doun the diſcorde ẘhiche ẘas ſourded emongr the peple,he ſente ſom ẘyſe and prudent men to the lord andr to the mooſt hye men of the cyte · for to demaunde by ẘhat occaſion they had don this euil t cruelnes aȝenſt the peple o/ our lord,They anſẘerd that this ẘas by the defaulte of the pylgryme,t that they hadr fyrſt doon grete oultrage to brenne theyr mylnes audr burgte.ẘhan Peter andr the ẘyſe men that ẘere ẘith hym herdr this , They thought ẘel that it ẘas no place ne tyme to venge theyr shames And therfor torned the mater vnto pees and acorde/for to recounte the praye the prysonners and Carpage Whiche they had ledde aWay fro thooſt/ ffor there Were of the mene peple Whiche Wold not be ruled and Wold not suffre them of the toWne to haue pees With Vs/ but Wolde aneuge by force the oultrage that they had doon/ Peter felte this thynge· And apperceyued anone the cuyſle that ſourded/ And ſente of the Wyſeſt and gretteſt of his compauye to make the pees/ his peple Wold not haue pees·He made a crye on payne of deth in his name and the name of the barons/that noman be ſo hardy to breke the pees that Was made·And this he charged vpon their pylgremages theyr feaulte and on thobedyence that they had promyſed hym/ And Whan they of the hooſt herd this/they remeuyd not/But folyſſh peple Wente forth and made grete noyſe and Wold not obeye·The meſſagers that Were in the toWn for tacorde this that Was don ſaWe that the noyſe greWe more and more and retourned to theyr felaWſhhip Withoute ony concluſion or doyng that they had enterpriſed/¿ dyde theyr beſt to ſeſe the debate/bnt they had no poWer ffor there Were moo than a thouſend pylgryms Whiche noman myght holde ne retkyne/ But that they Wold goo armed to the toWn· Out of the toWn yſſued as many or moo ayenſt them ther began the bataylle and the medle grete and thyk and began to ſlee eche other largely/Peter ne his route meuyd not/bnt byhelde the bataylle·They of the toWn that Were on the Walles and at WyndoWes ſaWe that theyr peple had the Werſe and apperceyued that the grete poWer of thooſt entermeted not of this Warre ¿ thought that they Wold not helpe them/ And opened theyr yates and yſſued oute by grete roWtes alle armed and ſmote in the bataylle· And founde of our peple aboute a·b·C·Vpon the brygge/ And addreſſyd to them and ſleWe them alle· ſauf ſomme that Were caſte in the Water/ And alle Were peryſſhed·Whan the grete hooſt apperceyued theyr peple thus euyl demened·they myght ſuffre it no lenger·but Wente to Armes/and ſmote in to the bataylle/one aftir another lyke as they myght be armed·the peple that had bygonne this debate Were diſcomfyted fyrſt/ And began to flee ſo faſt that nothyng myght tarye them/They began to bete them an horſback that cam for to helpe them/by Whiche the good men Were diſcomfyted/ And they of the Cyte that Were nygh to theyr retrayt began to chaſe them moche ſtraytly and to ſlee them/ At laſt Whan oure peple Were WithdraWen/they retourned by the

Carpage and harnoys, And caryed alle and ledde it with them.
And toke wymmen and children that myght not flee and putte
them in prison. There were wel slayn and lost of the peple of the
hooft, x / M, and the congres wan alle the harnoys of thooft, There
was a cart lofte that longed to peter therempte alle ful of Rychesse
which had ben youen to hym in ffraunce for to socoure and suftene
the necessytees of the hooft, they that myght escape fro this discomfi-
ture, drewe them in to the forestes / & hydde them in the depe valeyes
in the nyght, And on the morn they began to calle eche other, and to
whyftle and sowne trumpes and bufynes in the woodes. And
thus began to reaffemble and gadred them to gydre on a territorie

How Themperour of Constantynoble beyng aduertifed of thife
oultrages fente his messagers to peter therempte, ca? xvij?

a   T the fourth daye were nyghe alle affembled about peter.
And they were about a four thousand, they were in moche
grete mefchyef as they that had lost theyr frendes & theyr peple &
almost alle theyr harnoys, not withftondyng they lefte not but
wente forth on the waye that they had enterprifed with grete me
feafe and payne for lak of vytaylle. And as they were in this
poynt. They fawe come ayenft them the messagers of thempe-
rour of conftantynoble which fpak to peter, And anon he dyde
affemble the fexe men and Capytayns of the hooft for to here the
meffage that they brought. And aftir they fayd in this manere,
ffayr fyrs. moche euyl tydynges and renomme is comen of you to
our lord themperour, ffor it is tolde to hym that ye goo by the coun-
tree of his empyre with force, and robbe the peple of fuche as they
haue breke his townes and flee his peple, and doo alle the oultra
ges and wronges that ye may, the good chere, countr. & alle the fer
uyfe that is don to you auaylleth nothyng ne may adoulce ne aff
wage your hertes, Therfore he commandeth you that ye abyde in
none of his cytees more than thre dayes, But goo your waye
ftrayt forth to conftantynoble, ffor he hath commanded us to goo
with you, & that we do brynge to you on the waye vytaylle good
chepe ynowe. Whan thife good men herd this that themperour had
don to them this boute, they had grete ioye, & excufed them of thife
batailles and fyghtyng and fhewd openly. What the congres had
don withoute theyr offenfe or culpe by force and grete oultrage

32

The messagers dyrected them on the way tyl they cam to constantynoble / They fonde there gaultyer sans sauoyr ⁊ his peple that taryed for them / And thène they wente alle to ggdre / And lodged them in the place that was assygned to them / And there ecke tolde to other of theyr mysauentures : Themperour sente for peter. And he wente to hym / He sawe in the towne many thynges / palaysses many ryckesses / and marueylles / But he was a man of grete herte andr courage andr abasshydr of nothyng / Themperour demandedr of hym of thestate of his peple andr of other barons of thoccyent / that were thus meuyd to this pylgremage. peter answerdr hym mocke wel of alle thynges / And said that they were pour peple ⁊ were come to fore / But the prynces andr hye men cam aftir with moch grete peple / which wold not long tarye / themperour ⁊ his barons of the palays sawe alle that peter was so lytil. And so wel / so wysely / so fayr andr so wel appoynt of alle thynges answerdr that they merueylled oner mocke / andr alowedr andr preysed hym mocke . Themperour gaf to hym grete yeftes / Andr receyuedr hym in his grace / Andr syth he lete hym retorne to his peple . There rested the oost of the pylgryms wel at ease ⁊ in peas / And a whyle aftir shippes were made redy by the commaūdement of themperour Andr they passedr the see named the braas of seynt george. Andr cam in to the lond named bythyne / This is the fyrst partye of A ⁊ sye / vpon the see / And they lodged them in a place called Cinintot

Of the maynten yng of the hoost of peter therempte / Andr how thre thousandr duchemen toke a castel by assault / andr slewe alle that were therin with the swerde / capitulo   xxiij?

¶   His was in the marches of theyr enemyes / there was the hoost about two monethes Andr euery day they fonde fresshe vytaylles to selk good cheep. Wherof they were wel at ease so moch that it coude not wel be suffredr longe / They began to meue andr made routes for to goo en fourage in the contrey / Ther wente wel somtyme .v. M. or more maulgre the barons that were cappytayns in the hoost . Neuertheleffe peter commandedr andr sente lettres to them · that they sholdr abyde andr not remeue fro the oost / to pylle tyl the grete prynces were comen · On a daye it happedr that Pieter passedr the braas / And cam in to Coustantynoble for to speke for vytaylles / that began to were dere /

The mene peple sawe that Peter was not there . And were the
more hardy they assembled·and were of a companye wel eght thou
sand a fote and thre hondred a horsback.they made theyr batayl
les and wente alle in ordenaūce toward the cyte of nycene ayenst
the wille and deffence of alle the grete men of thoost, Whan they
cam nyghe to this grete cyte.They smote in to the tounes about it
and toke merueyllous many beestes grete and smale And brought
moche grete gayne, And retorned saufly withoute hurte ho
me agayn in to the oost with grete ioye and feste. The duchemen
Whiche ben a peple rude and hardy sawe this glorye & this gayne
that they had wonne, and had grete enuye therat, and were meuid
with couetyse of good and to haue worship relyed them togydre
alle of that tongue vnto the nombre of thre thousand a foote, and
wente strayte toward Nycene, There was a / Castel at foote of
an hylle nygh vnto Nycene at leste Foure myle of.These Duche
men cam theder and began tassaylle the castel moche strongly,they
within defended them to theyr power as long as they myght.but
it auaylled not,ffor the castel was taken by force,And the duche
men entred therin,And alle them that they fonde within . men .
Wymmen and chyldren they slewe without mercy,They fode ther
in vytaylle ynowgh and other thynges,and sawe that the place
was moche fayr and delectable,and garnysshed it and sayde that
they wolde it holde tyl the grete prynces.Whome they abode and
taryed for were comen

How Solyman lord of that contre repryse and toke agayn the
castel and slewe alle the duchemen that where therin ca? xxiiij·.

¶   Olyman Whiche was lord of this contre and gouernoure
had herd longe tofore that the cristen peple were meuyd of
the Royamme of ffraunce for to goo in to the londe of surye And
that they addressed them for to passe by his londe,Therfore he had
ben in thoryent fro whens he was come & had brought grete plen
te of knyghtes and other peple by whom he entended to kepe his
londe,And greue his enemyes that shold passe there by, he was
thenne drawen toward our peple and with his folkes was in the
montaynes and woodes,He herde how thyse duchemen had taken
his castel & slayn his men & cam the moost hasty wyse he myghte
& assyeged the castel,& toke it without taryeng,& he smote of the
33

kewes of alle them that he fonde/ The tydynge cam in to the hoost
that Solyman hadz slayn alle the duchemen andz theyr felaws,
They had moche soroW therfore, andz ther arroos a grete crye andz
grete Wepyng in the lodgys,The peple afote toke herof grete despi-
te emonge them, Andz began to speke shreWoly/ Andz saidz
that the barons of the oost ought not to suffre this· But that they
shold renne a horsbak and auenge blood of theyr bretheren that so
nygh Was shed,The grete men of thoost that kneWe more of War-
re andz of other thynges,than the mene peple Wold haue holden
them in peas/ And sayde this may Wel be yet amendzd/ And also
themperour councellydz/ Andz it Was trouthe,that they sholdz a-
byde the comyng of the grete barons Whiche shold not longe tarye,
The peple andz the folysssh folke Were not content With thyse Wor-
des/ But they hadz a Cappytayne named godefrey bureau.Whiche
brought them in suche reuerye andz murmur that they spake lar-
gely andz rudely ayenst the knyghtes,Andz sayde alle clerly that
they Were Untrewe & euyl · andz that they lete not to auenge this
by Wysedom/ but for grete coWardyse,

HoW oure men armedz them for tauenge the duchemen·andz
of a recountour that they had ayenst Solyman,ca᷉?   xxV?

      T happeth oftyme that the Werse counseyl ouercometh the
 i   better / Andz it is no meruaylle · ffor there ben more fooles
than Wysemen Thyse mene peple and Without reson meupd them
so moche and cryed that the barons and other men that Were With
hem ran to armes an horsbak and on foote.There Were Wel,xxV,
·M·on foote,& V·C·a horsbak alle Wel arrayed,They made theyr
batayllees ,and Wente forth in ordenaunce toWard the montayg-
nes by the Woodes strayt toWardz Nycene·They Were not depar-
ted thre myle Whan Solyman Whiche hadz moche peple With hym
apperceyned them:ffor he cam alle couerd andz secretely in the Wo-
de , ffor to make an assaylle , in the oost of the pylgryms ,But
Whan he herdz the noyse & thaffraye in the foreste·he Wyst Wel that
thei Were the criste men that cam ayenst hym & suffred them to passe
he hym self With alle his peple dreWe hym incõtinent oute of the
Wode in to the playn Where as they sholdz passe,Whan oure peple
Were yssued they seWed them sodenly·they toke none hede of hym
& anon With their felaWship ran Upon our men With their speres

and ſwerdes for ſaueuge theyr bretheren . The hethen men ſawe
on that other ſyde that certaynly they wold fyghte, ⁊ that euery
man dyd his beſte, receyued them moch fierſly the bataylle began
moche cruelle, and many were dede on bothe ſydes. and the bataylle
durid longe, But ſolyman hadꝛ moche moꝛe peple on horſbacke
whom the pylgryms a fote myght not lenger ſuffre, But began
to flee without oꝛdenaunce, and were diſcomfyted, The turkes fo
lowed them aftir ſleeyng alle them that they myght attepne, tyl
they cam to theyr lodgyng, There were ſlayn Gaultier ſans ſa
uoyr. Reygnald de bropes andꝛ ffoucher dorleans whiche were
good and valyaut knyghtes, ⁊ almoſt alle were ſlayn ⁊ brought
in to priſon, ffor of xxv M men, ⁊ fyue hondred men on horſbak.
coude not be founden thre to gydre, But that they were taken oꝛ
ſlayn,

How peter theremyte beyng in conſtantynoble was aduerty
ſed of this diſconfyture, and ſaued thre thouſand criſten men beyng
in grete daunger capitulo   xxvj°

t   His vyctorye brought Solyman in grete pryde, ⁊ in grete
ſewre he ſmote in to the lodgis of the Criſten men, where as
wer lefte thaucyet peple men, wymmen, clerkes ⁊ monkes. whom
he put alle to deth, he fonde maydens and ſmale childeren whiche
he ledde with hym, for to be euer aftir in ſeruage. On that one ſide
of the tentes nyghe vnto the ſee, was an old fortreſſe forleten and
beten doun in whiche no man dwelled. ne ther was fonde therin
doꝛe ne wyndowe, Theder fledde of the pylgryms aboute a thre
thouſand one aftir another for to kepe theyr lyuees, They ſtopped
thentrees the beſt wyſe they myght with grete tymbre andꝛ trees.
and with grete ſtones, The turkes knewe therof, andꝛ cam and be
gan taſſaylle it on alle ſides moche anguyſſhouſly, They defended
them the beſt wey they myghte. ffor they hadꝛ grete nede. whyles
they were thus aſſaylled, a meſſager wente haſtely to peter there
myte which was in conſtantynoble as is ſaid to you to fore. This
meſſage ſaid to hym that alle his men were peryſſhpd, ſauf a lytil
remenaunt whiche were at grete meſchief in an old howſ aſſye
ged. whiche were in moche grete daunger, yf they hadꝛ not
haſty ſocouꝛe. Peter was moche abaſſhed, And hadꝛ mer
uayllouſly grete ſorowe, Neuerthelleſſe anon he ranne to them
perour ⁊ fyld doun at his feet and prayd hym for goddes ſake ⁊

z 4

for the sauacion of his sowle that he wold sende socoure to this poure peple that were in so grete peryll, that yf he hasted not, they shold be alle deed. Themperour that mocke louyd peter sente anon his messagers theder, and commaunded the turkes that essaylled them, shold leue thassault, and departe thens. They wente awey anon whan they had herde the commandement of themperour But they ledde with them prisonners ynowe, horses mules and other beestes, tentes, pauyllons and gonnes, and wyth alle they retourned in to nycene, here ye maye here how so mocke peple was loste by the folye of the moyen peple, whiche wold not haue ne endure the gouernaunce of the wyse men aboue them. Here maye men wel see that it is grete peryl to truste to the bataylle or warre of them, that knowe not of it,

How a preest named godeschal made hym self cappytayn of xl M duchemen in this viage and of theyr oultrages ca? xxvij?

Yth that Pieter was passed in to Bythine as I haue said, it was not longe aftir that a preest named Godeschal had prechyd in duchelonde, lyke as peter theremyte had doon in ffraunce And cam with his peple for to goo in this pylgremage, ffor he had wel assembled xl M of duchemen They entred alle in to the londe of hongrye, ffor the kynge had comaunded that they shold be receyued debonayrly. by cause it were his neyghbours. and that they shold haue vytaylle and other necessytees at prys resonable They that fonde the londe right good began to abyde there alle the wynter, and for the ease that they had they began to wexe prowd In suche wyse that they toke away the vytaylles and other thynges, and ledde awey the beestes oute of the feeldes, they toke wyues, bete theyr husbondes and slewe them, and for noman wold they leue thise oultrages The kynge of the londe herde the tydynges of this peple and was mocke displaysyd and was mocke sory therfore, And myght not wyth his honour no lenger suffre it lest it shold torne to ouermoche hurte of his londe and of his subgettes. And dyde do assemble mocke peple on horsbak and on fote for reuenge on thise duchemen. he began to pursyewe them so ferre that he fonde them right in the mydle of his royame by a castel named bellegraue the kyng had seen & also herd of thoultrages that they had doon in his londe Whyles he siewed aftir them. The duchmen knewe that the kynge cam vpon them and was nyghe.

and they knewe wel that they had not ben wel gouerned toward
hym . But had doon many ylle turnes and wronges in his londe.
Wherfor they had not deseruyd his grace and his boue: Neuirtheles
they ran to armes and sayde that they wolde defende them fro the
hongers/ and wold neuer deye for nought, but erst wold they selle
theyr lyf moche dere/ whan the kyng and the hongers sawe this .
they thought that this peple were moche stronge aud hardy, and
were as alle dispayred , And sawe that he myght not ouercome
them without grete losse of his peple in that maner, aud lefte the
force of bataylle, and toke hym to subtilite and falshed, as peple
that is ful of barate deceyte and tryckerye · The kynge and the
hongers sente message to godechan and to the grete men of the com
panye for to deceyue them by fayre wordes of peas , and sayd to
them in this manere

Ouer grete complaynte and moche fowle renomme is comen
to the kynge of you fayr syres/ whiche hath sente vs hether,/ffor as
he hath herd saye / ye haue not had to none of youre hoostes no
fayth ne trouthe . But haue taken fro them that they had· and
haue beten And slayn them, ye haue taken their doughters and
wyues and do suche oultrages to them as it ought not be sayd
The marchauntes and other peple that ye fynde by the wayes. be
not sure· and goo not quyt fro you but be robbed and pyled/ Of
whiche thynges the kyng hath grete clamours aftir hym,/Neuir,/
theles the kyng knoweth wel,/that ye be not alle in this defaulte .
but ther ben emong you mauy good men and wyse to whom this
folye moche displaysyth , And the oultrage of the malefactours
whiche haue so angred the kynge and his peple,/Therfor the kynge
wil not put the defaulte of one partye vpon alle,/ne it is not right
that the trewe pylgryms sholde bye the trespaas of the bad,/ and
doubteth to take vengeance on you alle,/wherfore we counseyle you
that ye appese the kynge in this maner , And we promyse you in
good fayth that ye shal neuer haue damage,/offre and putte your
bodyes,/your armes and alle your thynges in his wylle & in his
mercy , without makyng of ony appoyntement with hym,/for yf
ye wil not so doo.ye see wel.ye haue not the puysaūce ayenst hym ,
for ye be in the myddle of his royamme. And may not escape hym.
Godechan and the grete men of his hoost to whom this oultrages
moche displesyd. and the folkes of the mene peple trusted wel in
the wordes that they had brought to them. And had grete hope in
the hyenes & mercy of the kyng· They called the peple ,counseyled

& prayde them that they wolde rendre theyr harnoys,& put them in the mercy of the kynge,they wold not doo it.& sayde ther shold neuer come good to them to put them vnder so vntrew peple . Neuertheles atte laste they dyde by the counseyl & wylle of the wyse men.Theyr harnoys and alle that they hadde they delyuerd atte commandement of the kynge.Whan they supposed thereby to haue goten theyr lyf,They ran to the deth,ffor the hongers assaylled them anon in the mydle of them alle armed,And of this poynt toke none hede,they began to slee and smyte of hedes without demandyng who was good ne who was euyl They slewe so many that they waded in the blood vnto the half legge,it was sorowe and pyte to see theyr bodyes of so fayr peple slayne in the stretes wayes and feeldes,som happed tescape that wente emonge the other,and retorned in to theyr contre,and tolde this meschyef and traytson,by whiche they taught alle the pylgryms that they fonde that they shold not truste to the peple of hongrye,

How.C.C.M. cristen men a foote and thre.M. a horsback withoute cappytayn assembled in this pylgremage,and of theyr mayntene,capitulo
xx viij?

i Na litil tyme aftir this grete occisyon that I haue said tofore assembled moche grete peple a foote without cappytayne Neuertheles ther were emong them hye men and good knyghtes But the comune peple obeyed them not,ne byleuyd them of nothynge.There was emonge them Thomas de fere.clerembault of Venduepl,Guillem Carpenter.And the counte herman,These peple that were a foote dyde many ylles and oultrages by the waye,And ther arrose emong them a madnesse and a rage of whiche they coude not kepe them fro sleyng of alle the Jewes in alle the wayes and townes by whiche they passed,They slewe meruoyllos grete nombre at Coleyne at Magonce,and in other places,In thise partyes as they wente was an erle a right noble lord named Empton whan he sawe this peple,he put hym self in theyr company for to goo with them in this pylgremage,he chastysed not ne blamed the mysruled peple,but entysed them to doo euyl tornes,They passed by francone and by Bauyere so ferre that they drewe in to hongrye and cam in to a town naemd meezebors.wel supposed they to haue passed in to hongrye withoute ony gaynsaynge,but whan they cam to the brygge,it was deffended them &

closed. There was a fortresse which was closed on that one syde
with the ryuer of the dunoe, & on that other syde with the ryuer,
named lintans. The remenaut was enuyronned with a depe ma
reys. Within the fortresse was grete plente of peple wel armed
Wherfore it was not lyght for to passe that town by force. ffor the
kynge of hongrye had wel vnderstande of the comyng of this pe
ple, whiche were without faylle wel. CC. M. on fote. And on
horsbak were nomoo but thre thousand. And doubted moche that
they whan they were entred in to his londe. Wolde auenge thoci
sion that was doon by falsehed and trayson vpon the peple of go
dechan. ffor the rumoure and speche was moche yet of that fowle
and vylanous fayte thurgh out al the londe. They that sawe that
they myght not passe in to the londe. prayd them of the fortresse
that they wold suffre them to sende messagers to the kyng of hon
grye. for to requyre his grace that they myght passe in good pees, &
they wold lodge them ther whylest in tho places that were ful of
pastures to fore the paas

How this peple began to destroye the londe of the kyng. by cau
se he wold not graunte to them leue for to passe. ca? xxix?

Lytil whyl taryed they that went to the kyng, but retorned
anon. ffor they myght not spede of such thynges as they de
manded. The kyng answerd that for gefte ne for prayer shold they
entre in to his londe. whan they of the oost grete and smale herd
this, they were moche angry. ffor they had trauaylled and despen
ded moche good to come thedyr. And now they had loost their wa
ye. They concluded emong them that they shold brenne and destro
ye the contree of the kynge, as moche as was on this syde the ma
reys. They sette fyer on townes and toke the men, & destroyed alle
the contrey. Whyles they dyde thus, the peple of the fortresse cam
out and with other peple of the kynges to the nombre of. vij. C.
what of knyghtes and other peple wel armed & passed by shippis
er euer the piligrims knewe of it ony word and they sette them for
to deffende the pylgryms at a paas that they shold not entre. whan
the pylgryms sawe this, they ran vygorously vpon them in suche
wyse that er they myght saue them self they were slayn alle, sauf a
fewe of them that withdrewe them in to the mareys, and hydde
them in the reed. Whan thyse pylgryms thus had the victorye, they
mounted in moche grete hardynes, & said that by force they wold

take the fortresse of hongrye, and withoute leue they wold passe
thurgh the londe. Thenne they began to somonne and recomforte
euery man to doo wel, They toke poles & made scaffoldes moche
grete plente, whiche they sette to the walles, And mounted vp co=
uerd with theyr sheldes and targes and assaylled it moche harde=
ly many pyked with pykoys and myned the walles with grete
force that thentre semed al redy for to entre they that were within
were nyghe deed for despayr. ffor they defended slowly as men
affrayed in their hertes. ffor they supposed anon to be slayn, & soden
ly cam a fere and a drede vpon the hertes of the pylgryms that
wened anon to be slayn, And neuer was knowen wherfore it
was, and anon fyl down fro the scaffoldes, & taryed not, but fledde
sodeynly, & none wyste why they fledde. The hongers whan they
sawe this, myght wyth grete peyne byleue it, that this was trou=
the, ffor they sawe no rayson why. Neuertheles whan they apper=
ceyued they descended doun, & began to folowe the chaas, in suche
wyse that them next to fore them, were almost alle taken and sla=
yn. In this auenture was fonden none other reson, sauf that the
peple was so ful of synne, that they had not deserued the loue of
our lord, ne thonoure of the world, And therfor theyre synnes
acowarded them in suche wyse that they myght not doo ne accom=
plysshe this grete werke, whiche they had nyghe acheued. The erle
Empeon cam agayn in to his contre with grete nombre of peple
disconfyted, The other barons of ffraunce that I tofore haue named
wente in to lombardye and so in to puylle, There had they knowe=
leche that some of the grete barons were passed in to duras and
fro thens in to grece, They wente aftir and folowyd them. In this
manere were the peple of ffraunce disperpled and of the contrees
ther by, The waye of hongrye was moche more strayte and ner yf
they myght haue goon it, And had not be destrowbled by theyr
folye, But the other that cam aftir peyned them moche for to goo
more wysely and more in peas

How the duc godefroy of boloyne keyng with a grete hoost cam
vnto hongrye sent his messagers to the kyng, for to demande pas=
sage, capitulo.   xxxº.

c   Omen was the moneth of auguste in the yere of thyncarna=
      cion of our lord M.lxxxxvj.the xv.day of the same moneth
The valyaunt godefroy of buyllon duc of lorayne assembled them

that sholde be his felawes in this iourneye, And cam fro his con-
trey with so grete apparayllement as it apperteyned to his estate,
with hym Bawdwyn his brother, Bawdwyn the Erle of be-
nawlx, Huge the Erle of seynt pol, Euerard his sone which was
a moche valyauut yonge man. Garnyer the Erle surnamed of
grees, Bernard the Erle of Toul, Pieter his brother, Bawd-
wyn de bors cosyn to the duc, Henry dasque, godefroy his brother
And many other good knyghtes with them, Thise men were so
good frendes emonge them and so wyse men that in no wyse they
wold departe that one fro that other, they cam alle hool with their
thynges in to Osterryche the xy daye of septembre vnto a town
which is named tapllenborch there renneth a ryuer named lyntano
& departed thempyre of allemaygne fro the royamme of hongrye,
whan they were comen theder, they had herd by the waye euyl ty-
dynges of the grete mesauentures that Godescan and his peple
had in hongrye, They assembled and toke counseyl emonge them,
how they myght passe this contre in peas, They alle acorded that
they shold sende messagers & lettres vnto the kyng of hongrye for to
demande first, by what reason, theyr felaws the pylgryms whiche
were theyr bretheren were thus peryssed in his power and his
londe, Aftir this they encharged the messagers that they shold en-
tre with hym in to coicion that they myght passe his Royam-
me seurly and in peas, And that than they put them in deuoyr &
payne, ffor this waye was for them moche shorte, and more coue-
nable yf they myght haue it, than for to passe by see, In this mes-
sage wente godefroy dasque brother of henry, by cause he had long
to fore ben acqueynted with the kynge of hongrye, with hym they
sente other wyse men, They wente so fer that they fonde the kynge
And salewed hym in the name of hem that sente them. And delp-
uerd their lettres of credence, And aftir sayd to hym thyse wordes

How the messagers of the duc godefroy declared their message
vnto the kyng of hongrye, And ther vpon his answere, ca. xxvj.

¶ He wyse man & noble Godefroy Duc of loraynne And the o-
ther prynces that with hym come in pylgremage, haue sente
vs now vnto you And by you wolde knowe, by what occasion
the other pylgryms whom they helde for felaws and bretheren,
haue so cruelly be slayn and smeton in pieces in your power, wel
they knowe and sende you worde that they haue ben so slayn, ffor

they haue fonden many of them that ben escaped, Moche they mer
uaylle howe ye & your peple which ben cristen as ye saye, haue thus
destroyed the good companye whiche for to enhaūse the fayth of
Jhesu Crist ben departed out of theyr contre, in suche wyse that the
most mortal enemyes that they haue, had not don werse, They de-
sire moche to knowe yf it were by the defaulte of the pylgryms .
ffor yf ye haue doon it by Justyce, or in deffendyng you and youre
londes, or other wyse that they wold enforce and take ony thyng
away yf it were so , The duc and his felaws wold take it more
lightly, But yf it be doo without their trespaas or for hate that ye
had to them, & thus murdred them, they that sente vs hether, lete
you wete by vs, that they haue lefte theyr owne coūtreyes for ta-
uenge the wronges & the oultrages that haue ben don to the peple
of oure lord, And yf they fynde that ye haue so doo, they be not in
wylle to passe ferther, tyl they haue to theyr power auenged the
deth of the pylgryms of our lord, And her with godefroy that ac-
counted this to the kyng made an ende of his wordes
The kyng was in his palays where he had grete plente of barons
of his Royamme and of other peple, thenne answerd and sayde,
Godefroy it plesyth me moche that ye be come in to this contrey for
to speke to me , It is a moche good thyng for me for two cau-
ses, that one is that ye be of myn acqueyntaūce and my frende lon-
ge syth, And we shal afferme and renewe our loues and our ac-
queyntaunces in this youre compny · That other cause is that I
knowe you to be a man wyse · resonable & of good wille, and am
moche ioyous of this that ye shal here my excusacion, trouthe it is
that we haue the name of the cristiente , it were & shold be moche
fayr to vs, yf we had the werkes, But they that ben passed to-
fore with peter theremyte and with godechan haue not the werkes
of pylgryms ne of cristen men, ffor we receyued peter theremyte &
his peple in oure londes and in onr townes with grete debonayrte
And departed with them oure vytaylles and other thynges we
gaf to them, But they lyke as the serpent that prycketh or styn-
geth hym that kepeth hym warme in his bosomme, hath guerdon-
ned & rewarded vs for our good dedes, for in thende of the royam
me of hongrye, whan they ought to thanke vs and rendre graces
to god & to theyr frendes, They toke by force one of oure best cas-
tellis, And put to deth alle that were therin, and caryed the beestys
with them , they toke alle the maydens of the towne lyke to wteres &
theues . The company of godechan cam after them , they abode not

to forfayte til the ende of our Royamme, But assone as they we-
re entred and passed the pates of hongrye they began to make alle
thoultrages they myghte, They brente the townes slewe the men,
enforced the wymmen, and bare away alle thynges, they dyde so
moche that for theyr trespaces were wel worthy to haue hate
of god & of the world, We that be here in the place & in the dygny-
te, by whiche we ought to kepe the peple, as longe as it shal please
god and our barons that haue sworn the faulte of the Royal-
me myght not wel endure thus to destroye our peple and our con-
trey, but haue put to the hand by force in vs defendyng, The thyr-
de companye cam also with folke a foote, We doubted the noyse
and debate in suche wyse, that we wold not suffre them entre in to
our londe ne come emonge vs, Our lord that jugeth alle the wor-
des & knoweth alle thyng, wote wel that it is thus & that I haue
seyde to you no worde. Now we praye you that ye excuse vs oue-
raal where ye shal here speke of it, whan he had said this he sent
the messagers in to theyr Innes, where they had moche grete ho-
nour and grete feste, The kyng toke counseyl of his barons and
ordeyned his owne messagers whiche he sent to the duc godefroy
and to the prynces that cam He had spoken ynowgh to godefroy
dasque, and made hym grete chere, and gaf to hym and his felaw-
shippe yeftes, And aftir toke leue of hym and returned al to gy-
der with the messagers, whan they were comen to fore the duc go-
defroy, one of them sayd the message in this manere. The kyng of
hongrye saleweth you my lordes, And sendeth yow worde that he
knoweth certaynly by renome that ye be a man of moche hye lyg-
nage, pnyssaut of peple wyse and trewe of herte prudent and va-
lyaunt of body, in uche wyse that your prouesse is born in to ma-
ny londes, ffor thyse thynges our lord the kynge whiche neuer sa,
we yow preyseth and loueth yow moche in his herte, And hath
moche grete desire to doo you honoure, These pylgrymes that ben
with you, And that haue enterprysed so hye a pylgremage he prey
seth moche, and desyreth moche to see them, and to worshippe and
to haue theyr acqueyntaunce: ffor he holdeth hym self e wrous and
gracious that our lord hath sette hym in such a poynt, that he may
doo seruyse and bounte to one so valyaunt a man. Therfore vnto
you fayr lord and to the hye men of youre companye he prayeth, re-
quyreth and demandeth for a synguler yefte, that it wold plese
yow to come see hym at one his castel named Ciperon, ffor he de-
sireth moche to speke to you at leyser, & doo that ye wille demaude

W Han the duc and his barons had herd the messager thus
speke he dreWe them a parte and toke counseyl, They acor
ded Wel that the duc shold goo, he sente for suche companye as he
Wold haue, And Wente forth With thre hondred horse Withoute
moo on his Way, hit Was not long but he cam to aperon, he passed
the brygge, and fonde the kynge Whiche made to hym grete ioye
and moche honour, And long they spak to gydre, And the kynge
excused hym of the deth of the pylgryms, Vnto the duc, lyke as
he had doon to the messagers, At thende the kyng cam so to poynt
that they Were appeased goodly, The kyng acorded to hym the pas
sage thurgh his royaume, yf he Wold sette hym suche hoostages
as he shold chese for to kepe the pees, Alle this Was graunted,
And he demanded in hostage BaWdWyn brother of the sayd duc
his Wyf and her maygne, they Were delyuerd to hym gladly.
Thus entred they With alle theyr peple in to the lond of hongrye,
The kynge helde to them Wel his couenauntes, ffor he dyd doo
crye in alle the toWnes as they shold passe, and also thereby, that
they shold selle to them Vytaylles good chep, aud that noman
shold meue to them no debate, The duc commanded also and made
to be cryed that none on payne of his lyf Were so hardy to take
ony thynge fro the lond ne fro no man, ne for to doo no Wronge,
But holde them for felaWes and bretheren, Thus it happed that
they passed alle hongrye Without ony maner stryf or noyse, The
kynge rode alWey nyghe to thoost on the lyfte syde, ledyng his
hostages With hym redy for taypese yf ony noyse arroos, Atte
laste they cam to malleuylle Wherof ye haue herd to fore Whiche
stondeth on the ryuer of the dunoe, There they taryed tyl alle the
hoost Were passed by shippes, Wherof Were but feWe, But to fore
he had don sette ouer a thousand men Wel armed for to kepe the ar
ryuyng on that other syde, Whan the hoost of the compy peple We
re passed the kyng cam to the duc & to the barons and brought the
hostages that Were delyuerd to hym, he made to them moche ioye
aud honour at departyng, and gaf to euerych grete yeftes & ryche
Aftir he toke leue and retorned home ageyn, The duc and the ba
rons passed ouer With their peple, and cam to bellegraue a cyte of
hongrye of Whiche We haue spoken to fore, And there they lodged

them/ After they passed thurgh the wodes/til they cam to the cy
te of nyz and after to stralpz

How the duc godeffroye sente his messagers to themperour of
constantinoble.to thende that he shold delyuer huon le mayne and
other that he helde in prison.cap°   xxviij°

¶ Ere may be knowen the euyl disposicion and dcecyte of the
grekes/ffor syth themperours latyns fayled in constanty=
nople/and thempyre cam vnto the grekes/of whom the fyrst was
nycofores. Anon the barbaryns that were aboute them·the blacz
and the comans they of hongrye whiche ben toward the eest supp=
sed and toke thyse londes that were so good.plentyuous,and dely=
table/ And conquerd alle fro the dunoe vnto constantinople· And
on that other parte vnto the see Adzyane/ There is a cyte in lom=
bardye nygh to the londe of the marquys named Adze,& is right
a litil cyte/ But by cause it is nygh the see of venyse and of An=
cone hath this see the name of the see Adzyane in wrytyng.This
see goth right nygh constantinoble,vnto a ,xxx,myle.This euyl
peple of thempyre of constantinoble had wel wonne vpon the gre=
kes/xxx.iourneyes of lengthe· And y of brede / ffor aboue this
see that I haue spoken of is a countre named Epyre· The chyef
cyte is named duras/of whiche pyrrus was somtyme kynge· An
other is named Mayene/ that is in the myddle of the londe/ where
ben also noble cytees/Nyz and stralpz/In this londe was Ar=
chade/Thessale/and machedone/Of thyse thre landes euerych was
called Trace/ And alle thise were conquerd vpon the grekes/ But
afterward ther was an Emperour named Basilie recouerd thise
londes· And brought the blacz and the hongres longe afore this
tyme/in suche wyse that the two danemarches were comen agayn
to his power/ but yet wold not the grekes suffre to repayre agayn
the townes/ne laboure the londes which shold be right good.to then
de that none shold enhabyte there · By cause they holde it for a
strengthe/ And that nothyng shold be fonde therin/ Also in espyr
re whiche extendeth fro duras · Vnto a mount named bagularo/
And endureth foure iourueyes.by that passed the other barons/
But the Duc and his companye passed by danemarche la
Mayen/ Whiche is named other wyse Mese/ They cam by a
destrayte · Whiche is named the Cloystre of seynt Basyle/
And syth they descended in to a playne/Where they fonde grete

4 b

plente of vytaylle and of pastures / And cam vnto Asine pol
Whiche is a moche fayr cyte and good / There herd they saye and
trouthe it was / that thempeour of constantynoble had enprison-
ned huon le mayne / broder of the kynge of ffraunce·and many
other barons that cam with hym . ffor thise noble men were hasty
and cam by lombardye in to puylle / ffro thens they passed to du-
ras/ And soiourned for tabyde the other barons / whiche ought to
come in to tho partyes / ne they supposed to haue doubted ony thyng
in the londe of the grekes that were cristen as they were. But the
baylly of duras toke alle the moost grete barons·and sente them
in prons to thempeour of Constantynoble to doo his wylle
with them / he helde them in prison . and abode the compyng of the
other barons / by cause yf they cam with grete power he wolde de-
lyuer them for theyr loue / and yf they cam not with grete myght
he thought not lyghtly to lete them passe. Whan the duc godefroye
and the other barons herd tydynges of this prisonment / he toke
good messagers and sente them with theyr lettres to thempeour
And they prayde and warned hym that he shold sende to them
without delaye this hye and noble man huon le mayne and alle
his companye·ffor they helde hym for lordes: bretheren aud fela ws
of this pylgremage. And seyn he had don more his wylle and
his force than right / Whan he had retyned one so gentil and
hye prynce·

How the duc godefroye constreyned thempeour by force to ren
dre and delyuere his prisonners / capitulo.   xxxiiij?

i   N this tyme was Emperour a greke moche fals and ful
     of tricherye and was named alexes and to his surname Co-
nius / he was moche acqueynted and pryue with that other Em
perour Nychoforrs kothoniat in suche wyse that he made hym his
steward / And was the grettest man of the londe sauf thempeour
He by his malyce purchaced euyl and harme ayenst his lorde by
thassent of grete peple that he helde aboute hym·and toke hym and
helde hym in his prison vj yere tofore that our pilgryms cam the-
der / The messagers of the Duc and the other barons demanded
of this Emperoure Huon le Mayne lyke as they were com-
maunded and the other prysonners / in lyke wyse / The em-
perour answerde shortly that he wolde not delyuere them / They
retourued in to the hoost and said to them thansuer of thempeour

Whan the duc & the other Barons herd this they were moche wroth
And concluded emong them by theyr counseyl that they wold
playnly make warre ayenst hym, that dyde so grete oultrage to
holde so hye a prynce in prison ne wolde not answere by mesure
ne reason, They habandonned to the hooste to take in that contre
where they were in. Alle that they coude fynde · And brente alle
the townes, Thus abode they in thise partyes · and destroyed alle
the contre, And dyde moche grete dommage and harme and · grete
plente of proyes and other gaynes cam in to the hoost of the ba-
rons, Themperour sente vnto the duc and vnto the other barons,
that they shold do holde theyr peple in pees. And that he wold
delyuere hnon te mayne and the other prisonners. They agreed
and acordid gladly · And cam with alle theyr batayles renged
and in ordenaunce to fore constantynoble · as for tassiege the toun
Anon yssued oute huon the mayne · doene dancelle, Guyllame
charpentier · Clarembault de venduel, And entred in to the pauyl-
lon of the Duc, And thanked hym moche and alle the other of
theyr delyueraunce, And the duc and the hooste receyued them
with moche grete ioye, ffor they had moche grete angre and grete
despite of that was don to them

The grete despyte that themperour toke that duc godeffroy re-
ffused to goo in to constatinoble vnto hym · cap?   xxx

W Hyles they spak thus togydre cam the messagers fro
        themperour to the duc · And requyred them in theyr lordes
name that he wold entre with a fewe of his companye in to the
town, And come speke with themperour · The duc had counseyl
therupon and answerd, that he wold not yet come in to the toune
Whan themperour herd this, he had therof moche grete despite And
deffended oueral that ther shold nomore vytaylle be sold to them
ne none other thynges. The noble men sawe this · and sente out on
fouragyng ouer alle the countrey · And they brought in vytaylle
grete plente in suche wyse that they had ynowgh poure and rych
Themperour sawe that this contre shold be destroyed, and doubted
that they wold yet do werse, therfor he commanded to his mar-
cheauntes that they shold goo in to the hooste and selle to them
suche thynge as they neded · The daye of Crystemasse or of the
Natyuite of oure Lord approched, Therfore the Duc and the
Barons dyde do crye in the hooste, that no man shold for-
fayte ne trespace in tho foure dayes, The mene whyle cam the

4 2

messagers of themperour that spak to the barons moche fayr that
they wold passe the brygge and come on the syde of the palays
Whiche was named blaquerne · ffor there myght alle the hooste
lodge in grete howses Whiche were nygh the braas of seynt geor /
ge And alle this said they for trickerye and deceyte Nevertheles
our peple byleuyd them lyghtly / ffor the Wynter was moche cold
and sharpe of raynes and snowes · in suche Wyse that the pauyl /
lons roted and ne myght not hold out the Water of the rayne ,
the horses and poure peple myght not endure it · herof toke them /
perour his occasion for to sende in to the hooste / and that they shold
passe toward the toun and semed that he had grete pyte on them ,
but his entencion was alle other Wyse / ffor he dyde this to thende
that he shold enclose them in a place more strayt · that they shold
not renne in to the contre · And that he myght haue the gretter
power to constrayne them therin

Of the descripcion of constantinoble , And of many countrees
and londes ther aboute capitulo
xxxvj°

f Or to vnderstode how the barons were enclosed by the desloy /
pault of themperour it is to Wete how the cyte of constanti
noble stondeth / the see Whiche is in Venyse cometh nygh vnto · xxx ·
myle of constantinoble / ffor thens departeth an arme like a fresshe
Water · And estendeth it toward the cest in lengthe · ij · C · xxx · my /
le , it is not lyke euen / ffor in somme place it is · but a myle broode
And in another it is Wel · xxx · of brede or more / after the places
that it renneth in · And it renneth bytwene thyse two Auncyent
cytees Seyton and Abydon · of Whiche that one is in aspe , And
that other in europe / ffor the arme is deuyded fro thyse two londes
Constantinoble is in europe : That other parte is nycene Whiche
is in aspe / This braas or arme thus as it is moost brode toward
the see , lyke a roode Where the porte is , it is sayde that it is mooste
paysible , And easyer than the see is · nygh therto stondeth constan /
tinoble Whiche is lyke a tryangle · The first syde is bytwene the
porte and this arme , Ther standeth a chirche of seynt george , of
Whiche that see is named the braas of seynt george And this en /
dureth vnto the new palays of blacquerne after the porte / That
other pan of the walle dureth fro this chirche of seynt george vnto
the porte aire , The thyrde pan fro that yate vnto the palays
of Blacquerne / The towne is moche Wel closed toward the

champayne of walles of dyches of towres and of barbicans ,
Atte porte descendeth a fressh water rennyng, Whiche is lytil in the
somer, but in wynter it becometh moche grete for the rayne, This
water hath a brygge on whiche oure men passed ouer, whiche is
enclosid bytwene the grete see and the braas , behynde the gate,
Where they lodged for tabyde that comyng of other barons Them-
perour sente ofte his messagers to the duc. And sente for hym to
come and speke with hym . The duc doubted moche his trickerye
and wold not goo, But to thende that he toke it not for euyl, he
sente to hym thre noble men that is to wyte. Canon de montagu ,
Henry dasque, and bawdwyn de bort. and excused hym by them ,
that the barons that were with hym wold not counseylle hym
to goo and speke with hym, tyl that the other barons were comen
Themperour was moche, wroth and deffended agayn that no vy-
taylles sold be shold to the hoost. And dyde yet werse, ffor he sente
on a daye erly in the mornyng, shippes al ful of archers that cam
sodenly by the braas right there as the duc was lodged, they shot
te grete plente of arowes in suche wyse that they slewe moche
peple that was goon on the see syde. And many they hurted by
the dores and wyndowes,

How our peple brente theyr lodgys and toke theyr harnoys ,
And of an assault that the grekes made on them, co? xxxvij?

When the Duc and the other barons herd this , by comyn
counseyl , they sente the brother of the duc for to take the
brygge , to thende that they of the toun sholde not sease ne take it,
They toke .v. honderd men what knyghtes as other wel armed
and cam fyrst to the brygge and kepte it and sawe that alle the
cyte was meued and armed for to come on them. Our men were
thenne aduertysed that they of the towne were theyr enemyes .
And sette fyer in the howses were they lodged iij, and in other
by whiche they doubted and ferd wel a vj, thousand or seuen in
suche wyse that som of Emperours owne howses were brente ,
After they dyde do sowne theyr tompettes , And wente them
alle in ordenaunce after the Duc toward the brygge . ffor they
donbted moche that they of the towne wolde come theder for to
deffende them the paas, but as I haue sayd bawdwyn brother of
the duc had thenne goten it vpon the grekes whom he had ouer-
throwen and chased ryght ferre. The hoost and alle the cariage

43

passed ouer / alle in to the contrey . And arrested there alle in
ordenaunce in a fayr playn moche fyers and courageous by the
chirche of seynt cosme and dampan , Whiche now is named the pa-
lays of Buymont & the palays of Blacquerne , Whan it was come
nygh the euentyde there were many slayn of them of the town ,
& of the other but not so many , The grekes myght no lenger suf-
re . But the pylgryms discomfyted them & chassed them sleyng
and hewyng alle them that they myght arreche in suche wyse
that they droof them in to the toun by force . Thenne retourned
they agayne as they that had wonne the felde , And lodged
in the playne , The grekes were moche swollen and angry of that
they had lost so many men and had ben so euyl demened · And be-
gan to ordeyne thurgh the town how they myght yssue oute with
moche more affraye and strenger than they had · But the nyght
cam that destourned their counseyl . This was an euident thynge
that themperour had don the barons passe the brygge by tricherye
and untrouthe for to haue closed them as within barryers

C How after this our peple began to destroye the contre . And of a
message of Buymont unto duc godefroye . And the answer of the
duc upon the same · capitulo   xxxviii?

A S sone as thoost apperceyued on the morn the day , it was
cryed that euery man on payne of deth sholde arme hym , on
horsbak and on fote , The Cappytayns of som bataylle were ordey-
ned for to lede the peple in fourage . The other sette them in ordy-
naunce for to kepe their lodgys , ffor wel they apperceyued cer-
taynly that themperour pourchassed for them alle the euyl that he
myght . They that wente for bytaylle withdrewe them wel , ly ,
mple , They pylled al aboute them alle the townes that they fonde ,
And brought Corn , Wyn , Bestys · and other Rychesses ,
Wherof the londe was full that unnethe myght they conduy-
te alle , And they were oute sex dayes , And aftir retournned
in to the hooste with alle this merueillous gayne , Whyles as
they contynued thus · Messagers cam fro Buymont to fore
the Duc , And salewed hym in theyr Lordes name , And
delyuerd to hym lettres whiche saide in this manere , He salewed
in his lettres the duc as he ought to salewe suche a man , Aftir

they sayde / knowe ye sire that ye haue to doo with a mocke vntrewe man / whiche alwey sette his herte and purpoos to deceyue them that truste in hym / Specially he hateth the Latyns to the deth. And doth his power in alle maners. that he can to doo euyl to our peple. And yf ye haue not yet apperceyued it / ye shal knowe al by tyme as I saye to you / ffor I knowe wel the malyce of the grekes / And also the trycherye of themperour / Therfor I pray you that ye withdrawe you fro constantinoble / And retorne toward the playnes of andrenoble or of sympole / and there ye may wyntre you where as is grete plente of alle goodes / And I my self yf it please god / assone as the sprynge of the yere cometh shal come and hast to meue. And shal assemble with you / And shal helpe you / as my lord and frende. ayenst the vntrewe prynce that entendeth to doo euyll with alle his power vnto cristiente / whan the duc had herd thyse lettres by the coūseyl of his barons he sente to hym ageyn other lettres that after the salewyng spak thus / we thanke you gretely. And so doo the other prynces that ben with vs of the loue and trouthe that ye haue sente vs / And knowe ye certaynly that we haue founden on the prynce and on the peple of grekes / lyke as ye wene wel to knowe / we knowe wel that ye saye it of wysedome and of trouthe / But we doubte mocke the armes that we toke in our contrey for to warre on the hethen men / shold retorne and conuerte ayenst them that bere the name of cristiante as we our self doo / we attende and desyre moch your comyng / Thenne yf god will whan ye shal be comen we shal doo take you to our counseyl

How themperour appesed the duc godefroye and sente for hym and of the honour that he dyde to hym. Capitulo.   xxxix

t Hemperour was moche anguyssous among his pryue coū‧ seyl. & thought how he myght appese to hym the duc & his pe‧ ple by cause he destroyed his contre / of which he herd the clamours right grete and ofte / And by cause that he knewe that the messa‧ gers of buymot were come / & had brought tidynges / that he wold hastely come he sente ageyn his messagers to the duc / & prayd hym that he wold come speke to hym / & yf he doubted of ony thyng he wold sende John his sone in hostage in to the hoost / This message plesyd moche to the barons whan they herde it / & they sente canon de moutagu & bawdwyn de borgh for to receyue the hostage / they receyued hym and delyuerd to bawdwyn brother of the Duc

44

Whiche abode for to Reule and gouerne the hoost and to kepe
the hostage/The duc and other barons Wente in to Constantyno-
ple to fore themperour Which had moche desyred them,The grekes
made to them grete Joye merueylousbly What someuer they
thoughte.Themperour kyssed them alle.And demanded of eue-
rych his name/for to honoure euerych by hym self/as he that Wel
coude do it.they Were Wel beholden of alle them of the palays,At
last themperour satte in his mageste.and the barons aboute hym
And sayde to the duc thyse Wordes,We haue herd saye many ty-
mes in this londe/that thou art of hyghe lygnage/and of moche
grete poWer in thy contre and a good knyght and treWe/in suche
Wyse that for the fayth of Ihesu criste tenhaunce.hast enterprised
to Warre ayenst the mescreauntes and hethen peple,Whiche greue
the cristen peple merueylousbly,ffor alle thyse thynges We prayse
the and loue in our herte,And Wylle honoure the with grettest
honour that We may doo/ffor thou art Worthy and dygne,It play-
seth Vs and therto acorden our barons/that We chese the ¶ auoo
We for our sone,And We put our Empyre in to thyn hande.that
thou kepe it as our sone from hensfforth in good estate and in ter-
mes of loue/Whan he had seyde this/he dyde hym to be clad with
the robe of an Emperour,And to sytte by hym,And thenne the
barons made to hym right grete feste ¶ solempnyte after the cus-
tom of the londe in suche thynges,And thus Was the pees affer-
med bytWene the pryncees,and also bytWene the peple

Of the yeftes that themperour made to duc godefroye to the ba-
rons and to the gentilmen of his hoost·capitulo   xl°

a   None Whan this Was don,the tresour of themperour Was
         opened ¶ Was presented to the duc,and to his felaWship/so
grete yeftes and so grete ryckesses that it Was merueylle to see,
Ther Was grete plente of gold of syluer·and of precious stones,
many clothes of sylk ryght ryche: baysselbys of dyuerse facions
Whiche Were merueyllons of facions and of matere,Oure peple
merueyllyd moche of this grete ryckesse,Thyse yeftes cessed not
at the fyrst tyme/but fro the day of the Epyphanye,Vnto thas-
sencion tyde/themperour gaf to the Duc euery Weke as moche as
tWo myghty men myght susteyne,of pietrye/of pens of gold of
copper and of tyn he gaf to hym ten muyes · euery muye is four
bussbellys·But the duc departed alle thyse thynges Vnto knygh-

tes and alle aboute Where he sawe /that it shold be Wel employed/
Whan they had ben With themperour a lytil Whyle /they toke le-
ue & cam agayn in to the hoost/ They sente agayn Johan his sone
Whom they had holden in hostage moche honourably /Themperour
dyde do crye Vpon peyne of deth / that noman shold do har-
me to the pylgryms / but shold do selle to them alle maner Wa-
res at prys resonable /The duc in lyke Wyse dyde dos crye. Hat e-
uery man as dere as he louyd his lyf shold doo no force ne Wrong
to them of the contree / Thus forthon lyuyd they in moche peas/
Whan Marche cam the duc kneWe Wel / that the other barons
Wold come /and apperceyued Wel that the Wille of themperour
Was /that he Wold passe With his peple the braas of seynt george/
To the same accorded the barons and the other of the hoost/ And
saide to themperour that he Wold passe ouer / And he anon dyde do
make redy many shippes & passed Wel alle and cam in to bethme
Whiche is the fyrst partye of Asye. They lodged them aboute the
Cyte of Calcedome /Of this cyte fynde We Wryten that in the ty-
me of pope lyon and Marcyen themperour assembled there one of
the iiij grete counseyllis /Where ther Were. iij. C. yyy vj. prelates for
to condempne an heresye / that a Monke named Entyses had
founden. And that helde a patriarke of Alysaundre named disce-
tus/ bnt there they Were dampned/ This cyte is so nyghe constan-
tynoble that there is but the braas bytWene them bothe. And
there Was the hoost lodged moche casely /for Who so had to doo in
the cyte of Constantynoble he myght passe tWyes or thryes in a
day /The cause Why themperour made the duc to passe Was for he
Wold not that /the hoostes of the barons that Were to come /shold
not assemble to gydre so nyghe hym / And in lyke dyde he to the
other barons that cam aftir. for he neuer Wold lodge tWeyne to
gydre /

HoW Buymont Was made capitayn of a grete hoost. And
the names of many nobles of thoost & of theiz mayntene. ca⁰ ylj

a   ffor this maner contened hym themperouz and duc gode-
froy. But buymont the sone of Robert guychart prynce of
Tarente had passed the see adryane /And Was come Vnto duras/
Whan alle his hoost Was comen he toke his Waye thurgh the deser-
tes of bougrye /And Wente softe an dfayr by cause of them that
foloWed hym. In his roWte Were many noble men /of Whom We

shal name to you a part,that is to Wyte,Tancre the sone of gwal the marquys.Rychard the pryncipal sone of William fferbrace . The Brother of Robert guychart,Raymont his brother,Robert the hanse,Herman of carpn,Robert of sourdeual,Robert fytz crysten . Vmfrey fytz raoul ,Rychard sone of therle Ranpol erle of rousygnol·and alle his bretheren . Ogan of chartes · Ankery of cannac,And Vmfrey of montygneux,Alle thyse had made buy= mout their cappytayn,They cam in to the cite of castore and made there the feste of cristemasse and helde it moche hyely,But by cau= se they of the contre Wold selle to them nothyng Which helde them for enemyes,therfor by force they muste sende out on fouragyng. and brought grete proyes and good gaynes,of Whiche they dyde moche harme to alle the contrey,Aftir they cam in to the londe of pelagome,Whiche is moche good and fertile and lodged them the= re,Aftir they herd saye that nygh by Was a castel right stronge Wherin alle the populiquans of the lande Were Withdra Wen for the strenght of the place ,And there Were none but suche mys= byleued pepli,Buymont and his peple armed them and Wente theder auon,And founde there moche grete rychesse in the toWne and grete proyes Whiche they put out a part,And after sette fyer ther in the toWn,And alle them that yssued they sleWe With the sWerde,And the remenaunt bothe men and Wymmen they brent alle,Themperour herd saye that Buymout cam With grete peple . And doubted moche,And had his compyng moche suspecyonous ffor he had many debates ayenst hym and his of Whiche he had al Wey the Werse·The souldyours of themperour and alle they that entermeted of armes soiourned and Wyntred in thyse partyes by Whiche Buimont passed,Themperour commauded to his conestables of alle his peple that they shold coofte buymont With as moche peple as they myghte gete Vnto the Water named bardare, in suche manere that yf they myght greue ennoye and domage in ony was to them·that they shold come on hym strong ly·Thus he had ordeyned cautelously behynd them·but to fore as he,Was moche disloyal and couuert ,and coude Wel make sem= blaunt of other thynge than he thoughte·he sente Vnto buymont of his grete men ,And by them lettres moche payssyble and of fayr Wordes, And of bountes moche debonayr and cordyalle Whiche Were as foloWen

Messagers and lettres fro Themperour to Buymont,and the

The salewyngr to fore was moche fayr, And aftir sayde, We knowe certaynly that thou art an hye prynce & moch noble sone of an noble and valyaunt man, ffor this grete maner We preyse the, and haue the in chierte, And also for thou hast enter= prised. With so good herte and so good wille in this tyme the ser= uyse of oure lord, And the pylgremage whiche is due vnto alle them that byleue in Jhesu criste. We haue ferme wylle & certaynly purpoos to honoure the, And shewe by dede our grace that We ha= ue thought, Therfor We praye and requyre the in good fayth, that thou commaunde to thy peple that they doo none oultrage to oure peple, & haste the to come to vs all surely. ffor thou shalt haue ther by honour & prouffyt, Onr messagers that come to the shal by our commandement doo thyn hooste haue resonable market of vytayl= les and of alle other thynges, The semblaunt of thise wordes Were fayr, but ther was ther vnder moch venym and of felonnye. Buymont whiche was wyse and knowyng many thynges had many tymes preuyd the desloyalte of themperour, And receyued thyse wordes by semblaunce moche aworth and in thanke, But he preysed them lytil in his courage. Neuertheleffe he thanketh hym by mouth, and by lettres that he daygned to wryte to hym and sende, considered that he was so smal a man ayenst hym & sente hym other curtoys wordes &c, Thise messagiers that were thus conuey= conduyted the hoost vnto the ryuer of bardre, Whan the moost partye of the hoost Were passed ouer, & the other ordeyned them for to passe after. The conestables of the soldyours whiche had away= ted and folowed them Wened to haue founden theyr poynt. And launced on this partye of thoost whiche Was not yet passed and Were many moo of them than of oures, The noyse and the crye aroos moche grete. Tancre whiche moche Was apert & hardy had tho passed half the ryuer whiche Was grete, but whan he herd this he retorned agayn as hastly as he myght, and discomfyted ij.M, of the moost noble of them vigorously and putte them to flyght. And many he toke of them alyue, Whom he brought to fore buymont he demanded them in the presence of alle, Wherfore they had ronne so on the hoost of the cristen men, Whiche Were also cristen and peple of themperour their lord and frende, They an= swerd that they Were seruauntes and soldyours of themperour and muste doo his commandement. ffor by hym they had this don here by myght alle they apperceyue that herde this . that the fayre wordes that themperour sayde were but deceyuaunce and trickerye · But buymont whiche was wyse and knewe that he muste passe by thempyre made semblaunt that he apperceyued not , and made good chere to thise men for to couure his courage, And that plesyd not som of his barons,

How Buymont approuched coustantinoble and was sente to come to themperour. And how by the prayer of duc Godefroye he wente toward hym, capitulo xliij°

Buymont and his hoost wente so ferre by the countrees that they approched Constantynoble. Whan themperour knewe that he sente agayn grete mesagers to hym , and prayde hym entierly that he wold leue his hoost and come speke with hym with a pryue meyne· Buymont wyst not what to doo · ffor he was in the daunger of hym so grete a man . Whom he doubted to angre , And on that other parte he knewe his falsenesse and deceyuaunce And had wel apperceyued that he louyd hym not, And therfore he ferde to goo to hym , Whyles he was thus entredeux, The Duc Godefroye cam to hym the thursdaye afore Esterdaye· ffor thempe-rour had so moche prayd the Duc , by cause he doubted that he wold not gladly come to hym, that the Duc wente to hym for to make hym come to themperour , Whan the duc and Buymont mette , they made moche grete joye to gydre and spak to gydre of many thynges· After entred the duc for to praye hym to come to his fader themperour, Buymont was loth tobeye his prayer and request, But with grete peyne the duc vaynqnysshyd hym by prayer· And made hym to goo· Themperour receyued hym with grete honour and ioye and kyssyd hym, And aftir spak so moche to hym and to the duc that Buymont by the counseyl of the duc made to themperour hommage with his hondes and sware to hym feaulte as to his lorde· Thenne shold ye haue seen come out of the tresour of themperour many grete rychesses. golde, syluer, vessel, precious stones, and clothes of sylk so moche that vnneth myght be preysed, Whyles that Buymont abode in the palays · Tancre his neuew sone of his suster that was right wyse and of grete herte retchyd not for to see Themperour ne to speke to hym ' But made alle the hoost to passe ouer the braas seynt george & to lodge in bethine nygh to calcedome, Where thoost of the other barons

hadꝛ ben agoodꝛ Whyle/Whan themperour kneWe that tancre hadꝛ
eſkhe Wedꝛ hym. he Was mocke Wroth・but he maꝺe no ſemblaunt
therof・as he that Wel coude coture his courage/he maꝺe mocke
grete feſte to the barons that Were With hym・& euery daye he gaf
to them grete ꝑeſtes andꝛ neWe thynges/ Aftir they departed by
his leue/Andꝛ paſſedꝛ the braas With the other/Ther ſoiournedꝛ
they & abode the comyng of the other barons・Ther Was brought
to them grete plentre of Vytaylles/audꝛ of other thynges fro the
cyte of conſtantynoble and fro the countree aboute・

HoW the erle Robert of fflaundꝛes With his hooſte approcheꝺ
Conſtantynoble. Andꝛ hoW themperour ſente for hym/ And of
theyr ꝺeuyſes to gyꝺꝛ・cap?   xltiij?

r   Obert the Erle of fflaundꝛes Whicke Was comen to fore the
      Wyntꝛ to bar a cyte of puylle Where the body of ſeynt Ni-
cholas lieth hadꝛ paſſed the ſec and Was ꝺeſcendeꝺ at duras/Ther
in a mocke fayr place and plentiuous he had Wyntꝛꝺ hym/But
aſſone as it began to Weye fayr tyme・he toke his Journeye aftꝛ
the other/Andꝛ haſteꝺꝛ faſte to folloWe them/but it haꝑꝑeꝺꝛ
that er he cam to the barons/he retynedꝛ the meſſagers of themꝑ
ꝑerour that ſayd to hym in his name/that he ſholdꝛ leue his hooſte
and come ſee themperour and ſpeke Wi੮h hym Wyth a feWe of his
meyne/he demaunded and kneWe Tel・hoW the other barons hadꝛ
donꝛ to fore hym・Andꝛ therfor he cam in to conſtautynoble With a
feWe of his companye・Themperour receyueꝺꝛ hym Wyth grete Jo-
ye andꝛ honour/They ſpak of many thynges to gyꝺꝛ・Andꝛ aftꝛ
lyke as other barons hadꝛ don he ꝺyꝺ hommage andꝛ made oth of
feaulte/Themperour gaf to hym grete ꝑeſtes/andꝛ to alle them of
his companye・Whan he andꝛ his peple had abyꝺen and ſoiourneꝺꝛ
there・by the Wylle of themperour he made his peple paſſe ouer・
Andꝛ he hym ſelf Wente aftꝛ Vnto the other barons/Whicke With
grete Joye receyueꝺꝛ hym・Andꝛ ſpak mocke to gyꝺꝛ of theyr a-
uentures of the Ware・Andꝛ ofte they Were in couuſeyl・hoW they
ſhold doo fro than forthon/they Were mocke diſpleſyꝺ for taryenge
of the other barons・Whom they aboꝺe/It Was not longe aftꝛ
but that the meſſagers of the Erle of Tholouſe and of the biſſhop
of puy Were come・Andꝛ tolꝺe hoW theyr lorꝺes cam/and that they
Were nygh/Andꝛ ſhold be haſtely in couſtantynoble

t Hyse tweyne noble men departed to gydre out of their coun-
tꝛees with grete nombꝛe of peple with them, They were ac-
companyed with many valyaunt and puyssaunt men of theyr
countreyes. Ther was fyrst William bisshop of Orenge, Raybout
erle of the same cyte, Gaste de bedyers, Giralt de roussylon, Guil-
lem de montpeliers, Guillem erle of forestes, Raymont peles, œn-
twn de beart, Guillem de Amaueny, And many other barons
moche worshipful. Whiche for the seruyse of oure lorde lefte theyr
countrees. theyr lygnages and alle theyr delytes. They cam alle
in to lombardye and passed by the syde of aquylee. And aftir cam
in to the londe called Ister, ffro thens in to dalmace. Whiche is a
grete contrey bytwene hongrye and the see adryane, Therin before
Archiebisshops, jadre, spalete. Antibare and Raguse, The peple
of that contre is cruel and moche acustomed to robbe and to slee,
There be montaynes and the londe is ful of depe waters rennyng,
And large mareyses in suche wyse that there is but lytil londe
gaynable. Beestes ther be grete plente in the pastures by whiche
they lyue, Neuertheles they that dwelle nygh the see, ben of other
maner lyuyng of habyte ⁊ of langage, ffor they speke Romant,
And the other speke not but as they be nourysshid, The noble
men of whom I spak, camen in to this londe. And had ther many
grete trauaylles and diseases for the wynter which was ouercold
And for the contre which was euyl garnysshyd of vytaylles,
they hadde meruayllous grete suffraunce, ffor alle the peple of the
countree for feer of the pylgryms had lefte cytees, castellys, and
townes for to flee and hyde them in montaynes. They had born
theder alle theyr thynges, ffrom thens they pourseweꝺ the pyl-
gryms, And them that were olde, seke, and feble and taryed after
the hoost they slewe alle, The erle which was wyse toke hede of
the hoost, The other barons he sente to fore, he kepte alwey the rer-
garde with grete nombre of his peple wel armed aboute hym, the
ayer of the contre was so ful of mystes and so thycke, that they
byhynde myght vnneth folowe them to fore, ffor this londe as I
said to fore is ful of ryuers and rennyng waters, of lakes and
mareys, that a grete nyle sourdeth euery day, it semed that it shold
neuer sesse, On that other syde the sclauouns and the dalmaces

that knoWe the places and the countrees made on them many af=
saultes at certayn paas/and/ sleWe many of them that Were Bns
armed/The Erle and/ the good men of the hoost closed/ them in .
And/ sleWe many of them. And/ many moo shold haue slayn/yf
the Wodes & their retraytes had not be so nyghe/Somtyme it hap=
ped that therle toke of them a lyue/ And/ made to smyte of theyr
feet and/ handes/And/ lefte them lye in the Waye for to fere With
the other that cam after/ In this maner they Were thre Wekes in
that londe in grete paryl/And in grete myseale/ After they cam in
to a castel named serdze/there they founde the kyng of sklauonye
The Erle that Was Wel bespoken / spak moche ,fayr to hym/and/
gaf to hym largely grete yeftes and/ JeWellys/ffor he hoped ther
by that he Wold haue holden his peple in peas. And haue don hem
had couenable market of Bytaylles/Bnt it auaylled not/ffor ne
uer for prayer.ne for no seruyse/myght they asWage his courage,
ne mollyfye the peple of the countre/But they founde them more
cruel and/ more Byllanous than to fore . Thus Were they foure
Wekes after in this soroWe. ffor they Were fourty dayes in pas=
syng this contre/ After cam they to duras

¶ AmbaſſaDours of themperour to the sayd/ Erle and/ BiſſHop/
And/ of the contenue of his lettres/ And/ of the daungez Wherin
the said biſſHop Was thenne ,capitulo   xlBj°

THemperour had in ſuſpection the comyng of therle ,by cauſe
that he kneWe Wel that he Was a moche Wyſe man and/ of
grete courage.And Wel herd ſaye that he had With hym grete plen
te of good men , Therfore he ſente to them to duras noble men of
his londe that delyuerd to hym lettres fro themperour Which ſpak
in this maner after the ſale Wyng/ The good/ renomme that ren=
neth of the thurgh the Worldz.hath made Bs to haue certayn ty=
dynges/that thou art a man of grete Wytte /of grete poWer . and/
of grete proweſſe/Therfore We moche deſyre to ſee the and honoure
as hym that We loue of good herte.and preyſe/ And We praye the
moche acertaynly and/ requyre for a grete yefte/that thou do thy
peple paſſe our contrees Without oultrages and/ doyng/ harme .
And haſte the to come to Bs alle ſure to haue oure grace and oure
bounte.We haue comanded/.that Bytaylles and other neceſſytees
ſhal be ſold to thy peple at prys reſonable/Whan the Erle and alle
the barons herde thiſe tydynges by thyſe lettres . they Were glad/

and ioyous /ffor they had longe suffred grete diseases / They toke their waye by forestes and by montaynes · and passed the londe of Epyre · After they cam in to pelagonne Where they fonde moche grete plente of alle goodes / The valyaunt bisshop of puy lodged hym on a day fer fro the hooft in a fayr place that he founde / and in the nyght the longres assaylled hym in his lodgys and toke hym / But by cause he was necessarye to cristiente our lord sauyd hym that they slewe hym not / ffor one of the barbaryns demaun= ded of hym gold / therfore he defended hym fro the other · that they slewe hym not / In the mene whyle the noyse was herde in the hooft · Thenne they ranne to armes / and syth ran on them / And re= couured the bisshop with alle his thynges / On the morn they toke their waye and passed saleupke / And alle macedome / And after grete trauaylles and many iourneyes they cam to a cyte named Redoft / Thether cam the messagers of themperour agayne / And spak to the erle prayeng hym in theyr lordes name / that he wold come to fore his hoofte with a fewe of his companye in to conftan= tynoble / Messagers ther were also fro the barons that had passed the braas / And requyred the same by mouthe · And by lettres fro theyr lordes · The erle hym self had sente messagers to fore to kno= we the keyng of the countre / and of the barons · And they were retorned / Whiche acorded moche to the same and counseplled hym to doo that themperour requyred

How the Erle of Tholouse keyng with themperour wold not do hommage to hym · & of the despyte that themperour dyde / ca / xlvij?

B Y the prayer of so moche peple therle mufte nedes do foo at theyr inftaunce / And thus lefte his hoofte / And cam in to conftantinoble with a fewe of his meyne / many messagers en= countred hym which alle cam for to fetche hym / whan he cam to fore themperour he was well recepued with moche grete chere and ioye of hym and alle the barons of the palays · After themperour dyde to be fayd to hym / and requyred hym right fwetly / that for to haue alwey alyaunce and amyte with hym / And also for the grete prouffyt that he fhold haue therof · he fhold make hommage to themperour / lyke as alle the other had don / he anfwerd fhortly that he wold none make ne do to hym · Themperour had grete des= dayne and was moche wroth / he fente to fetche the conestables of his souldyours · and for them that had the charge of his men of Armes / And commaunded them secretely in counseyl · that they shold auyse theyr tyme and poynt and smyte in to the hooste of The Erle / And doo to them alle the harme they myght And slee grete plente of them, This dyde Themperour comaunde them the more surely, by cause that he Wyste Wel that they that Were on that othersyde myght not helpe them · And by cause they Were his men they Wold not sone greue them / And had commaunded that alle the shippes to kere ouer Bytaylle · sholde come hastely agepn in to the Cyte · So that they on that other syde sholde not come ouer a gayn, ffor euer he had suspection thassemble of oure peple, And therfore he made them to passe ouer eche after other as they cam / The grete chere that he made to them / And the grete yeftes that he gaf cam more by barate and of drede than of loue or of largesse / But oure peple and specially the frenssmen myght not byleue that this Joye that he made to them, Ne the Rychesse that he gaf myght come of ony trayson ne of euyl / They kneWe not by experyence so moche thene · as they dyde afterWard

How themperour for taueuge hym on therle / made his Connestables tenbussse them, & assaylle the hoost of therle / ca · xlviij ?

The conestables Whiche had commandement of Themperour spak to gydre to theyr men, And made a busshe ment nyghe to the hooste of the Erle of Tholouse / In the nyght Whan they had supposed alle Wel to be assured thempe rours peple / smote in emong them and sleWe and Wounded ma ny or they Were aWaked and apperceyued it / But Whan the crye arroos, And the noble men of thooste apperceyued the trayson they armed them and retepned theyr peple that began to flee / and after ran Bpon them of themperour · And sleWe many / & chassed the remenaunt · On the morn they of the hooste began to be moche esmayed of the trauaylle that they had suffred in the nyght, And of the trayson of the grekes / and theyr hertes began to cole / and to faylle of the purpose of theyr Waye and pylgremage. And not only the smal & comune peple · but many of the grete & noble men had forgoten theyr VoWes & theyr honours & Wold haue retorned home Bnto theyr countrey · · But the noble bisshop of Puy / and
ij r

the Bisshop of Orenge were emonge them and many good wyse
relygyous men and clerkys that prechyd to them the wordes of
our lord and recomforted them moche wel / And shewe them that
yf they retourned they shold lese thonour of this world / And al
so of that other · Thus with grete peyne they retayned them. whan
the erle whiche was in Constantynople herde of the trayson that
was don to hym in his hoost · he was as a man out of his wytte · &
anon sente his men to themperour, And sente hym word that he
had betrayde hym . ffor whyles he retayned hym and made hym
good chere . he had do slee his peple by trayson, And sente word
herof to the barons that were on that other syde · prayeng them as
his bretheren that they wold come to hym to auege it · wel may ye
knowe that yf therle had power sufficient · he wold not haue depar
ted tyl he had auengyd hym · And that it shold haue ben dere
bought / ffor he was a man of grete courage · And forgate not
lyghtly shame don to hym , Themperour sawe that this thynge
was goon ouer ferre in suche wyse that he repented hym , that he
had so commaunded in his angre and hastynes and hasted hym
moche for to sette counseyl in this werke / And sente for Buy
mont and therle of fflaundres to come and speke with hym , by
cause he wold sende them for to appese therle of Tholouse , They
cam whiche were moche angry of this that was don, They wente
to therle in the name of themperour / But they sayd to hym more
on theyr owne behalue than of themperours , They shewe hym
wel that it was not tyme ne place for tauenge his shames that
had ben don to hym in the seruyse of oure lord · ffor it shold be em
peshement vnto the grete werke that they had enterprised for
to saue theyr soules, And on that other syde yf they wolde so do
they had not the power ne puyssaunce · therfor it were better to hy
de their thoughtes / than to discouere theyr hertes to theyr domage
and shame , the Erle thus angry was no fool, but souffred that
his wytte vaynquysshe his angre , And said that he wold sub
mette to thyse two noble men that spak to hym and byleue them ,
They cam to themperour princely · and shewd to hym al the foule
dede and werke that was commysed, Themperour vnderstode the
grete yre that they had in their hertes / & sente for therle to come to
hym in to his palays, & excused hym to fore alle pryue & apperte &
estrangers · that he had not comanded this fayte to be doon, but it
displesyd hym moche, And yet he beyng without culpe and blame
therof · he was redy to restore to the Duc alle the dammages that

Were don to his hooste after his power · Thus euery day by day, and more and more myght wel be perceyued the grete hate that the grekes had to the latyns · And of the desloyal felonnye that themperour had in his herte / ayenst oure peple / but it must be suffred / ffor it myght not thenne be amended

How at thynstaunt prayer of the barons of the hooste, The Erle made hommage to themperour, Whiche gaf grete yeftes to hym and his·Capitulo   xlix?

a   Ffter the counseyl of the other barons, the erle was therto meuyd / And by the grete prayers of themperour that he dyde hommage to hym and sware to hym feaulte · lyke as the other had doon / And the pees was affermed emong them · Themperour gaf to them so grete yeftes / that alle they were merueyllously esmayed, The other barons that were come ouer agayn on the other syde receyued newe yeftes and presentes · After they passed the braas and retourned in to bethnie · And they prayd moche the erle that he sholde not longe tarye and abyde there · the Erles hoost cam in to Constantynoble, And he made them passe ouer the braas · & to lodge with the other he hym self abode in the toun for certeyn necessytees that he had do to doo and to ordeyne / And he as a moche wyse man prayde and Incited ofte themperour / that he sholde enterpryse the seruyse of our lord · And that he wolde be lord and cappytayn of alle the hoost / where as were so many noble men, And he had hope that our lord sholde sende to hym suche honnour that he sholde delyuere his peple and londe by hym / wel coude the Erle make to hym remonstrance / acordyng to the barons whiche had spoken in this mater, Themperour answerd to them alle in one maner / that this pylgrenage was a moche hye thynge / and that he moche desyred the pardon / And aboue alle other thyngz the companye of so hye noble men plesyd hym moche And about hym and his empyre he sayd he had moch cruel peple and moch vntrew as the Bongres the comans and other that gladly wolde doo harme to hym and to his londe and conquere his Empyre as moche as they myght gete / And therfore it were grete parylle for me to withdrawe fro my Countreye / Well and fayre he excused hym withoute forth / But that he sayd to oure

hz

peple Was but trycherye and falsehed/ ne he had neuer talente to
helpe our peple/ But thought Wel in his herte hoW he myght noy
ye them to his poWer · They that Were ouer the braas/ The Duc
Godeffroy /Buymont / therle of fflaundres / And the Bisshop
of Puy acuysed and ordeyned theyr affayres for them · And
sayde they wolde draWe them to Ward Nycene · ffor to abyde
there the other Barons that Were comyng on the Waye / Whan
they approched a cyte Which Was named Nycomede /Which is the
oldest Cyte of the Countre of Bythyne · Be ye certayne that
Pieter therempte With a feWe peple that had abyden there yssued
oute of the poure place · And had ben there for the Wynter ·
And cam ayenst thyse Barons and saleWed them : They made
to them good chere / And demaunded them of theyr Waye and
Journeyes · They gaf to them grete yeftes · of Whiche they had
grete nede · Pieter tolde to them theyr grete mesanentures · And
sayde that it cam by theyr oWne oultrage and folye · Thyse noy
ble men of Whome J haue sayd had peple ynoWgh and cam
to Nycene · And assieged it the yb day of maye /They lefte play
ces ynough for to lodge the other Barons that cam after · The
Erle of Tholouse Whan he had do made suche thynges as hym
neded in Constantynoble · he toke leue of Themperour / Whiche
gaf to hym ryche yeftes alle neWe · And cam after hastely to
the syege of Nycene

HoW duc Robert of Normandye and other here named appros
ched Constantinoble /and made hommage to themperour· ca? lo

N the Whyle that they leyde the syege /Robert duc of nory
mandye and other noble men With hym that is to saye
Steuen therle of Chartres and of blops /Eustace broy
der of Duc Godeffroye sente to the Emperour and to other Bay
rons theyr messagers · In theyr companye Were Steuen dauß
mable · Alayn fergaunt / And Conayn tWo hye Barons of
Bryytayne · The erle RotheRon of Perse · Rogyer de Barney
uylle · Thyse and other ynoWgh Were in the Yere to fore in
thentre of Wynter comen Jn to Puylle and in to Calabre
Whiche ben good Countreyes /Whan the neWe tyme Was coy
men / they assembled theyr peple / And ordeyned theyr passage
on the see· And cam to duras / And by cause they had taryed so

longe they rasted them moche and passed Macedomone and the two thaarses. And by grete Journeyes and grete trauaylles cam vnto Constantynople · Themperour sente for them to come to hym/ They that knewe howe the other barons had don cam in to his palays to hym, He receyued them with moche grete Joye, Alle his Barons made to them grete feste, He spak to eueryche by hym self ryght swetly and acqueynted with hem/ After dyde do requyre of them hommage and feaulte. They dyde as the other had don that were passed to fore, And sayd it was no sheme to ensiewe thensample of so valyaunt men · ne to doo that they had don/ They becam his men and dyde hym hommage and swore to hym, Themperoure receyued them in his grace/ And gaf to them so grete yeftes that they were abasshed alle/ ffor the yeftes were so ryche and so dyuerse/ that they neuer to fore had seen none suche/ And after toke theyr lene of Themperour/ And passed the braas of Seynt George, And cam with grete haste to Nycene/ Where as the hooste of cristiente abode for them The Joye was grete whan they were comen whiche were the laste, They lodged them in the places that were kept for them

Howe themperour sente for to destroye oure Cristen men one his seruaunt faynyng to be a trewe Conduytour & guyde. ca° lj°

Atyns was a Greke and wel acqueynted with thempe-
rour the moost fals vntrewe man that euer was. And
so he wel semed, ffor he had his nosethrellys remuled
and turned. This felawe. by the commandement of his lorde
wente with oure men, And sayd that he wold condnyte them
ffor he knewe wel alle the contre and the paases by whiche they
wold passe and goo/ But Themperour dyde alle this for euyl,
ffor he trusted in the falsenesse of this fals greck, whiche coun-
seylled them alleway to theyr dammage, And was alway as
the serpent emonge the elis. And themperour had charged hym
for to late hym wyte euery day how the hoost behaued them and
of theyr purpose, And therupon he wold sende to hym his wylle
and entente, At this siege oure peple first assembled togydre
e the Cappteyns and barons spak of theyr comune werkes and
counseyls, ffor to fore they had neuer ben togydre ne seen eche
other, ther was knowen certaynly by nombre e by estymacion to

43

fore Nycene Whan they Were alle assembled / syxe. C. thousand
men a fote / And of knyghtes and men of armes on horsbak an
hundred thousand or moo. They alle had moche grete Wylle for
to employe them Wel in this Warre / And desyred moche at this
fyrst begynnyng of theyr Warre to enterprise so hyely and do so
Wel / that alle other peple shold doubte them

Of the situacion of Nycene / And hoW our peple approched ther
to / Merueyllyng of the place and of the strengthe cap?   lij?

o   F the cyte of nycene knoWe ye that it had be vnder tharche
byssop of nycomede. But themperour constantyn made it
to be taken aWay fro the poWer of this archebyssop / and it Was
a place of honour / by cause the fyrst of the iiij grete coūseylles had
be sette there / ffor in the tyme of seynt syluestre the pope / ther Was
a patriarke of cōstātnoble named alexādre / & emperour cōstātin /
ther Was a mescreaūt named arrius / Which mesprised certeyn poyn
tes of the fayth / & many men foloWed hym. therfor assembled in the
Cyte of Nycene. iij. C. x viij. prelates / And there Was disputed
ayenst this popelican. And by Wytnes of scripture and by thaccord
of holy men that Were there Arryus Was condempned and his
myscreaunce. Syth after in the tyme of an another constantyn
Emperour Whiche Was sone vnto ayerne. Assembled another
coūseyl in the same place / Whiche Was the. vij. Thenne Was a
dryan pope of Rome: And Tareste Was patriarke of constantino
ple. there Were dampned som mysbyleuyd peple that said / that alle
the ymages that Were made in holy chirche Were ayenst the fayth.
And they Were false cristen men aud vntreWe that suffred them
This cyte of Nycene stondeth in a playn. but the montaynes ben
nyghe / And it lacked not moche but they be round aboute / The
countrey is moche fayr and plentyuouse / the grete forestes ben by
a ryuer nyghe the cyte toWard the Weste moche longe and brode /
By that ryuer the shyppes brynge vytaylle and other mar
chandyse. in to the cyte. Whan it is a grete Wynde. the grete Wa
Wes smyte sore on the Walles. On that other part of the toun ben
grete dychees brode and depe. And ful of Water of a lake
and other ffontaynes. The Walles aboute be stronge. hye.
thycke. And fulle of grete Tourettys / The Peple Within

the toun were fiers and hardy and wel aduysed of armes/And
grete plente there were, whan oure men approched it they mer/
ueylled moche of the strength of the toun

How the puyssaunt Turke Solyman with a grete hoost ad∫
uysed tyme and houre to assayle and smyte on our peple for to ry∫
se the siege,Capitulo   liij°

¶   Olyman of whome I haue spoken to fore which was a
        moche puyssaunt Turke had the seygnorye of this cyte/and
of alle the countre aboute.he was moche wyse,hardy and manly
of his body.ffro the tyme that he herde of the comynge of our pe∫
ple,he was garnysshed of his frendes and soldyours for to defen∫
de his cyte and his londe.An uncle of his named Belphet moche
puyssaunt and ryche had late conquerd alle the londe that is fro
the braas of seynt george unto surry,which is,xxx,iourneyes
longe,In that tyme Romanus diogenes was Emperour which
was to fore aleppes/that was deposed/This belphet souday of perse
had gyuen the gretter parte of the londe to solyman his neue w/in
suche wyse that he had alle the londe fro the cyte of tarce that is in
Cylyce unto the braas of seynt george,Thus this Solyman had
his bayllies in the town of Constantinoble which resseuyd his
passages and custommes of the marchans of the toune and of
other. This solyman was withdrawen to the montaynes with
as moche peple as he myght haue a.xy'mple fro the hoost.And dy∫
de lye in a wayte and espye how he myght fynde the maner to ry∫
se the siege/yf he had mocht

How Solyman beyng in the montaynes sente his messagers
to them of the toune of the comfort that he gaf to them.ca° liiij°

        Wre peple cam to fore the town and withoute acorde.
        and without ony ordenaunce began tassaylle in suche wyse
        that they within myght not yssue/ne they without entre
But the grete lake that touched the town destroubled, moche
ffor they myghte maulgre the Hooste goo and come by the see
as ofte as they wolde, Oure peple had none shippes ne
myght not deffende the lake. Certaynly they had besyeged
          ʒ 4

it Wel by londe / Solyman that sawe this cyte thus enuyronned
with peple Wherof he was wroth & angry / And doubted moche
that they of the toun shold be abasshed of the grete multitude. ther
for he sente two of his preuy messagers. And commaunded them
in his name that they shold entre in to the toun / And saye thyse
wordes . I holde you so valyaunt men and of suche prouesse
that I byleue certaynly that ye preyse and sette lytil by this pe
ple that ben comen fro so fer contreyes Where the sonne goth doun .
And they be very . euyl ordeyned and garnysshed. and haue none
horses that may endure trauayll / We ben fressh and our horses refre
shed in our contre / Wherof it is no doubte we be better than they an
C / tymes. And that ye maye wel knowe . ffor it is not longe syth
that we disconfyted in one day moo than . L . M . Therfor conforte
you and mayntene you as noble men . ffor to morn to fore the
houre of none . ye shal be wtihout faylle delyuerd of them alle / but
be ye wel aduertysed & redy that whan we smyte in the hoost / ye
opene youre yates and yssue vpon them in suche wyse / that ye
thenne be partyners of the vyctorye of thonour / & of the prouffyt /

How the messagers of Solyman were taken by our men . and
by them was knowen the couyne of the sayd solyman . cap? lvj?

t   He messagers of Solyman cam vpon the lake . And arry
ued a lytil ferre fro the toun . And after began tespye and
see how they myght entre in to the cyte / Oure peple apperceyued
them and ran on them . that one of them was slayn atte takynge /
That other was brought a lyue to fore the barons / they made hym
to be drawen and payned to saye the trouthe . he confessyd and sayde
that Solyman had sente them in to the cyte for to garnysshe them
& make them redy / ffor theyr lord on the morn shold come & smyte
sodanly in the hoost . the barons byleuyd hym wel . And commaū
ded hym to be kept / And toke counseyl emong them how they shold
doo . Therle of Tholouse and the bisshop of puy were not yet come
vnto the hoost / The barons sente for them hastely for this thynge /
They cam and rode alle the nyght . in suche wyse that they cam in
to the hoost to fore the sonne rysyng . The baners were displayed /
and the trompes sowned . Ther was moche peple / & vnneth myght
they be lodged in the places that were kept for them / Thenne So
lyman at the houre of tierce / lyke as he sayd that was taken / cam
doun fro the montayn in to the playn . Thenne our peple that were

Wel aduertyſed armed them· And dyde do ſoẅne the trompettes·
Euery man dreẅe hym in to his bataplle as it Was ordeyned,
and mocke qnyckely Were alle ſette in ordenaunce

How a grete bataplle of Solyman cam ſmyte Upon our peple
And of thende of the ſcarmucke·capitulo lvj?

o If the hooſte of Solyman departed a bataplle fro the other
Wherin Where·x. M, men on horſbak, And dreẅe them to/
Ward the gate right toward the ſouth, Ther Was lodged therle
of tholouſe· And this yate Was delyuerd hym to kepe, But So/
lyman that the day to fore had eſpyed that Waye and had ſeen no
man there lodged And Wende that no man had ben there, ffor he
kneẅe nothynge of the comynge of therle ne his companye, this
bataplle ſmote in emong the peuple that Were comen, They reey/
ued them mocke fierſly With glaynes τ ſwerdes, τ ſore adomma/
ged them, And made them to reſorte agayn bacWard· Solyman
that enſieẅed made them to retourne With hym and aſſembled to
the peple of the erle of fflaundres, The duc godefroye·buymont:
and therle of tholouſe, aduyſed and ſaẅe that ther Were ſo many
of the turkes, that the erle of fflaundres myght not ſuffre alle·
And adreſſyd theyr bataplle to that parte, And ſmote in emonge
them· The medle Was mocke harde, and aſpre, And many turkes
Were ſlayn, Ther Was ſo mocke don and ſo Wel, that Guy de ger
lande ſeneſhal of the kynge of ffraunce, Guy du puyſett, Rogier
de barneuylle, Thyſe bare aWey the prys to fore alle other· But
this bataplle endured Wel an houre al hoole· Jn thende the tur/
kes myght ſuffre nomore our peple, But Were diſcomfyted and
fledde aWay mocke foWly, Our peple foloWed them not ferre, ffor
the montaynes and the Wodes Were ouer nere in Which they fled/
de, But Were of turkes ſlayn, iiij. thouſand, and ſom ther Were
a lyue taken, Oure peple had mocke grete ioye of this Uyctorye,
and cam agayn to theyr ſiege, and beſieged the toun as Wel as
they myght for to angre and diſcourage them Within the toun·
Whicke aWayted after ſocoure· They made to be caſte With engynes
to them Within the toun grete plente of heedes of the turkes that
had ben ſlayn in the bataplle, The priſonners a lyue and a thou/
ſand heedes of the turkes they ſent to themperour, He coude them
grete thanke and had therof mocke ioye·· And ſente to them
agayne neWe yeftes of JeWellys of clothes of ſylk and other
thynges right largely, And commaunded to the marchauntes

How oure barons were lodged in the sayd siege / of their mayn tene / And how euery daye they enforced them tassaylle the toun / Capitulo　　　　lvij?

Moche thought our barons how this cyte myght be assieged on alle partyes · ffor other wyse them semed they myght not gete it / By comyn couseyl they lodged them alle / They sette ayenst the sonne rysyng the duc and his two bretheren / Toward byse were lodged buymont aud tancre and the other barons that were in theyr companye / The dnc of normandye and the erle of fflaun dres lodged by them toward the south / The erle of tholouse hue le mayne. the bisshop of puy · therle of chartres · and other barons many with alle their peple were so lodged that alle the cyte was enclosed sauf the lake whiche was in the weste / And after sente they hastely in to the forest. And made to come grete plente of tym bre for to make engyns / Alle the carpenters of the hooost and sa; wyers cam forth / of whom was grete nombre · In a lytil whyle reysed they engynes and slynges. And made in therthe wayes and caues couerd for to fylle the dyches and to myne the walles. Ther was grete caste of grete stones at the walles and tourettes / so that in many places the walles were clefte and broken in ma; ny partes ' ffor to doo thyse thynges / they were wel . vij . wekes There were in this whyle many assaultes and fyghtes ofte to fore the gates / On a day the barons accorded that the toun shold be as; saylled · but this assault endamaged lytil the toune ne them within · But ther were lost two valyaunt men / that one was na; med Bawdwyn banderon a ryche man and a good knyght of kerry / That other was of fflaundres named Bawdwyn of gaut noble and hardy / Thyse two wente so ferre to fore daye . that the one was slayn with a stroke of a stone / And that other with an arowe / Guyllem Erle of forest / And Galles de lylle. thyse two were hye noble men / and assaylled moche that day · In this tyme deyde of sekenes in the hoost guy de possesse a moche good knyght The hooste were sorowful of the deth of thyse noble men / but euery man hoped that our lord wold gwerdone them perpetuelly in heuen ffor the good seruyse that they deyde in. They were hono; rably buryed / And after entended vnto theyr werke /

How our barons made theyr castellys of tree and approuchedʒ
the toun· Andʒ hoW they Within the toun·brake one of them andʒ
sleWe them WithInne·Capitulo · lViij

ON a day the capytaynes of the hooste Were acordedʒ that the
castellys that they had made sholdʒ be draWen forth andʒ ap-
rocheʒ the Walles / ffor eche of the greet men hadʒ commaundedʒ to
make an engyne hastely in his parte / The erle herman of duche-
londʒ amdʒ henry dasque that Were goodʒ knyghtes andʒ enterpri-
sers had devysed a thyng of a grete tronke of an oke and had sette
ther on· xy· knyghtes alle couerd aboue / And Vnder they had men
ynough for to myne the Walle / They approuchedʒ the castel that it
ioynedʒ to the Walle / The knyghtes aboue began to deffende them
And they Vnder persed the Walle·The turkes Within had dressedʒ
the grettest part of theyr engyns to this castel andʒ many strokes
had smeton so longe that Wyth the stroke of a grete stone they bra-
ke alle and fylle doun to gydre in suche Wyse that neuer oue esca-
ped aboue ne Vnder but alle Were deed·There Was grete soroWe in
the hoost/ And moche more sholde be·ne had not be the grete comfor
te that they had in our lord/They lefte not berfore but euery man
payned hym more and more to greue them With Inne / Andʒ gaf
to them so many assaultes day and nyght/ that they lete them ha-
ue but lytil reste / but one thyng ther Was that greued our peple
moche / Andʒ that Was that ther cam euery day in to the toune
fresshe vytaylles andʒ neWe men / Armours andʒ artyllery by the
lake / Andʒ they coude not defende it· Wherof they Were moche
marydʒ

Of the counseyl that our men toke for tassiege the toun by Watre
for to constreyne them· not for to entre ne yssue /cap? lix?

HEr of Wold our barons haue counseyl hoW they myght dis-
trouble this compng by Water/They assembled and acorded
that they Woldʒ sende of theyr knyghtes grete plente·Wyse men
andʒ men a fote andʒ take alle the shippes at the see syde that they
coude fynde /and sette them Vpon charyottes of the hoost and bryn
ge suche as they myght brynge hoole · Andʒ the other they sholdʒ
parte in tWo pyeces or thre· And also they Woldʒ sende to thempe-
rour andʒ praye hym that be Woldʒ delyuer to them shippes·They
that hadʒ charge of this Werke cam to the see Withoute taryeng·
and fonde shippes grete plente suche as they had nede of· Andʒ by

the commaūdement of thēperour Whiche graūted gladly dreWe
out of the Water ynoWgh Thenne coupled they to gydre fonr car-
tes or fyue after that the shyppes Were / and sette them theron
by force of peple al hole / and With many men dreWe them forth
With cordes and With trayse of the cartes in one nyght / vij lonɡe
myle or more / Thise shippes Were taken of and launched in to the
lake mocke hastely / ffor many hondes make light Werke. And the
peple Went therto With a good Wylle · They had emonge them
many maronners that coude Wel shippecraft / And they Were sette
therin · mocke peple offerd them self to entre alle armed / they toke
as many as neded and garnysshed Wel thyse shippes / Somme
shippe had in an honderd / and other · l · or xxx · or xx / after theyr
gretenes / in sucke Wyse that the Waye that they had in the lake
Oure men hadde taken from them · Whan they of the hooste saWe
that this Waye of the laken Was take from them · they had grete
Joye. And hoped that the siege shold not endure / The turkes of
the toun Whan they apperceyued that oure men had don so grete
a Werke and so stronge. They fyll in despayr and Were abasshed
and merueylled of the vygour of our peple that had don this in
so short tyme / And thenne Were they enclosed on alle sydes and
had loste the Waye for theyr shippes

How after the Cyte Was assyeged by Water and by londe ·
oure men assaylled it / And of a Shotte that Duc GoWeffroye
dyde · Capitulo / lx⁰

W Han the Barons saWe that theyr shippes Were in the lake
in sucke Wyse that no man myght greue them · Anon they
dyde do crye that alle men shold arme them and come to thassault
And it Was acorded that ecke of the Barons shold assaylle in that
parte Where he Was lodged / they admonested and enforced theyr
peple to doo Wel / Thassault Was more / than euer it had be / There
somme threWe out of thengyns grete nombre of stones / Euery
man dyde his part to Ward the south in the partye that Was dely-
nerd to therle of tholouse / there Was an hye toure more grete than
ony of the other / by that toure Was the palays In Whiche Soly-
mans Wyf Was · Therle had · sette alle his entente for to breke this
toure longe tyme / ffor he had do throWen ther at grete stones / And
had not broken one stone of the toure / And by cause he Wold not
for shame so leue it Without takyng of it · And ordeyned gretter

stones alle newe, Which began to breke the creuaces of the same
toure z With the strokes of the stones moche poudre cam out of
the clyftes. The peple of the hoost apperceyued it, And sawe that
the toure began to falle, they passed the dyche, and brought en-
gyns vnto the walles. Ther began they With grete exploit to myne
the walle and to perse it. They Within caste grete stones vpon the
engyns. And With shotte of handbowes and arbalesters they
hurted many of them that they sawe discouerd, And by cause they
sawe that the closyng of the toure began to faylle, they Walled it
Within forth With stones and chalk. and made a right stronge
Wall good and thycke, Our men that Were atte toure had made an
hole in the Walle that two men myght Wel entre attones frely,

On the Walle in the parte Where Duc Godeffroye assaylled, ther
Was a turke stronge grete z hardy Which dyde grete dommage to
oure men, And hurte many With a stronge bowe turquoys that
he had, And With a lytil of oure langage that he coude, cessed not
to saye euyl and discourage them that assaylled and called them
Cowardes, hit happed that duc godeffroye sawe it, And auysed
hym many tymes and Was meruepllously displesyd With hym,
And thought how he myght chenysshe to be at his ease, he toke in
his hand a arbaleste good and myghty, and helde it bent til the
turk cam agayn and abandouned hym, The duc toke his syght
and marke and shotte at hym z smote hym right thurgh the bely
that he fyl doun to the groūd fro the Walle, The crye and the show-
tynge began grete in the hooste and the ioye, The duc had grete ho-
nour and many good prayers therfore, the other sarasyns that We-
re on that other parte of this deffence Were moche abasshed and
ferd that they deffended them the more cowardly. The other that
Were in the other partyes of the toun caste fro the toures stones vp-
on oure peple that Were atte assault and hurte many With cas-
tyng, shotyng and throwyng vpon oure engyns pytche, Oyle
and grete alle boyllyng, And threwe also brondes and other
thynges brennyng moche thycke in suche Wyse, that somme they
brente. They that assaylled on the partye of therle of tholouse at
the toure that J sayd to you tofore, laboured sore for to myne the
Walle, But one thyng destroubled them sore. What someuer they
brak on the day, they Within made it agayn in the nyght, in such
Wise that they Were in Wylle to lene it, And Wrought more slowr-
lyrthan they dyde byfore, Wherfor a moche valyaunt knyght of

the hooste of the Normans cam right theder and admonested the
assaylles for to goo forth he passed the dyche tofore With his helme
laced / the shelde vpon his steed and brake vygozonsly the Walle
Where as the turkes had made agayn , But ther Was none that
folowed hym · And they of the Wallys threwe so grete stones on
hym and so thycke · that they slewe hym in the presence of the
other that Were by , And after With hookes and crochettes they
drewe the bodye vp to them on the Walle , And there disarmed
hym , and threwe the bodye to our peple · Thenne our men that We-
re there toke the body · and buryed it Worshipfully · he Was moche
beWaylled in thoost of cristen men

How after many assaultes oure men keyng in Counseyl · A
lembard cam to them Whiche offred to make an engyne that shold
destroye the toun · capitulo/   lvj ?

t   Henne saWe the Barons that they loste moche peple With
     thassault , And dyde but litil harme With theyr engyns
Vnto the toun and theyr enemyes, Assembled for to make coun -
seyl hoW they myght doo / There cam a man to them a lombard
Which had seen the grete hurte & losse of our peple / & sayd to the ba
rons that he Was a good maister to make engyns yf he myght ha
ue stuff & materz therto propice & necessary, Which With goddes hel
pe shold in short tyme ouerthroWe the tour Where to · they had don
so moche payne / and Wold make large Waye for to entre in to the
toun Who so Wolde , They that herde hym promysed hym that he
shold haue alle that shold be nedeful , And yet a good reWard and
ryche for his laboure / This maister toke Werkmen and made them
to Werke as he commaunded that in short tyme he had made his en
gyn Whiche Was merueillously strong and grete , And ioyned it
to the Walle alle ful of men of armes & footmen / they that Were
on the Walles vpon the tour threWe With grete myght grete stones
and fyre brennyng moche thycke , but thengyne Was so stronge
and rude · that the strokes dyde it no harme / ne the fyer myght not
fastne on it Whan they of the toun apperceyued that they coude not
noye this engyn · they Were sore a ferde and discouraged merueyl-
lously and alle in despayr · Our men traueylled to theyr poWer
to take oute the grete stones atte fote of the Walle of the toure ,
And vnderfetted it With strong stanchons and grete, Whan they
had so moche myned that them semed that it Was ynoWgh · They

toke theyr habyllemens and sette them ferre fro the walle , and thenne put fyer on alle sydes vnder the toure & wythdrewe them to their habyllemens and to thengynes alle in saufte whiche were a grete way of · About mydnyght the fyre had soo brente and wrought that this toure fylle doun to therthe with so grete a noyse and tempeste that it semed that alle therthe trembled, And ther was none but he had grete horrour and feer in his herte, Oure peple made hastely do sowne the trumpettes and crye to armes for to come dilygently to thassault·

How after that this engyn had so wel wrought , The wyf of solyman with two of her children wente out of the toun and were taken by our men, cap?   lvij?

t   He wyf of Solyman that longe had be in mesease of drede had so grete feere that almost she deyde for drede, and sayd she myght no lenger see it ne suffre, and made sodanly make redy a vessel and put it on the lake for tescape by nyght , But oure peple that were in the shippes for to kepe the water fro theyr enemyes cam ayenst her and toke the lady with her two sones that she had with her thenne in her companye · They presented them in the mornyng to fore the barons · They made them to be kept right surely with the other prisonners that they had , The Turkes in the toun were thenne in grete meschief as wel for thentre that was so grete and brode, as for their lady that they had loste, thenne they axed trewes for to speke to the barons to gyue ouer the toun and them self in to theyr handes · Tacius the greek of whom I haue spoken, to fore whiche was moche double and malycious spak to the noble men that had the gouernaunce of the toun in counseyl · And shewd to them that thyse pylgryms were straungers of ferre countrees and euyl and cruel men, And shold doo to them alle the harme they myght · And destroye the peple and the londe: yf they yelded the cyte to them · But and yf they wold aduowe and take themperour to theyr lord, And yelde them to hym theyr lyues sauf and theyr goodes in to his hande · he shold kepe them well and sanfly, and shold doo to them grete good, ffor he was theyr neyghbour · So moche sayd he and dyde, that they of the toun toke theyr counseyl & cam to the barons and sayd to them that they wold put in the handes of themperour theyr lyues sauf , theyr bodyes the cyte and theyr goodes, This displesyd not moche to

the barons/ffor theyr entencion was for to passe forther/ & hoped
that themperour wolde departe the gayn/praye and goodes of the
town generally in thoost·neuertheles to fore that they wold grau~
te them this thynge , they sayde that they shold delyuer entierly
and doo come in to the hoost alle the prisonners of pieter theremp=
te that were in the castel of counthot / And in lyke wyse alle the
other that they had taken in the siege·and them to fore that Soly=
man helde·And this don they acorded that they shold yelde them
to themperour , Thenne the barons pryncs and knyghtes and
also the commyn peple sente by one · acorde messagers to thempe=
rour for to sygnefye hym how they of the cyte had yelded them to
hym , Therfore they sente to hym , that he shold sende of his hye
and noble men with grete nombre of peple for to resseyue the town
And the persones of whom they had many/ffor they alle acorded
that the honour shold be his · And that the town shold come in his
demayne·And the prisonners at his wylle ,They that had enter =
prised th~eyr vowe for taccomplysshe·had purposed for to departe
fro this place and to goo forth vnto the lande of surye

How themperour sente grete barons for to receyue the sayd town
after that our peple had acerteyned hym that they wolde yelde it ,
Capitulo, lviij

g Rete ioye had themperour of thyse tidynges /he taryed not,
but sente of his moost priue men as wel barons as knygh=
tes with grete quantite of men of armes that resseyued the cyte in
his name /And garnysshed it of alle thynge that was nedeful &
dyde repayre the walles and alle that was broken of the wrettes
Alle that euer they founde in the town of Armures of Rychesses
and of vytaylles they seased for themperour/ And sente the prison=
ners in to Constantinoble / Themperour sente to euerych of the
barons special lettres·presented to them grete yeftes ,And than=
keth them moche of thonour /that they had don to hym , And of
this that they so wel kepte theyr promesse , ffor that town had don
grete gryef and anoyaunce to thempyre /The mene peple that moch
had trauaylled in the siege and had holpen with grete courage,
compleyned sore , ffor they had hoped that alle the hauoyr and
goodes of the town shold haue ben departed emonge them , But
themperours men bare it alle away · And they that trauaylled
for it were not rewardid / the worde that was moche grete cam

vnto the barons/ & they sayd that they had grete wronge/ffor the
couenauntes made bytwene themperour & them were suche that yf
they gate in theyr waye ony cytees that had ben to fore thempe-
rours.they shold delyuere the cyte & the londe to themperour/ but
the proyes & gayne shold be departed in thoost. Ayenst thyse coue-
nauntes dyde themperour.but it was not tyme thenne ne place to
make argument ne debate ayenst the Grekes. therfor the noble
men made the compn peple to tarye.to thende that they shold not en
pesshe this pylgremage/thus was suffred that the wyf of soliman
& his ij sones & grete plente of prysoners were ledde in saefte vnto
themperour/whiche made moch grete feste to the lady & her children
& as longe as they were in the toun he helde them moche honora-
bly.after in short tyme he sente them agayn to solyman alle quy-
te delyuerd without demandyng of ony raunson.this dyde he to
thende to haue the loue and grace of the turkes/in suche wyse that
ther was bytwene them a counseyl & acorde to greue our peple/&
also for another rayson/that is to wete yf they were in such poynt
of another cyte or place that the cristies costreyned so by force that
they shold not be aferd to yelde them frely in the hande of thempe-
rour/thus was taken the cyte of nycene the yere of thyncarnacion
of our lord a M lxxxxvij the xx day of the moneth of Juyn

How our hooost departed on theyr iourney/& how som depar-
ted fro theyr felawship/and how solyman determyned tassayle
them/Capitulo   lxiiij°

t   He hoost of the pylgryms departed by the commaundement
     of the barons.the iij daye to fore thentree of Juylle fro the
place where they had holden siege/they wente two dayes to gydre
moche peasybly/ & after lodged them by a brygge for the ease of
the water/On the morn after theyr custome ate spryngyng of
the day they passed the brygge duryng the derknesse of the nyght
ffor it was not wel day/Or peraueuture they departed wetyngly
the one fro the other.ffor buymont the duc of normandye/Therle
steuen of chartres ‧ Tancre and therle of seynt pol torned away
on the lyft syde/And descended in to a valeye named Gurgom/
And lodged them there aboute none by a ryuer where as was
grete plente of water ‧ There rested they al that nyght in peas ‧
But neuertheles they made theyr hoost chauge theyr watche dili
gently/alle the other torned on the right honde alle the day/& went
thurgh a fayre Countre & lodged them in fayre grete medowes

Vpon the Water syde And that one hoost was fro that other more
than two myle, Soliman had his herte swollen and was felly an
angred that he had thus loste his wyf with his childeren and his
noble cyte, he commaunded to folowe oure peple on the lyfte syde,
And dyde grete peyne to see how he myght greue them. he had
with hym a moch grete nombre of men of armes on horsbak, his
espyes were with the pylgryms whiche toke hede of alle theyr co
urnne. they dyde hym to wete that oure hoost was deuyded in two
parties, And that the lasse partye was torned toward the lyfte
syde ner to hym than that other parte, he was moche glad and
Joieful whan he herde thyse tydynges, he sawe that he was wel
in poynt for to venge hym, And had his men al redy and ordey
ned his bataylle to poynt at the day sette, departed for to befyght
te oure men. thus as the spryngynge of the daye began to clere, the
men that made the watche this nyght that were withdrawen a ly
til fro thoost apperceyued them and cryed to armes. And blewe
hornes and trompettes moche affrayedly, the hoost awook sodenly
and our men armed them right hastely And ordeyned theyr ba
taylles as they had deuysed. The wymmen, sekemen and childeren
were ledd a part besyde a water al ful of reed by whiche men
myght not come to them. to fore were they closed with cartes and
charyottes wherof they had grete plente. And after sente messa
gers vnto the grete hoostes. from whiche they were folyly depar
ted for to praye them that they dylygently wolde come socoure
them · ffor they were in moche grete paryll. Whan theyr bataylles
were thus renged euen right the first day of Juyll at the houre of
pryme, be ye certayn that Solyman with a grete nombre of men
of armes estemed at two honderd thousaud wel armed to poynt
and horsed arryued. ther was not one of them but he was on hors
bak. Oure peple were but fewe , And the moost part of them on
foote. And it was no merueylle though they doubted the comyng
of theyr enemyes

Of the bataylle that solyman had ayenst som of our peple that
were departed fro theyr felawship folyly. ca?   lx8?
Han the Hooste of the Turkes smote in on our men. the
W   noyse was moche grete of busynes, of trompes, of men
and of horses that none myght be herd, and was grete hy
dour to here the fyrst comyng on of the turkes, They shotte so thyc
ke vpon our peple that there was neuer rayn ne hayl so like in so
moch that ther were many hurte of our peple. Whan the first route

hadz made theyr shotte, The second route cam after Where moo Ar-
chyers Were than to fore, & began shote moche more thycke than
may be recounted Our knyghtes sawe that they loste theyr horses
& them self by the shotte · And smote in to the turkes vygorously
But the multitude of the turkes Were so grete, that our men had
grete dammage Whiche Were but fewe. They that had theyr shel-
des & targes they kept them som What But they that Were With-
out armour muste flee, or ellys they had be slayn emong the hor-
ses. And many Were slayn and hurte, There Were slayn of oure
peple as Wel of footemen as of horsmen two thousand: Ther Was
slayn a moche valyaunt yong man noble and hardy Whiche had
don Wel alle that day Guyllam sone to the Marquys. Brother of
of Tancre, he Was smoton With an arowe and deyde in the place,
And another valyant man in like Wise named Robert of Paris
He deyde by his prowesse, Tancre that Was hardy made mervey-
les of Armes, And abandouned hym self · as he that sette
not by his lyf, Buymont sawe hym, & he brake alle the prees,
And cam there as he Was, And toke hym by the brydle and
brought hym bak, the turkes sawe oure men moche · hurte and
trauaylled and toke theyr to Wes on the lyft Arme, And after
ran on them With sWerdes and maces in suche Wyse that they
onerthrewe them and put them a bak vnto theyr carpage. There
they helde them · And hydde them by the reed and deffended them
vygorously and suffred the grete plente of turkes discharge vp
on them one route after another

Of the dilygence that Duc Godeffroy made Whan he Was
aduertised herof, And howe Solyman Was discomfyt & his ba-
gage taken· Capitulo   lxvj?

o   Wr barons godeffroy the noble duc and the other prynces
      herde thyse tydynges howe Buymont and his companye Were
at suche meschyef hasted them sore, ther cam to gydre the dnc & his
ij bretheren baldwyn & Eustace, the erle raymont, hue le mayne
and many other barons ynoWgh. The peple a foote, And they
that Were euyl horsed they lefte for to kepe the lodgys, they Wente
forth & Wel pl'm' alle armed & Wel horsed Whan they approched
the place Where the batayll Was, & sawe them so put a bak, & herde
thafraye of trompes & hors, the peple of buymont espyed them and
their herte cam agayn, & Were entierly refresshyd, & smote in to their
enemyes as they that nothynge doubted, & began to do Well. The
                                                                62

good bisshop of puy was there & comforted ofte the barons & the
knyghtes for tauenge the blood of the cristen men whiche thenne ꝭ
mꝑtrs of our fayth had there shedde· Incontinent the barons that
cam smote in to the turkes so rygorusly that it semed that euerich
myght abye the burthon of the bataylle·they slewe so many and
bete doun in theyr compnge/that the other durst not abyde · But
fledde away discomfyted/the nobles folowed them & chaced them
wel iiij·myle sleyng al them that they myght attꝑne·& they fou
de many of onr men prisonners that the turkes ledde with them,
whom they delyuerdꝭ·after they wente to the tentes of solyman ·
and there they foūde so grete plente of rychesses/of vytaylles,/of
sheep of horses & other bestes that it can not be recounted/Robes
vayssel & pauyllons of dyuerse colours & of straunge facions in
suche wyse that ther was none but he was ryche·ffor ye may well
knowe that,ij C·M·men that solyman had,behoued grete plente
of lodgys & of other estorementes·our peple cam agayn in to oure
tentes with grete ioye & honour·ther were lost wel in that bataylle
of our men a foote aboute a·iiij·M·& of horsmen but fewe·Of the
turkes were founden dede·iij·M·& there were of them many grete
men·this bataylle endured fro the hour of pryme vnto nygh none,
& ofte our peple had the werse·ffor as J haue said solyman had,ij
C·M·men alle on horsbak·our peple were but,l·M·on horsbak
whan they were alle assembled thr one with the other/whan our
lord had thus gyuen this victorye to his peple/they rested them in
this fayr place where the tentes were/thre , dayes,theyr·horses re
fresshed them right wel in this whyle·of the armures & other gay
ne that they had conquerd vpon theyr enemyes they arayed & ap
paraylled them right wel/that to fore were euyl armed, Moche
wel dyde they in this·bataylle & grete honour had they and shal
euer haue·& in especial they that here be named, gawdwyn le
borgh/thomas de fedre/regnault de beauuays , Gale de ebamont/
gaste de bedyers/& geart de cerysy·thēne was ordeyned & acorded
by the barons & cryed in thoost/that no man sholdꝭ ryde fro thens
forth by hym self without leue of the cappytayns
How the iiij day after this victorye our peple went forth on their
waye/& of the grete mesease of thoost the same day·cap^o   lxvij^o

Ftꝑ this whan they had abyden there thre dayes/the fourth
daye folowyng by tymes to fore day they dyde doo sowne
theyr trompettes & wente forth on theyr waye/syth they passed

bythyne/And entred in to the londe that was named piside:They
trauaylled so long that at the laste they fonde a contre moche drye
& infertile without waters/The tyme was moche hoot and bren¬
nyng as it falleth ofte in Iuyll / They had so grete thurst/that
they wyst not what to doo·the peple on foote specyally faylled and
faynted alle for the duste/for the heete/and for thurste/ther deyed
Wel this same day of myscase fyue honderd men & wymmen And
knowe ye certaynly that ther happed a meruayllous thynge that
day in the hooste·that we fynde nowher in none other historye/ffor
the wymmen with childe that yet were not come to theyr terme/
by thanguysssh of the heete & of the mescase of thurst that they we¬
re delyuerd of theyr children & childed/& not only the pour wym¬
men/but the ryche also/this was a grete sorow & pyte to see / The
men that ought to be more hard & stronge ayenst trauaylle·wente
theyr mouthes open/& sought thayer and moysture therof which
they myght not haue · the heete & also the swote destroyed them/
ye shold haue seen the horses and other beestes that myght not goo
forth in suche wyse that they muste leue them which deyde in the
waye/houndes for the chace & huntyng/fowles for the flyght as
ffawcons/hawkes/& sperhawkes ye shold haue seen that day aby¬
de & deye · & in lyke wyse the grete stedes & cursours which were
moost peryllous·becam alle araged & wood for thurst/& with grete
payne were ledde forth/whan they had ben long in this mescase/
Our lord beheld them in pyte·& made them to adresse in to a valeye
where they fonde a rennyng water fayr & grete·thenne ranne oure
peple to the brynke or ryuage with grete haste · many ther were
that drank so moch that they deyde vpon the place·ffor som of them
that had escheweed the deth / fonde it there by cause they kepte no
mesure·& this fylle vnto knyghtes & other men & beestes which
dronke as moche as they wolde/whan they were escaped this e¬
uyl aduenture·they cam in to a londe moch fayr and fertile ful of
woodes of ryuers of medowes and of good feldes labourable/
This was by anthyoche the lasse / which is the chyef cyte of the
londe of pisside and there lodged they with theyr hoost

HOW somme of the grete Barons of thoost after to haue ap¬
prouched Antyoche the lasse departed for to goo vytaylle them
Capitulo   lxviij?
f   No thens departed /som of the Barons of thoost/ & helde their
    waye by cause it was a greuous thynge to fynde vytaylles

6 3

to so moche peple to gydre / The fyrst was Bawdewyn Brother
to the duc·with hym was peter therle of scaruay·Reynart therle
of twul / Bawdwyn de borgh & guyllebert de montclez/ther wer
wel .v.C. on horsbak, & ladde with them men a fote largely The
seconde was tancre, & with hym Rychard du pryncipat·Robert
danse & other knyghtes grete nombre that they were.v.C. on hors
bak & had also many men a foote as the other had theyr entencion
and purpose was to ride about·the thoost in the contre for so seche
somme aduenture and bytaylle.& yf they had founde ony parell,
grief·pas.or plente of theyr enemyes that they wold lete thoost
haue knowleche therof / they wente strayt theyr waye & passed by
spde ij cytees.that one was named lychonie & that other Eraclee·
after they turned on the right honde.and passed toward the see side
The duc Godeffroy & the other prynces abode in theyr lodgys for
the plesaunt & delytable places that they had founden by cause they
wolde playe & refresshe them of the trauaylles & anoyes that they
had suffred.thenne said they that they wold goo hunte in to the fo
restes which were nygh to them on alle sydes & were ful of wil
de beestes , On the morn they entred in the woode , ecke helde his
way at his will·the duc as he wente a path thurgh the forste her
de a man crye·& he drewe theder ward,& he sawe a poure man that
was goo for to fetche wode for to bere in to the hoost fledde strong
ly cryeng to fore a grete bere,The duc ran vpon hym & drewe his
swerd for to delyuere the poure man fro the beeste/thenne the bere
adressyd hym vnto the duc and lefte the poure man that fledde fro
hym,he hurte the dukes hors so sore that he caste the duc to therthe
The duc leep a foote & drewe oute his swerde· the beeste was no
thyng aferd of hym but made a felonnous crye horryble & hydous
& syth ran vpon the duc·& bote hym right cruelly in the thye.after
he adressyd hym right vp & embraced hym with his potes or feet to
fore for to haue caste hym to groude.the duc thus hurt as he was
was yet moch strog & fyl not to therthe thenne,but caught hym by
the skyn about the neck with his lyfte hande for to put away his
heed fro hym.& with that other hand he put his swerd in to his
body thurgh bothe the sydes vnto the crosse and so slewe hym
After he wente and sette hym doun on therthe right by, ffor
he had so moche bledde of his wounde that he had in his thye
and was so meruellously sore hurte that he myghte not stonde
longe on his feet . The poure man which he had delyuerd fro
deth ran hastely in to the hoost ,and tolde them this tydynge of the

duc. Alle they that herde it Were so effrayed that they ranne With
grete haste theder, The barons andꝛ alle the other that myght goo
they founde hym lyeng on the grounde pale and discoloured · andꝛ
after toke hym in a lyttier and bare hym in to the hoost · But ne-
uer man Was more demened ne more soroW made nr noe moo py-
tyous cryes andꝛ lamentacions thurgh alle the lodgyses · As
Wel ryche as poure / andꝛ men as Wymmen , Anon Were fette alle
the maistres and cirurgens for to dyghte hym ꝓ to hele hym · there
Were many / ffor euerych of the pryncꝭ had of them for to aWay-
te on them in the hoost

       Here recounteth thpstorye of somme aduentures that theune
fylle in the hoost of cristen men · cap?   lxix?

i   IN this saysson the same tyme it happed that another Valyaūt
       man named Raymont Erle of tholouse laye doun seke of a
maladye moche greuous andꝛ peryllous , Neuertheleffe the hooste
Wente forth al Wey, Therfor he muste be caryed forth in a lyttier,
On a day it happed that he Was so detyned of his maledye that
certcynly they supposed that he sholdꝛ deye / They that kepte hym
made the littier to be sette doun to the grounde · ffor they saWe hym
so feble that they thought certaynly that the soWle shold departe ;
The bisshop of Orenge Whiche Was a moche holy man andꝛ a reli-
gyous sayd the commendacion for the soWle andꝛ the seruyse as
of one deyeng sauf syngyng masse · Alle the hoost Was ouermoche
discomforted , by cause they supposed alle · that anon and sodanly to
lese thise tWo grete men Whiche Were of moche grete counseyl and
of grete ayde / They made prayers and oryson͛ thurgh alle thoost
Where as they songe masses · The ryche and the pour prayde moche
humbly and With good herte that our lord Wold rendre them hool
and sauf / for to socoure and counseyle them , as they had nede · The
barons departed in charyte largely almesse Vnto the pour peple,
so moche dyde they one andꝛ other that oure lordꝛ Whiche is ful of
pyte herde them and gaf helthe to the tWo noble men in short tyme
in suche Wyse that they Wodꝛ al hool ꝓ in good poynt With thoose
they passedꝛ al pissyde · Andꝛ after entredꝛ in to a lande namedꝛ
lycaone · Andꝛ cam Vnto a Cyte calledꝛ lcoine / they founde it alle
Voyde andꝛ nothyng therin , they hadꝛ grete meseases of Vytaylle ·
ffor the Turkes Whiche hadꝛ herde the tydynges that oure peple
cam / trusted in none of theyr fortreffes / but Voydedꝛ them andꝛ
fleddꝛ in to the forestes aud montaynes / men Wymmen ꝓ childeren

horses beestes bytaylle ¶ alle other thyng they caryed with them /
They suffred moche disease to passe that contre · They cam in to Era
clee / And after cam in to a cyte named Marase / There they lod ·
ged and soiourned thre dayes / Bawdwyn brother of the Duc
that was departed fro the hoost lefte his wyf with his two bre ·
theren / She deyde there of sekenesse / She was an hye lady of En ·
glond valyaunt wyse and good / gutier was her name / She was
buryed and entered moche honorably in the same place / She was
moche bewaylled in the hoost

¶ How Tancre that was departed fro the hoost assiege de Tarse /
And toke it by certeyn couenaunt · cap?   lxx?

Tancre whiche was a wyse a man and of grete courage rode
thurgh the londe sekyng auenture in suche wyse that he fon ·
de in his waye a cyte called Tarse · This londe of Scylye is a coū
tre of therient to warde the sonne goyng doun · In this lande ben
two grete cytees · whiche ben Archebisshopriches that one named
Tarse of whiche I said to fore / Therin was born seynt poul thap ·
postle / That other was named anauazie / And eche of thise two
cytees haue other cytees vnder them / Tarse founded one of the
children of Noe Jonen whiche was sone of Japhet / the sone of
Noe · Neuertheles solins sayth that perseus fonned it / but it maye
be wel that one fonned it / And that other repayred and amen ·
ded it / Tancre assieged this cyte and constreyned them withī
what by menaces and fayr wordes / that they yelded it to hym in a
manere / They sette this banere vpon the hyest toure of the toun
And he sWar and affermed to kepe them from damage and hurte
ne non shold be put out of his howse · ne lese ony thyng that apper ·
teyned to them vnto the comynge of the grete hoost · And thenne
shold they yelde the toun vnto the grete pryncees of thoost without
ony debate / Thus was it acorded bytwene hym and them of the
toun · In this toun were cristen men ermyns and grekes / And in
alle the londe about · But the turke helde alle the fortresses that
medled with armes / And had the seygnorye vpon this peple /
And wold not suffre them of nothyng sauf to occupye and la ·
boure therthe and for to marchaunte to bye and selle

¶ How Bawdwyn brother of Godeffroy sechyng his auentures
sawe tance ¶ his peple to fore tarse ¶ adressed hym to them · ca · lxxi

AWdWyn Brother of the Duc and the peple that he ledde
With hym Were entred in to a countre moost barayn Where
they suffred grete peyne for Vytaylle. After they cam Vpon a
montayne Where they myght see alle the londe of Sallee, and the
cytees Vnto the see. They sawe tarse nygh them and the pauyllons
And they supposed that they had be turkes that had assieged the
cyte. They descended doun for to knowe What peple they Were,
And also for tenquere the beyng of the countre about. They that
Were With tancre in thauaunt garde sawe thyse men of armes ap-
prouche And lete theyr lord haue knowleche. Tancre Wende cer-
taynly that they had be turkes that cam for to socoure them of the
toun, and made eche man to arme hym dylygently, and sette them
in ordenannce. And after yssued oute ayenst them, The baners
displayed But Whan they approuched that one to the other, And
kneWe eche other by the armes, they opened theyr helmes and em
braced eche other and made moche grete ioye. And after cam to
the cyte. And thenne baWdWyn Was by tancre right Wel and
honourably lodged. ffor tancre had grete plente of Vytaylles of
Whiche baWdWyn and his peple had grete nede

Of thenuye that baWdWyn & his peple had to see the baner of
tancre Vpon the Walle of the toun, & hoW tancre departed ca. lxxvij

i   N the morne Whan the sonne Was vp and cleer daye baW-
dWyn and they that Were With hym saWe the baner of tan-
cre Vpon the hyest tour of the toun. And had therof moche grete
enuye, and began to murmure and speke maliciously of that they
that had gretter poWer, and moo peple and better, & said that they
ought to haue the Worship of this toun, It is trouthe that vnto
this day there, baWdWyn and Tancre had ben lyke tWo brethe-
ren in moche pryue acqueyntaunce and treWe loue, But baWd-
Wyn by enuye of his herte and by euyl Wordes that som of his
men made hym to vnderstonde Was thus of this thynge meuyd,
Tancre Whiche Was moche Wyse attemperat and resonable man
vnderstode thise Wordes. And dyde moche payne for tapese hym
And cam in persone to baWdWyn. and sheWed hym, hoW to fore
that he Was comen, ne that noman kneWe of his comynge Were
thyse couenauntes made bytWene hym and them of the toune,
And his baner sette vpon the toure. And herin he vnderstode not
that he myght haue ony shame ne dishonour. BaudWyn Was not

content of thise wordes and he founde somme that attysed hym in his folye, he spak grete wordes ylle and miurpouses to tancre, in suche wyse, that with lytil more they wolde haue don armed theyr men for to haue destroyed eche other. thenne sente bawd wyn for them of the toun, And whan they cam he menaced them strongly and saide that they shold throwe doun the baner of Tancre to therthe, And sette vp his on the tour: And yf they dyde not they shold wel knowe that he wold destroye them and alle that they had without the toun, and take the toun and caste it to therthe maulgre alle that tancre myght do, They of the cyte sawe that tancre myght not waraunte ne deffende them ayenst bawd wyn made with hym suche couenauntes as they had made to fore with tancre, And sette his baner where as he commanuded, Tancre sawe the force that was don to hym and was gretely displesyd and had grete yre in his herte, But he couerd his thought wysely And wold not suffre the peple that were comen in this pylgremage for to make warre ayenst thenemyes of the fayth of Ihesu Crist. shold slee eche other for thoccasion of hym. he departed fro this place, ffor he doubted that somme noyse or medle myght sourde herof. And cam to a cyte nygh by named adane. There myght he not entre, ffor a noble man of burgoyn named gelphes was parted fro thoost with a grete route of men of armes as the other dyde for to seke auentures. and he had taken this cyte by force, And had caste out the turkes, And helde it entierly. Tancre herde that somme of our peple helde it, and sente good messagers to gelphes And prayd hym to opene the yates and suffre his men that they myght goo in to the toun for to bye to them suche as they neded, This Gelphes dyde it debonayrly, And hym self gaf to them largely for nought, ffor he had founde the toun ful of gold and syluer of robes of bestes, of whete, of wyne, of oyle, and of alle good that a man had nede of,

How a lytil after tancre cam to the cyte of anampstre Whiche the turkes helde it and toke it by assault, cap? lxviij?

t   Ancre on the morn toke leue of his hooste. And toke his
     way with his peple, And rode so fer that he cam to a cyte named anampstre. This was one of the beste cytees of that londe, It was fayr, and moche delytable. Tancre cam theder and knewe certeynly that the turkes helde it, he assieged it al aboute. And fro

the tyme that he cam he affaylled; the toun · thus he dyde the firſt
the ſecond and the thirde day · ſo many aſſaultes he made to them
and hurted them of the toun that they were ſtrongly greuyd and
abaſſhed·they without toke the toun and entred vnder the walles
And thus was the toun taken by force · And alle them that be
fonde therin of hethen peple he put to deth without mercy·The tou
ne was ful of rycheſſes and alle maner of vytaylles were grete
plente·Tancre departed al the gayn and the goodes of the toun to
his men as he that wel knewe how that he ſhold do ·and · to eche
man after that he was·in ſuche wyſe that alle his men were ryche
They refreſſhed; them moche wel and; theyr beſtes of the meſeaſe
that they had ſuffred; in theyr waye·They ſoiourned there a grete
whyle with moche grete deduyt

How bawdwyn entred; in Tarſe · And; ho w·iij·C of our pyl
gryms were ſlayn · of the turkes to fore the ſame toun·ca °lxxviij

b   And wyn ſawe that Tancre was departed fro tarſe·And;
       ſente for them of the toun and ſayde to them that they ſhold;
lete them entre in to the toun·ffor hym thonght ſhame to lye long
and; abyde there ydle without doyng ony thyng·tyl the compnge
of the grete hooſt· They ſawe and aduyſed wel that they had not
power ynough to reſiſte them ·and; thought yf they lete them not
entre with theyr agreement / that they wold; entre ayenſt theyr
wylle ⁊ without force thenc they opened their gates · ⁊ wold that
bawdwyn ſhold haue two toures where he ſhold lodge ⁊ other of
thooſte in the howſes in the toun alle peaſibly·the turkes that had;
the ſeygnorye of the toun helde yet the other towres in theyr puiſ
ſaunce / they had in moche grete doubte and ſuſpection bawdwyn
and his men that were lodged in the toun · And they thought that
they ſhold haue no ſocours · And aboue this they had moche grete
drede of the grete hooſt that ſhortly ſhold arryue there·and ſought
emonge them the moyens and; maner · How they myght yſſue
oute of the toun and lede with them theyr wynes and; childern
with theyr prynapal bageus and; iewellys · It happed; that
this ſame nyght thre honderd; men afote that were departed; fro
Buymont for to folowe tancre arryued; alle to fore this Cyte of
Tarſe where they thought to fynde hym · whan bawdwyn knewe
what peple they were·and; that they wente in thayde of tancre / he
wold not ſuffre them to entre in to the toun·They were wery and

trauaylled and prayd hym mocke swetly and cryed hym mercy
many tymes that for the loue of god he wold doo so mocke that
they myght this nyght be lodged in the toun / ffor they wold no
thyng but good · herof the fotemen of this companye prayd hym
in lyke wise / But he wold in no wyse here them / Neuertheles by
cause they without had mescase / the mene peple in the toun aualed
doun with cordes breed ynough and wyn in barellys and other
vytaylles · With whiche they myght wel passe this nyght / Whan
our peple were a slepe in the toun · And they without began theyr
first sleep it happed that the turkes that were within the toures ,
opened the gates of whiche they had the keyes secretely withoute
noyse & ledde out their wyues theyr children & alle their thynges
And alle the heithen men of the toun thought they were not sure
with theyr ghestes and yssued out of alle the toun whan theyr wy
ues and children were withdrawen a lytil fro the toun , they
wolde leue tokenes cruell and ylle of theyr departyng / they cam
vnto the thre honderd pylgrims that laye withoute gate & slepte
strongly as they that doubted of nothyng , And put them alle to
deth and slewe them / yf ony of them escaped he was happy

How the peple of Baldwyn knewe the departyng of the tur-
kes and of the slaughter of the cristen men · cap? lxxv?

o N the morne erly whan oure men awoke in the toun they
sawe the toures where the turkes had be lodged open and
the howses wyde / They knewe wel that they were fledde · They ser-
ched the walles and gates for to enquyre how they were goon ·
they wente so ferre that they fonde this grete occisiou and slaugh-
ter at the gate · Thenne began a sorow and a mocke grete crye in the
toun , Alle men put the blame and culpe on Baldwyn and
hys knyghtes · ffor they wold auenge the deth of theyr bretheren
whom the sarasyns had so shamely and vylaynously slayn · By
cause that the knyghtes of Baldwyn and also he hym self wold
not suffre them to come in to the toun · And in dede the men of fote
sayd this was don by grete oultrage & grete falshede · And yf they
had not lyghtly withdrawen them in to the toures / they had smy-
ten them alle to deth , The knyghtes helde them alle stylle tyl that
the footmen were cooled / and after sente messagers whiche spak
to them and requyre them to forbere so longe / tyl that Baldwyn

had? spoken to them , they were content to here Baldwyn speke.
Baldwyn excused? hym to fore a le ,and? swar and? affermed?.
that for none other thynge thentre was deffended? them . but for
that he had sworn to them of the twun ,that by hym shold none en
tre tyl the grete hooste cam , By thyse wordes and? by cause other
entermeted to make the pees and? spoken debonayrly to the mene
peple ,was Baldwyn accorded to the foote men and? his knyghtes
also. In this twun they soiourned and abode a certayn whyle ,By
tyl a mornyng ,they sawe in the see nygh them a shippe aboute iij
myle fro them ,They yssued? oute of the twun and? descended to the
see .they that were in the ship approched? to them in such wyse that
they spak to gydre ,they of the ship sayde that they were cristen
men .they demaunded of what contre .and they answerd of fflaun
dres/ of holande/ and of ffryselande ,And trouth it was they had?
be escumours of the see and? robbers the space of viij yere . Now
they repented them ,And by penaunce cam in pylgremage to ,Ihe
rusalem , they desyred? them to come a londe ,And? they cam and?
made to gydre grete ioye ,they had? a maister ouer them named?
guynemer .And? was born of boloyne vpon the see in the londe
of Erle Eustace fader of the said? duc Godeffroy , whan he herde
that Baldwyn the sone of his lord was there ,he lefte his ship
And? said? he wold? goo with hym to Iherusalem ,he was moche
ryche of this euyl gayne .And? had? many men with hym ,that he
ladde in his ship ,therune Baldwyn lefte ,J. C men of armes for
to kepe the twun wel in poynt .And? after he toke his waye for to
seke somme auentures as he dyde to fore ,he helde the right way til
he cam to the cyte of anamystre .whiche tancre had? goten by force
of armes vpon the turkes as J haue sayd? you to fore ,Balde?
wyn thought wel that he wold? not lete hym entre in to the cyte ,
And therfor he lodged hym in the gardyns about ,Tancre knewe
that Baldwyn whiche loued hym not was so nygh hym ,And he
had? not forgoten the wronge and? the oultrage that Baldwyn
had? don to hym .Thenne he dyde do arme his men ,and? sayde that
thenne was tyme for to venge hym ,ffor he was nygh his retrayt .
& Baldwyn was fer fro his .they sente Archiers to fore in grete
nombre for to hurte and? slee theyr horses whiche they had? sente
in to the pastures .Tancre had? with hym fyue hondard men of ar
mes in good poynt and wel horsed .And? smote in sodanly in to the
peple of Baldwyn whiche were not aduysed of them ,they slewe
many and moo they hurted ,the men of Baldwyn ran haftely to

arme them & cam & fought with them that ran by the tentes / there
began a bataylle bytwene them moche grete and fiers , but it en∕
dured not longe / ffor tancre had not so grete plente of peple that
myght endure ayenst the men of Bawdwyn · therfor they wold
withdrawe them in to theyr toun / but theyr enemyes enchassed
them strongly so moche that they muste flee / there was a brygge
ouer a water bytwene the hooste and the cyte / the peple of tancre
entred so thyck that many were lost and slayn vpon the brygge
and drowned in the water / whan they were put in to the toune
agayn they were moche angry in theyr herte / and wold take more
peple and retorne agayn · but the nyght cam that destroubled it ,
In this scarmucke was taken Rychard le pryncipal cosyn ger∕
mayn of tancre and robert danse both two were noble men · by their
counseyl and atysement tancre had wonne vpon Bawdwyn · Of
that other syde was taken a moche noble man named Gylbert
de Mountcler · they were moche angry on that one syde and on
that other for them that they had loste · ffor they doubted that
they had ben slayn or drowned , whan it cam on the morn and
theyr hertes a lytil aswaged / they sente messagers eche to other /
And knewe certaynly that thyse men that were taken lyued of
whom they dredde that had ben deed · and good men wente bytwe∕
ne , And medled for to speke of pees in suche wyse that they cam
agayn to entier concordaunce and parfyght loue by the grace of
the holy ghoost that adressyd theyr hertes / They amended theyr
trespaas eche to other / And kyssed togydre as frendes in good
fayth ,

How the sayd Bawdwyn retorned to the grete hooste · And
how Tancre mayntenyd hym moche wel in conqueryng contrees
Capitulo   lxxvj?
    B   Awdwyn had counseyl whan he was come to Maraze as
         I haue recompted that he shold goo no ferther forth · But
retorned in to thoost of the barons · By cause he herd saye how the
duc his brother had be hurte peryllously · And wold see and kno∕
we of his estate and how he ferde / theyr counseyl was that tancre
shold goo forth · Bawdwyn lefte with hym guy neuers · And
them that were in his companye comen fro the shippe · They passed
alle sylyce and bete doun alle the forestes of the hethen men that
they myght fynde · they brente the townes and slewe theyr ene∕
myes · And after cam vnto a cyte called Alexandrye the lasse

that they toke by force.and conquerd al the contre abut·The ser/
myns and turkes that dwellyd in the montaynes of this contre
herde tydynges that Tancre and his men were so valyauut and so
myghty that nothyng myght holde ayenst them,And sore dredde
that lyke as he conquerd the playne·he wolde come vpon them
in the montaynes,And destroye the londe entierly and the peple·
ffor tappease his courage they sente to hym good and certeyn mes/
sagers·Whiche brought to hym grete yeftes.as golde,/syluer/ pre/
cious stones/ clothes of sylk/ horses,/and mulettis,/they sente hym
moche largely,/ffor whiche cause Tancre lefte them in peas· Thus
dyde he wel his honoure and his pronffyt in alle places that he
went by , in suche wyse that it semed wel to euery man,/that oure
lord god adressyd his way and mayntened his werkes vertuosly

How baldwyn conquerd a grete contre vpon the turkes by
the counseyl of a knyght sermyn named pancrace ,ca? lxxvij°

NOW ye haue herd how Tancre mayntened hym in felyce,/the
grete hoost that folowed hym cam vnto marase,/Baldwyn
that had seen his brother the duc hool and sound had herd agayne
tydynges of Tancre how he dyde by the contre where he wente,/he
had moch grete desire to gadre to gydre peple & goo serche the côtre
lyke as he dyde to fore,/But he had lost moche the good wyl and
grace of thoost.ffor they of thoost had herd telle thoultrage that
he had don to tancre and to his men.And therfore many doubted
for to entreprise the way with hym' Buymont and his men also
had not lyghtly suffred this thyng vn auengyd ne had it ben for
the loue of the duc his brother,Therfor baldwyn founde but fe
we felawes that wold goo with hym' Godeffroy the duc whiche
was a moche wyseman,/and of good wyl,/blamed and repreuyd
moche his brother of this werke , he brought hym herto that he
knowleckd his folye to fore alle the peple.& sayde that he had ma/
de amendes to tancre,after his will & yet wolde amende it vnto his
playsyr & sware that he had doon it more by the counseyl and aty/
sement of other' than of hym self· By thyse wordes he appeasyd
the hertes of many men·ffor he was a moche valyaunt man and
moch curtoys,/& neuer was perceyued in hym vntorne he had an ser
myne with hym moche pryue' named pancrace,he was right wyse
and an hardy knyght · But he was ouermoche trycherous and

Vntrewe he was escaped ouke of the prison of themperour of con
stantynoble. And cam in to the hooft at nyœne, where he acqueyn
ted hym with baldwyn And he prayd hym and admonefted
that he fhold take men and goo in to a countre where he fhold lede
hym to which was moche plentyuous and ful of goodes, And
yf he wold goo, he fhold conquere it lightly, fo ofte he faid to hym
kewf that he began to take his way and departed with two hon
dered knyghtes and other men of armes ynough and feotmen
grete nombre, They folowed pancrace alle. which brought them
toward byfe in a moch ryche lond, they that dwellyd in this londe
were alle criften men fauf a fewe turkes, which helde the fortref
fes, they were lordes of the contre, and fuffred not the criften men
fhold meddle with ony armes in no wyfe, whan they that were
of onre fayth fawe baldwyn and his men, they were glad and
ioyeful, ffor they loued not the turkes, they delyuerd ouer the con
tre where they had puyffaunce, in fuche wyfe that in a fhort tyme
that he had conquerd alle the londe vnto the flood eufrates: bald
wyn was moch drad τ doubted thurgh alle the contre ther about
in fuch wyfe that for drede, they lefte hym alle the fortreffes wel
garnyffhed, and toke them without debate, the criften men which
had recyued hym in to his londe, hym am fo fiers and hardy, that
they hunted alle the hethen men ont of the contre, ther were fomme
barons of the contre that feruyd baldwyn with alle theyr puyf
faunce, and helpe hym to brynge alle thyng to his wylle,

How they of rages fente theyr meffagers to baldwyn pray
yng hym that he wold come to them, cap?   lxxviij?

¶ The renome of this grete man of whom his prowesse τ wyt
te fpredde oueral cam vnto the cytezeyns of rages, hopyng
by hym to be delyuerd of the feruage in which they had ken long.
The grettest men that had the gouernaunce of the toun fente cer
tayn meffagers to baldwyn and prayd hym for the loue of
God for his honoure and prouffyt that he wold come vnto
theyr cyte which was named rages, as is founden in the byble,
Thether fente thobye his fone yong Thobye for to demaunde the
moneye that Gable his cofyn ought hym, and on the way wed
ded fara his wyf, the Cytezeyns of this cyte recyued criften fayth
anon after the deth of oure lord Ihefu crifte, by the prechyng of
feynt Iude appoftle brother of feynt Symon, as it is foude wreton

the book of Eusebee of cesaire, they helde yet fermly this lawe that
tyme, but the turkes that were about them constreyned them so
moch that they made them paye greuous and grete tributes euery
yere in so moche. Whan tyme cam for to gadre theyr fruytes · of
theyr vynes and other, they raunsouned them and muste paye at
theyr wylle, or ellys they wolde destroye alle / Neuertheles in the
town durst noman dwelle but he byleuyd in Jhesu criste. ffor this
only town was holden hool and entierly in the fayth, the hethen
peple had conquerd the other townes, and therfor they greued
moche the cristen peple of this town, ne wold not suffre them yssue
out of the town for to doo theyr nedes . ffor on alle sydes of them
was the puyssaunce of the turkes. In this town had the seygno-
rye a greek that was moche oold, and had no children, he had
ben there syth the tyme that this londe was vnder themperour
of Constantynoble. ffor he was sente thyder by themperour fro to
be baylly. And whan the turkes toke alle the countrey, he depar-
ted not thens · but aboode al wey in his baylliage. Neuertheles he
was that made neyther hoot ne cold, ne kept not the peple, but at
theyr wyll, whan the Cytezeyns were acorded for to sende for
Bawdwyn he knewe it wel and was content. whan Bawdwyn
herde that they of rages had sente for hym by comyn counseyl & a-
corde, he toke counseyl with his men & fonde by his counseyl for to
goo theder. he ordeyned lxxx horsmen without moo for to goo with
hym, he passed the ryuer of eufrates & lefte the remenaunt of his
peple in the fortresses that he had conquerd in the contre to kepe them
surely, the turkes that dwellyd in this lande knewe the tydynges
how Bawdwyn shold come to rages with a fewe men & made an
embusshement by the waye where he shold passe, & sette there grete
plente of men of armes, thyse tydynges wer sayde to Bawdwyn &
therfor he torned to a castel by whiche an hermyn helde, he wey-
ued hym gladly & al his men moch honorably & was lodged there
ij dayes, the turkes that were ennoyed to be so long so embusshed,
yssued out and cam with baners displayed to fore the castel where
Bawdwyn was Inne, none yssued out for ther were ouer many
men · The praye that they founde in the pastures, they brought
alle with them · And after torned in to theyr countrey, On the
thirde daye Bawdwyn yssued out and toke his waye and cam
to Rages. The duc of the town that was a greek as I haue sayd
to fore cam ayenst hym · And alle the other on horsbak & a foote
with trompes and busynes, The peple of the town weyued hym

With proceſſion the mooſt honorably they myght·euerych deſyred
hym to make hym feſte after his puyſſaunce

How the duc that was at rages taryed for to holde this that
he had promyſed to Bawdwyn capitulo   lxxix.

¶   Rete ſuſpeccion had the duc in his herte whan he ſawe this
Joye that alle made to Bawdwyn·thenne by enuye he be‑
gan to fynde occaſions by whiche he myght·parte fro the couenaū‑
tes ſuche as he had ſente whiche were ſuche Bawdwyn ſhold ha‑
ue half the Rentes of alle the Cyte and of alle theexployctes , as
long as the duc lyued· After his deth whiche was olde he ſhold
haue alle the ſeygnorye entierly and kool · Now the duc wold
not holde this· But ſayde that yf bawdwyn wold deffende the cy‑
te fro the ſtrengthe of the turkes and fro theyr grieues that they
made in the countre he wold gyue to hym and his men reſonable
ſouldye and good wages, whan Bawdwyn herd this that he
was come theder for to be a ſouldyour·he had moche grete deſday‑
ne·and ſayd that he wold not abyde there ſo , but wold ordeyne
for hym & his men for to returne· the Cytezeyns of the toun ſawe
that this thyng wente not wel And cam to the duc·and ſhewde
hym that grete euyl & peryll ſhold folowe yf he lete this noble mā
departe·ffor by thayde of hym they and alle theyr thynges ſhold
be kept in peas and deffendd·and they ſhold be in grete franchyſe
The duc ſawe wel by thyſe wordes that he ſhold do folye·yf he ſet
te hym ayenſt them of the toun , therfore he couerd his herte for
that tyme , not withſtondyng he conſiderd many thynges and
thought· But ſayde that he wold acorde therto·and made ſem‑
blaunt that he dyde it with good wille in the preſence of alle them
of the toun·and auowed bawdwyn to his ſone·and graunted
hym the half of alle that he had and ſhold haue his lyf duryng·
And after his deces to haue alle as his heyr , Grete ioye had
they in the cyte whan this was made· And had mooſt ferme hope
for to recounre the franchyſe of the tributes that the turkes had
charged them with · ffro that day forth they began to remem‑
bre in theyr hertes the wronges and griefs that theyr duc had
don to them in tyme paſſed· And thought moche that yf tyme and
place cam to poynt·they wold ſuffre it no lenger · But thought
how they myght auenge this that they had ſuffred alle the tyme
that he had be duc

How Bawdwyn wente to assaylle famosette the cyte nyghe
to Rages / Capitulo   lxxx

a   Cyte was there nyghe by moche stronge and wel garnys/
shed named famosette. An vntrew turke named blandnc
was lord therof / he was a trychour / but he was noble and har/
dy in armes / This sarasyn had don moche harme to the cytezeyns
of Rages he sette on them trybutes and dyuerse demaundes ofte
as they had ben his bondemen / And for to haue thyse thynges he
had good ostages. he helde theyr chyldern so fowle as they had
ben in seruage. he made them to bere donge and fylthe and do
fowle werkes / therof they of rages were moche greuyd. They cam
to fore bawdwyn and kneled to hym at his feet and prayd hym
with ioyned handes right humbly wepyng grete teres / that he
wold delyuer them fro this turk forsayd in suche wyse that they
myght recouure theyr chyldern / whom he helde so shamefully /
Bawdwyn wold fayne do theyr requeste after theyr desyre at
this theyr first requeste / And to gete theyr loue and thanke / he dy
de do arme hym and alle them that he myght haue / And yssued
with them out of the toun / And cam to fore famosete / And as/
saylled the toun moche vygorously / But they withyn deffended
them as men wel garnysshed and in a strong place / whan Baw/
dwyn had ben there I wote not how many dayes and sawe it
coude not lyghtly be taken. he lefte in a fortresse nyghe by. lxx
knyghtes / and put in it garnyson of men of armes and vytaylles
And commanded them that euery day they shold renne to fore the
toun of famosete. And suffre to yssue of the toun neyther man ne
beste. and after he cam agayn to rages / the Cytezeyns of the toun
sawe wel that bawdwyn was a moche curtoys man / wyse. noble
and valyaunt in alle his thynges / And had despyte and grete
desdayne that this old duc whiche was nought worth. and that
had don to them moche sorowe / and was not his felaw but his
lord in the toun / therfor they toke counseyl emonge them / & sente
for a puyssaunt man whiche had many fortresses by them in the
montaynes named constantyn & accorded alle to gydre for to slee
their duc & wold make bawdwyn duc & lord vpon them. ffor they
moch hated this old man that without fayll had greued them long
tyme in many maners / for he toke fro them gold & syluer & all that
plesyd hym in the toun & ther was none so hardy that durst with
stande hym ne displese hym ffor yf they dide anon by the turkes with
whom he was acqueyntrd made them to destroye theyr vygnes

A 2

and fruytes and brenne theyr whete and corne and lede away
theyr bestes And yf ony of them went out of the toun they had
fere for to lese theyr heedes ,

How they of the toun of rages slewe theyr duc and chees
bawdwyn for to be theyr lord cap lxxxi

Hey had not forgeten the wronges and Injuryes that
they had suffred of theyr duc they hoped al that yf he were
deed that bawdwyn shold deffende them better than he Therfore
they wente al armed as it was enterprised unto a tour where as
he laye And began strongly tassayle it and ennyronned round
about The duc sawe that the peple was so sore meuyd and angry
on hym And called bawdwyn and prayd hym to take of his tre
sour as moche as he wolde and repease the peple Bawdwyn cam
emong them and trauaylled moche by prayers and menaces for
to haue supposed to haue repeased them but he myght do nothyng
ffor al way ther cam moo and more in suche wyse that the compa
nye encreced Bawdwyn departed thens fro them and spak to the
Duc and said that he shold take to hym suche counseyl, that he
myght eschewe the furye of the peple ffor he myght not remedye
it thenne the duc as a man despayred bonde a corde to a wyndowe
and descended doun therby , But whan they apperceyued he was
thurgh smeton with arowes er he myght come to therthe Thenne
they toke hym al deed And drewe hym thurgh the toun And
after smote of his heed , And coude not do ynowgh to satisfie
theyr crueltees On the morn they toke bawdwyn by force ayenst
his will in deffendyng hym self and lyft hym up as theyr kyng
and lord They made to hym oth of feaulte And after delynerd
to hym the grete fortresse of the toun And gaf to hym at his will
Rychesses and moche grete tresours that the grekes had assembled
by longe tyme , Thus was the cyte of Rages delyuerd withoute
contradiction to bawdwyn Banduc that was lord of ffamosete
sawe how bawdwyn conquerd alwey the londes and contrees
and encreced his puyssaunce , And sente to hym messagers
whiche lete hym wete how that his cyte was moche stronge and
myght not lightly be wonne but he wold selle it hym yf he wold
gyue hym x M besauntes bawdwyn aduysed hym herupon, t
by counseyl accorded to bye it and payd to hym that some t weyu
ued the toun entierly, t Banduc rendred thostages that he had
holden alle thenne , And thus he conquerd the hertes and loue

of them of the toun / that they called hym theyr fader / And they
dyde alle that plesyd hym to theyr power and redy were hym
to the deth·

How bawdwyn wente and assieged the toun of seworge nygh
to rages and tokeit , And of his ordenaunces·cap⁰ lxxxvij⁰

I N this londe was a Cyte named seworge wherin dwellyd
none other peple sauf hethen men / The lord of the toun was
named balak · the turkes that were therin dyde many traueyls
and vylaynous oultrages / so many that they prayde bawdwyn
theyr lord for the loue of god / and for thaffection that he had to
them / that he wold take counseyl and sette a remedye of this
thyng / he answerd curtoysly / And sayde that he wold do it glad
ly · thenne he commaunded that euery man shold arme hym dyly
gently / And whan they were redy / they shold yssue out of rages
and goo strayt for to assiege the cyte of seworge / Thenne dressyd
they theyr engyns and began to leye the siege / And brak the wal
les ondr twettes · The Turkes that were within the toun were
moch abasshed · ffor they thought wel that bawdwyn ne his peple
wold not leghtly departe fro the siege , ne they vnderstode of no
socours fro noo syde / Wherfore they sente theyr messagers to baw
dwyn / And so entreted that theyr lyues saued · they wolde yelde
thr toun to hym · Bawdwyn receyued the toun / And put in the
grettest fortresse one his bayly that shold doo his commaundement
in that countrey / And ordeyned a moche grete tribute on them of
the toun and lefte hem therin / ffor he had not other peple ynough
for to peple the toun yf they wente theyr waye , By the prise of
this cyte was alle the way delyuerd of the hethen fro rages vnto
anthyoche / ffor to fore myght none·goo vnto the ryuer of eufrates
for the peple of seworge , Thus cam Bawdwyn to grete honour
and to moche ioyous feste in the cyte of rages / Now we shal leue
to speke of Bawdwyn / And shal speke now of the grete hooste
that cam behynde after

How the grete hoost cam to fore marest· And how the turkes
that were within fledde · And how our peple payned them to con
quere countrees / capitulo lxxxviij⁰

T He duc godeffroy & the grete plente of the barons & knygh
tes and noble men and other with them they passed moche

^3

greuous wayes and were comen by valeyes and montaynes vnto
a Cyte named Marese·this is not that toun that I spak of to fore
ffor that is named Maraze·This cyte named Marese was enha=
byted with Cristen men·Neuerthelesse the Turkes helde the for=
tresses·And had the seignorye of the toun·And euyl entreted the
cristen peple·thyse hethen peple herd of the comyng of our peple &
fledde by nyght for fere of them·And ther abode none of the toun
sauf they of oure fayth·whan the hooste approuched·the barons
knewe the trouth of this toun·Thenne they deffended generally
that none shold doo no harme to them of the toune ne to theyr
thynges·They lodged them in a moche fayre place and delyta=
ble·And had vytaylles ynough and good chep·They of the
countre lete the barons of thooste haue knowleche·that ther fast
by·was a ryche Cyte and ful of goodes·named Artaysse·And
dwellyd in the fortresses of the toun none other but hethen men·
The prynces toke counseyl therupon·And sente Robert the Erle
of fflaundres theder·he toke with hym Robert de Rosoye And
Gossolyn the sone of awnon de montagu·they were wel a thou=
sand men of armes whan they cam to fore the toun·Anon they
assieged it·The turkes that were withyn trusted not the wal=
les of the toun·And wold haue withdrawen them to the gretter
fortresses of the toun·But the hermyns and the other men of our
fayth·to whom the turkes had don long tyme grete shames & moch
harme in the toun·whan they sawe oure men·they had grete affy=
ance and truste in them·And toke vnto them moche grete hardy=
nesse·And ranne to armes·and er the turkes myght withdrawe
them in to the fortresses and toures·they slewe them·and threwe
their heedes ouer the walles to our men·& aftir opened the gates &
receyued them in to the toun with grete ioye·& therin they fonde al
that they had nede of·ffor the cyte was merueyllously ryche·ffro
thens vnto Anthyoche was but vij myle·this cyte of whiche I
speke is vnder the patriarke of anthyoche·& for fere of oure peple
were the moost parties of the turkes fledde in to anthyoche·whan
they herd saye that artayse was thus taken·& they had slayn them
that were herdes·they toke counseyl emonge them for to aduyse how
they myght hurte thoost·they choos out·iiij m·to whom they comaded
taccomplysshe this thyng·they wente forth·& whan they approched
thoost·they put them all in a busshemet sauf·xxx·wel horsed and
lyghtly armed whom they sente forth for to drawe men fro thoost
they approched so nygh·that the hooste of the toun sawe them·ffor

they made semblaūt for to take fourriers and the horses nygh them, oure peple ran to armes, & began to folowe so ferr that they fought to gydre folyly vpon theyr watche, they sprange out and wold haue ronne bytwene them and the toun for teenclose them in, but our men assembled them and ran to gydre, and cam deffendyng them, vntyl they cam into the toun in suche wyse that they loste noman. The turkes sawe wel that they myght not recouure the toun and began to assiege it, ffor they had peple ynowgh and after began tassaylle it · they within deffended them wel that they without loste more than wan. Whan the turkes sawe that the grete hoost made them redy and approuche, And that they prouffyted not. they toke counseyl, and retorned in to anthioche, Bnt the brygge that was bytwene they garnysshed moche wel, The Erle of fflaundres and the other that were with hym within artayse went not out but kept the toun, but that day a maladye toke goselyn the sone of aconon of montagu a yong man curtoys and moche valyaunt. he deyde of that maladye, And was buryed in that toun with moche worship and grete lamentacion

How it was commaunded vnto alle the barons to come vnto thoost for to goo vn to anthyoche and of som recountres that they had in the waye, cap⁰   lxxxiiii⁰

W Han the turkes that were come fro anthyoche for to recou-
   ure artayse were departed fro thens, at the spryngyng of
the day, tydynges cam that the grete hooste was lodged nygh by, ffor they had herd saye, how therle of fflaundres was besieged, And therfor by comyn counseyl they had sente v C horsmen to fore to socouure them yf they had nede. They commanded them that yf the siege were departed, they shold leue peple resonably to kepe the toun, And shold saye to therle of fflaundres and to them that were with hym that they shold come agayn in to the hoost. Tancre whiche had conquerd alle sylue had in commaundement to come agayn, and he retorned and alle the other also that were departed fro the hooste generally were comen agayn, sauf Bawdwyn whiche abode aboute Rages where he did wel his thynges whan the hoost was thus coūseylled & ordeyned they dyde do crye thurgh out al thoost that noman shold departe without leue. Thenne toke they al theyr way for to goo strayt vnto Anthyoche, they herd

∧4

Wel saye that ther ran a Water Whiche they muste passe. But the
brygge vpon this Water was moche Wel garnysshed of theyr ene-
myes. to thende thenne that the hoost shold not be destroubled for
to passe Whan they shold arryue there, by commyn counseyl of them
alle Robert the duc of normandye shold goo to fore for to knoWe
yf he myght delyuere the passage, and to sende Worde to the ba-
rons What he founde. With hym Wente euerard du puysant and
Rogyer de barneuylle thyse two he made conestables of his hooste
and had thauaunt garde. ffor they Were bothe moche cheualrous
and proued in armes. thus departed they fro the hooste and cam
to the brygge. the brygge Was lyft vp Whiche is named esencla-
ues. And in scripture Orontes. Also it is called in the contre ferre
The brygge Was moche strong, And had at thentre on this syde
two hye toWres and stronge, In euery toWr Were .l. men of Ar-
mes for to deffende With boWes and arbalestres the entree of the
brygge and the passage of the Water. On that other syde toWard
antyoche Were comen seuen honderd horsmen for to kepe that syde
of the Water toWard them, this ryuer of ferre renneth on the sy-
de of Antyoche. And cometh by another cyte named cesaire, But
it sourdeth by another cyte named Elyopee. And is called mallec
and descendeth in to the see by there as I haue sayd, Whan our pe-
ple Were comen to this brygge, thentre Was Wel denyed them. ffor
grete plente of turkes Were descended doun to the bariers, The
other toWres rested not to caste stones and shote so sore that it Was
a moche grete scarmuche and fiers. they fought so moche togydre
that tydynges cam in to the hoost Which al Wey meuyd. and Was
thenne not fer fro the brygge. they auaunced theyr paas and soW-
ned trompes and busynes, and smote on them that helde ayenst
them the paas, they that Were in the toWres durst holde them no
lenger there for fere of the grete peple that they saWe come With
the grete hoost. ffor they thought they shold not be there sure. The
other also descended, And Were put alle to flyght, in suche Wyse
that oure men toke the brydge, the other knyghtes of oure peple
that myght not come to the baryers for the prees Whilis the scar-
muche Was. Were moche anguysshous and descended doun. Where
as there Was a place to passe Whiche they of the contre kneWe not
of. And passed ouer and discomfyted the seuen honderd sarasyns
that kepte the bancke, So moche dyde one and other that alle the
hoost passed delyuerly ouer. And carpage after. they lodged them
in a moche. fayr place a .vi. myle fro the toun, On the morn they

approched alle the grete waye bytwene the montaynes and the
ryuer · in suche wyse that they lodged but a myle fro the cyte

How Antyoche by succession of tyme had dyuerse names and
of the noblesse of auncyente · cap⁹   lxxxv⁹

a Ntyoche is a moche noble cyte / which contryneth the third
place emong the patriarkes after the chirche of Rome · This
cyte was named somtyme Esencianes / after that the wrytynges
witnesse / Nabugodonosor kynge of babylone brought sedechyas
kyng of Iherusalem theder whan he had taken hym / And slewe
his sones to fore hym / And after put out his eyen as is founden
in the fourth book of kynges · whan Alysaunder kyng of macedo
ne was deed / Antyochus had this part of the londe & enforced
moche the cyte of grete toures and wallys · And wold haue it na
med after hym Antyoche and ordeyned it chyef of alle the Ro-
yame / the prynce of thapostlys seynt   Peter was first bisshop
there in a chirche that theophilus made to hym of his hows which
was a noble and a myghty man in the toun · Seynt luke the ho-
ly euangelyste was born in this towny / to the same theophle wrote
he thactes of thapostles · which was the · vij · bisshop in anthy-
oche / ther was the first counseyl of them that byleuyd in Ihesu
Criste after his deth · And thenne was establysshed that they
shold be called crysten men of crist · ffor byfore they were called na-
zaryens of the cyte that he was of / this cyte was conuerted by the
prechyng of Seynt Peter · therfore he gaf it the name theopoble /
which is as moche to saye as of god oure lord / Vnder Antyoche
ben · xx · grete cytees / of which ben · viij · Archebisshopriches · The
sey haue two Primates which ben called catholicos / that one is
in the cyte which is named Amene · And that other is at ban-
dras · And alle this claymeth thoryent /

Of the situacion of Anthyoche · capitulo   lxxxvj⁹

t His cyte of whom I haue spoken is anthyoche / And ston-
deth in the londe of this Surye / And is parte of the londe of
the grete surye · It stondeth in a moche fayr place and delytable ,
Now I shal recounte to you how it stondeth · It is a moche grete
towne / And aboute moche good londe for to here habondaunce of

Whete of corn of fayr fontaynes and smale rennyng Waters/and
it is emong the montaynes toWard the eest Whiche contre dureth
Wel yl myle of leegthe & Wel vj myle of brede/aboue ther is a lake
or mere assembled of sprynges & Wellys that renne therin/Whiche
is ful of fysshe/Of this lake yssueth a rennyng Water Whiche co̅/
meth nygh the cyte . And renneth in to the ryuer that renneth by
the toun/the montaynes closed the tVo sides of the toun·Neuerthe/
les ther ben vnder them fressh Waters and erable londe.The mount
Whiche is toWard the south is named Oronte/lyke as I sayd you
of the ryuer·ffor seynt Gregoire sayth that antyoche is sette bytVe
ne oronte the ryuer & oronte the mo̅tayne/one partie of this mo̅tay
ne that goth toWard the see is moch hye insuch Vyse that it hath a
name by hym self . Somme peple Wene that this hylle be perna/
sus a montayne of Whiche scripture speketh moche/by cause of a
fontayne that is atte the foote of the same hylle Which is named
leschielle buymand/But Without faulte this is not the mouut
of Whiche the anctors speke:ffor this montayne pernasus stondeth
in the lande named Thessaylle/That other montayne Whiche is
toWard the south is named the black montayne fulle also of
sprynges and Wellys/of Wodes and of pastures/There Were
Wote aunciently ther myters for to d Wekke/thurgh this valeye ren/
neth the Ryuer that I spak of to fore/And renneth to Ward the
see/In the montayne toWard the south begynneth the Walles of
Antyoche and come vnto the Ryuer/hit is a grete espace With in
the closure·ther ben enclosed With in the Walles tVo montaynes/
vpon the hyest stondeth a fortresse so stronge that it is not prena/
ble·but by famyne · BytVene thyse tVo montaynes Whiche ben
moche hye is a valeye right depe · but it is strayt / in that renneth
a litil Water right faste and sVyfte and entred in to the toun
and doth moche good to the toun/In the Cyte ben many fontay/
nes/but the beste is the fontayne Whiche is named the fonteyn of
seynt poul. And is nyghe to the eest gate/ther is another fontay/
ne Without the toun Which by crafte and conduytes is brought
in to the toun right subtylly/Alle the Walles of the toun/that is
to Wete they that ben on the montaynes and they that ben han/
gyng/And also they that ben in the playn ben merueyllous thyc/
ke·ffor they ben of ouer stronge Werke/Ther ben toures moche hye
and Wel defensable that is toWard the sonne goyng doun / The
ryuer renneth so nygh the toun / that the brygge on Whiche men
passe ioyneth to the Walles and to the gate of the cyte/The length

Who that was thenne lord of antyoche / And in what manere
he was comen vnto this seygnorye / cap.   lxxxvij?

o   F this cyte of Anthyoche was lord a turk named Anxean
of the mesque / ther had ben a puyssaunt sowdan of perse / of
whom we haue spoken to fore named kelphet which had conquerd
alle thyse londes · And after whan he wolde retvrne agayn in to
his contrey he departed enterly his conquest to his neueus and to
somme of his meyne , by cause that he wolde that they that were
his trewe men and frendes shold holde peas eche in his partye / and
sholde be as defendours and the closyng of the londe / he gaf to his
neuew solyman his neuew nycque or nyxne with alle theyr ap ꝉ
pertenauntes as ye haue herd to fore / to another neuew named du
tar he gaf the Cyte of damaske / And alle the countre about / and
wold that eche of them shold bere ther name of souday / and lyke
dygnyte / Solyman by cause he marched on the grekes had euery
day debate ayenst thempewur of Constantynoble , Ducar was
ayenst them of Egypte , And ofte made warre eche to other · ffor
they loued not to gydre , To thende thenne that thyse two Soly ꝉ
may and ducar myght the better maynten theyr warre · he wolde
that they were puyssaunt and hye men as soudans · To one his ser ꝉ
uaunt named assougur which was fader of sangum · And graūt
fader of Noradyn of whom ye shal here here after / he gaf the renom ꝉ
med cyte called halappe / To this Anxean of whom I spak to fore
he gaf this hye and noble cyte antyoche and lytil lond about / ffor
ther Calyphe of Egypte helde alle the countre vnto the boundes of
Surye · this anxean whan he herd that the grete hoost of cristen men
cam · he sente messagers and lettres to the barons of thoryent / and
hym self spak to them by mouth expressedly and requyred the ca ꝉ
liphe of bandras · and the souday of perse which was more myghty
than ony other / that they wolde socoure his londe and hym · They
beleuyd al this lyghtly / ffor Solyman was comen to them / that
had wel assayed what oure men coude doo / therfore he also requy ꝉ
red moche to greue oure cristen men · And that they wolde auenge
hym · Anxean requyred that they wolde deffende hym · The grete
barons of thoryent and other hye and noble men promysed hym
that they wolde helpe hym certaynlye / Anxean forgate not in the

mene Whyle / but gadred as moche peple as they myght haue in
the contrey aboute hym / as they that fro day to day abode the siege
se assembled Vytaylles Armures engyns and alle other thynges
necessarye to peple assyeged / And prayd moche ententifly the cy-
tezeyns of the toun that euery man shold make prouysyon and
garnyson for hym self as moche as se myght · Thenne Wente the
cytezeyns of the toun to Vyllages and other places ther aboute /
And brought alle in to the cyte Whete · Wyn / Oyle / and alle ma-
ner of beestes / so moche that the tonn Was merueyllously garnys-
shed · many hye · puyssaunt and noble men Were comen fro the con-
trees that oure peple had passed / Whiche Were fledde in to this
stronge toun for to kepe them self / in so moche that it Was sayde /
and Was trouthe / that ther Were in the cyte / Vij. M / horsmen alle
armed and Wel in poynt / And of footmen there Were that ba-
re harnoys moo than / xx. M /

Dyuerse oppynyon of our men to fore they assieged Anthyo-
che / And hoW they acorded alle for tassiege it / cap° lxxxviij?

o Ore men Were approched so nygh the cyte that they saWe it
nygh to them · After they assembled for to take counseyl
hoW they shold procede forth / ffor there Were somme of the barons
that couuseylled / that they shold tarye the siege Vnto the neWe ty-
me of the yere / ffor the Wynter cam on / Whiche shold be moche gre-
uous to lye out / On that other parte : ther Were many of thooste
that Were sprad about in the cytees and castellys Whiche myght
not lyghtly be assembled tyl after the Wynter. And ferthermore
they sayde that themperour of constantinople shold sende grete pe-
ple for to helpe them / Therfor it Were Wel reason that they shold
abyde them / Also on the other syde of the montaynes they sayde
they shold haue peple al fressh of Whom they had grete nede for
tassiege suche a tonn And in the mene Whyle myght the pe
ple and theyr horses soiourne alle the Wynter in the countre about
And shold be the fressher and harder and strenger for tendure tra-
uaylle and payne Whan it shold nede / The other barons acorded
that they shold sette the siege forth With Withoute delaye / ffor yf
thenemyes that Were in the Cyte had the respyte / they shold
garnysshe them better of men / of Armures of Engyns / and of
other estorementes than they had thene They also that Were co-
myng shold haste them the more yf the cyte Were beseged for to helpe

them / To this counseyl acorded fynably alle / they ordeyned theyr bataylles / & cam to fore the toun / there they lodged them the x day of octobre. In oure hooste were men wel armed / to the nombre of C.C.M. without wymmen / children / and other men that have no harnoys. And yet myght not alle they besiege alle the cyte / ffor without the montaynes / where was thought to leye no siege was at the foot of the hylle vnto the ryuer a grete part of the walle in a fayr playn which myght not be leyed about with peple. In the comyng of this grete hoost / was a moche grete brupt and noyse of buysyns / of horses of peple / of cartes and charyottes / But this dayr ne on the morn folowynge was no noyse / but semed that the toun had ben alle voyde and noman therin but this was don by cause they had moche grete garnyson of peple & of other thynges

How after the sytuacion of the toun eche of the hye barons of the hoost were lodged at the sayd siege. cap? lxxxix°

a Nthyoche had contepnyng in the cyte / v' yates / toward thorxent / ther was one & was named the porte seynt poul / & that was by cause it was vnder the monastery of seynt poul which is hangyng on the territoire / the seconde was toward thoradent And the lengthe of the toun is bytwene both thyse yates / and that is named the porte of seynt george / On the syde toward byse ben thre yates which alle yssue toward the ryuer / that yate aboue is named the porte of the hound. ther is a yate to fore this yate / by which men passe the mareys which is vnder the walles of the cyte / The seconde is named the porte of the duc. the ryuer is ther wel a myle long fro thyse two yates. The thyrde is named the yate of the brygge by cause the brygge is there / by which men passe the ryuer / ffor bytwene the port of the duc / which is in the myddle of thyse thre / and this that is the laste on that syde. approuche so the flood of the toun that fro thens it renneth costeyeng the toun alle ioynyng to the walles · Wherfor it was that this yate ne the yate of seynt george our men myght not assiege. ffor noman myght come theder but yf he wente ouer the ryuer / Buymout assieged this yate aforsayd with them that were comen in his companye · beside hym in aualyng doun were lodged Robert the duc of Normandye Robert therle of fflaundres / Steuen therle of Bloys. And huon le mayne / Thyse had pourprised fro the lodgys

of Buymont vnto the gate of thounde / ffor the frensshemen / the nor
mans and the bretons were with them to fore this gate , thenne
were lodged therle Remont of tholouse and the bisshop of Puy
with them that were come in theyr companye . that were the pro-
uynceaulx · the gascoyns · and the burgoynons , ther was moche
grete peple , They toke alle the place vnto the gate next after , At
this gate were lodged the duc Godeffroy · Eustace his brother ,
Bawdwyn therle of henawd / Reynold therle of Toul · Guernes
de montagu · And other barons many whiche alwey helde them
with thyse prynces · ther were the lorraynes : the hene were they
of sessougne / they of Bauyere and they of francoine · They toke
vp alle the place almoost to the gate of the brygge · And helde the
Ryuer that ranne there · In this partye toward the toun was
grete plente of apple trees / of fygtrees · and of other trees beryng
fruyt / Whiche our peple cut & hewe of alle for to lodge them · they
of the toun byhelde by the hourdeys and batyllemens of the wal
les the manere and contenaunce of thooste · And meruaylled
moche of the Armes / of the tentes / and of the facion and manere
that they had for to lodge them , They were in grete doubte · ffor
they were wel acertayned / that so moche and grete peple wold
not lightly departe fro this siege without doynge them grete dam-
mage and harme · Ther were many that were so gretely effrayed
for theyr wyues · theyr children & theyr other frendes · that they
wold that they had ben ded and buryed long to fore / to thende
that they shold not see the destruction Which they doubted for to see

How our peple assembled in counseyl for to fynde the moyen
for to sende for vytaylle / & of a brydge that they made · ca° · lxxxv

• Wr peple that were thus lodged founde not about them pas-
tures for theyr horses ne for theyr other beestes , Therfore
them behoued ofte to passe the ryuer / and to renne thurgh the con
trey / thus dyde they many tymes / by cause they of the toun mauyd
not yet / And it was a noyous and greuous thynge to passe the
Ryuer / ffor ther was no brygge / but feried ouer in botes bothe
horse and man · Whan the turkes of the Cyte aperceyued this ·
they sente secretely ouer theyr brygge theyr peple which toke and
slewe our men that they fonde so sprad in the contre · And this dy
de they surely ynowgh / by cause they myght not retourne but by

the rpu̇ / ⁊ they of thooſt myght not ſocoure them. Wherfor our ba
rons cōſeplled them to gydre ⁊ coucluded that they Wold̄ make a
brygge in ſomme maner by Whiche they myght paſſe Without dāu
ger of them of the toun / they fonde ſhippes in the laxe and̄ aboue
in the rpuer they toke and̄ iopned̄ them to gydre and ſette plan-
kes on them and napled them in ſuche Wyſe that thre or four men
myght paſſe on a front / this brygge dyde moche eaſe to alle thooſt
This brygge Was nygh the lodgys of duc godeffroy right apenſt
the pate that he kepte / And therfor the pate Was named̄ the pate
of the duc / ffro this brygge of tree Vnto the brygge of ſtone Was
a grete myle as I ſapd to you to fore / by this pate ⁊ by this brygge
Was moche harme don to our peple / And by the pate named̄ the
porte of the hounde they greued̄ moche our peple · ffor they had̄ a
brydge of ſtone by the toun of dyuerſe Waters gadred̄ to gydre
that ran there / by that brygge they made theyr aſſaylles day and̄
npght Vpon · the peple of therles of tholouſe Which kepte the gate
Oftymes they opened̄ the pates , and̄ pſſued̄ out Vpon theyr
lodgyes and dyuerſe they hurted̄ and ſleW̄ many · And̄ Whan
they had̄ don they retorned̄ in to the toun / ffor oure men myght
not pourſieW̄e them but by the brygge · therfore hit happed̄ that
the biſſhoppe of puy therle of tholouſe and̄ the other barous that
Were there / Were more hurte in theyr mounture than alle the other
of thooſt

How our peple ſtopped a pate of the toun Without forth / And̄
of a caſtel of tree that they made · cap?   lxxxi?

‡   His peple had grete deſpyte ⁊ grete ſhame of the domages
and̄ harmes that Were thus don to them / And̄ toke coun-
ſepl that they Wold ſete doun the brygge · And̄ theder they cam
alle Armed̄ Vnder theyr targes and̄ ſheldes of yron and̄
grete plente of pyquoys / And̄ began to ſmyte for to breke the
brydge · But the Walles Were ſo ſtrong and harde that they myght
not hurte it · And̄ on that other ſyde they of the toun Were on the
Walles and tourettes Which threW̄e grete ſtones and̄ thpcke on
them that ſo pecked̄ to breke the brygge · that they Were fayn to
leue their enterpriſe and retorne fro thens / After this they thought
of another thynge and̄ made a neW̄e caſtel of tree / And̄ ſette it
apenſt the brygge for to kepe it that they ſhold not paſſe ouer it / on
them , it Was moche Werke and̄ payne to make it , Whan it Was

sette and dressyd / Therle garnysshed it with his men / they of the
town adressyd theyr gonnes and engyns at this castel and smote
it with grete stones , And they in the tuurres shotte ther at grete
plente of Arowes so many in such wyse that none durst abyde in
this castel ne about it / On a day it happed that our men withdre=
we them fro the brydge and fro ther about / And they within ope=
ned the gate and yssued out by the rowtes , They that were in the
castel of tree fledde / And the other sette fyer on it / And brent it to
asshes / Our men sawe wel thenne that they warred not wel thus
And ordeyned thre gounes for to shote stones at the brygge .
Whyles they shotte none of the turkes yssued oute there / But as
sone as they cessed / they cam oute & made theyr assaylles as they
dyde to fore · It displesyd moche to oure barons that they myght
not sette no remedye ayenst the commynge oute of thyse turkes ,
Atte laste they accorded that they wold take grete stones of the
Rocke such as were convenyent for a gate and stoppe the passage
They toke an honderd men and more and stopped the gate ouer
the brydge · ther were so many that it was doon in suche wyse that
it coude not be lightly broken agayne / They had grete trauaylle
and payne to make it / But they that were lodged there kepte alle
armed them that brought the stones · Thus was the gate stopped
in suche wyse that thoost abode alle in pees there / ffor the Turkes
myght nomore make theyr assaylles there

　　　　　How our peple were in grete meschyef for as moche as they
of the toune yssued and entred in and oute with grete rowtes
Capitulo　　　　　　　　　　　　　　　　　　　　lxxxvij?

　　　　　On a day it happed that ther wente out of thoost as wel
o　　　　on foote as on horsbak a thre honderd men , and passed
　　　　　ouer the brydge of tree · And sprad the contrey as men
that wente on foragyng · It is the custome of an hooste for to goo
out so oftymes & retorne without dammage or hurte / Therfor they
had supposed to haue ben sure , They of the toun apperceyued it
and yssued out with grete plente of peple , And wente ouer the
brydge of stone and ranne on them that they sawe goo so folyly ,
And somme they slewe / And other fledde to the brydge of shippis
where they supposed to haue passed / But thenemyes were there to
fore . And deffended them the waye / in suche wyse that many of

them were dꝛoᴡned in the ᴡater that ſuppoſed to haue paſſed o/
uer/other of oure men recoūtred the turkes that had ſlayn ⁊ diſcō
fyted our men ⁊ bare aᴡay ᴡith them their proyes ⁊ deſpoylles
And ran on them⸱ The Turkes fledde⸱andꝛ our men pourſieᴡed
them ſleyng audꝛ ketyngꝛ them ᵬnto ᴡithin the bꝛydge of ſtone⸱
They of the toᴡn that ſaᴡe theyꝛ men ſo pourſieᴡed ſprangꝛ out
ᴡith grete prees and paſſed thꝛ bꝛydge⸱⁊ ran on our men⸱ᴡhiche
ᴡold haue deffended them⸱but they myght not ſuffre ſo grete nō
bre of peple andꝛ fledde⸱ they foloᴡedꝛ them doyng to them grete
dommage til they cam to the bꝛydge of ſhippis⸱there they aſſayl/
led them ſo harde⸱that many men armed fyll in the ᴡater ᴡhiche
ᴡere there dꝛoᴡnedꝛ andꝛ loſte⸱Oure men loſt there many men on
foote andꝛ on horſbak⸱ In this manere ᴡere they of thooſte in
grete meſeaſe⸱ffoꝛ they ᴡere ketter keſiegedꝛ than they of the toᴡn⸱
There ᴡere many of theyr enemyes in the ᴡoodes and montayg/
nes ᴡhiche ofte ranne ᵬpon our peple ᴡhan they ſaᴡe them goo
ᴡithout oꝛdenaunce⸱and they of the toᴡn yſſued out ᴡhan it ple/
ſed them⸱ in ſuche ᴡyſe that ouꝛ men durſt not goo fer fro thooſte
for to fourage ne foꝛ none other thyng⸱ And alſo in theyꝛ lodgys
ᴡere they not aſſured⸱ffoꝛ the tydynge ᴡas⸱ that the turkes aſ/
ſembled mocke grete plente of peple for to ſmyte in thooſte on that
one ſyde/⁊ they of the toᴡn on that other ſide ſhold yſſue on them⸱

¶ Of the famyne and moꝛtalyte of thooſt after that they hadꝛ be
at the ſayd ſiege the ſpace of tᴡo monethes⸱cap⸱   lxxxiij⸱

F Oꝛ to recounte alle thauentures that ᴡere in ſo grete a ſiege
ſhold be ouer greuous and a mocke longꝛ thyng⸱Therfor I
ſhal ſaye to you this that longeth to the compny⸱thooſte had holden
ſiege ᵬnto the thyꝛde moneth⸱ᵬytaylle began to faylle⸱And ᴡas
grete ſuffrete and ſcarſenes in thooſt⸱they hadꝛ in the begynnyngꝛ
largely and grete habundaunce both for men and horſes⸱but they
made grete ᴡaaſt ⁊ moꝛe than neded⸱⁊ ſo by their oultrage ⁊ folye
they lacked in ſhort tyme⸱ᴡhich myght haue long ſuſteyned them
yf they had kepte it ᴡel ⁊ gouernedꝛ by meſure⸱they ſuffredꝛ gre
te penurye in thooſt of ᵬitayl foꝛ mē ⁊ keſtes in ſuch ᴡiſe that the
pour peple ᴡere in grete perpl⸱euery day aſſēbled⸱ij⸱oꝛ iij⸱C mē of
armes to gydꝛe for to ſerche the contrey and fetche ᵬytaylles⸱they
ſᴡore to gydꝛe that alle the gayne that they myȝht fynde ⁊ con/
quere⸱they ſholdꝛ departe egally emonge them⸱They ᴡente forth

fer fro thooſt, and fonde the tounes moche wel garnyſſhed by
cauſe they were fer fro thooſt, they thought that noman ſhold rob
be ne take nothyng fro them, And thus brought vytaple to thooſt
But whan the Turkes of the toun, and alſo other in the coun-
trey had aperceyued this, they made embuſſhementes and ranne
vpon our men whan they retorned, or other whyle whan they wēt
forth, & ſlewe them ſomme tyme alle that none retorned, for to
brynge tydynges to thooſt, And therfor durſt they goo nomore a
fourragyng, The derthe was moche grete in thooſt, & euery day grw
we the famyne in ſucke wyſe that a mā ete wel at a mele in brede
four, or a cowe was worth four marc weyght of ſylver, which a
man myght haue at begynnyng for eeht or ten ſhyllyngis, A
lambe or a kyd was at ſey ſhyllyngis whicke to fore was worth
but thre or four pens, the mete for an horſe for a nyght coſt, vj,
pens, ther dyde many for honger in ſucke wyſe that at the begyn-
nynge of the ſiege the horſes were nombred at lxx M, And
at that tyme were ſcarſe ij M, And they were ſo poure feble and
lene that vnneth they myght helpe ony man, the tentes and pa-
uyllons roted, ffor it rayned continuelly a rayne ſo thycke and
grete that no cloth myght ſuſteyne it, wherfore macke peple in the
hooſte dyde for colde and meſeaſe, Theyr clothes roted on theyr
backes by cauſe they myght fynde no place to drye them, ther was
one ſo grete mortalite in thooſt, that vnnethe myght be fonden men
for to burye them that dyde, Many that ſawe this grete daun-
ger and peryll in thooſte wente and departed pryuely to Ra-
ges where baldwyn was, & in to Saliue where other cytees were
alſo, Thus were many ſlayn, And grete plente deed of famyne
and of other maladyes, And the hooſt was ſo mynuriſſhed that
ther were not half ſo moche peple as they were at begynnyng

How our peple ordeyned grete rowtes for to goo for vytaple, &
to retepne the peple which fled for hungre, ca⁰.   Lxxviij⁰

• Stymes aſſembled the barons for to fynde counſeyl how they
    myght retepne the peple that thus departed, & alſo in what
maner & how they myght aduyſe & ordeyne for vytapll for thooſt
& they concluded that one partye of the barōs ſhold haue grete pe-
ple of men with them, & goo right depe in to the londe of th: paynes
for to brynge vytaylles and alle that they myght fynde and gete
on theyr enemyes, to this were choſen buymont & the erle of fflaū
dres Thooſt was delyuerd to therle of tholouſe and to huon le

mayne to gouerne · ffor the duc of normandye was not there
And duc godeffroy laye seke moche greuously/They departed for
to goo on fourage many folowed/ for the gete some gayne/whan
the turkes of the town sawe thooste thus voyde and waye lasse·
And knewe for certayn that therle of fflaundres / Buymont,
and the duc of Normandye went not there,/And that the duc go
deffroy laye in his bedde seke,/They preysed and doubted moch the
lasse the remenannt·And toke counseyl that they wold make an
assayllyng by the brydge, but they that kept thoost had knowle
che herof,/And were aduertysed,/And were al armed on horsbak
and cam ayenst them and slewe many of the turkes that were co
me to fore and/ were many grete men of the town,/whan the other
barons sawe this what for sorow and for fere were discomfyted,
and fled agayn in to the town,/But a grete mesauenture happed,
to oure peple, /ffor as the turkes fledde dyscomfyted, one of them
was beten doun of his hors,/And his hors fledd toward the lod
gys, And many of our men ran after to wynne hym / The mene
peple and other that sawe the horse supposed that our men had ben
disconfyted and, that they had fled to fore theyr enemyes/ And
they began to flee , And other that sawe them flee/ fledde also in
suche wyse that alle torned, to discomfyture ouer folke/whan the
turkes behelde this and sawe that our men disconfyted, them self
anon they retorned, and passed, the brygge/And began to chace
them that so fledde and bete and slewe them fro the brydge of sto
ne vnto the brydge of the shyppis/there were slayn of our men on
horsbak a xx/And a foot yet moo. the turkes retorned in to theyr
cyte demenyng grete Joye and feste for this iourneye

How Buymont and therle of fflaundres mayntened hem be
yng in fourage/ Of theyr recountrees and of the gayne that they
made. Capitulo   lxxxvo

6   Wymont And therle of fflaundres that were sente by
          compyn counseyl in fouragyng, entred, fer in to the lan
       de of theyr enempes . And fonude a moche Ryche town
good and, ful of thyng that they had, nede of in thoost they toke
all/ffor they fonde neyther man ne woman that empessched, ne let
ted, them , Thyse two barons had, sente theyr espyes in dyuers
partyes of the londe for tenquyre & serche where they myght gete
more vytayl for to fede the hooste,/Now it happed that one of the
spyes cam to Buymot & sayde that a grete compāny of turkes were
embusshed, in a place nyghe by them for to renne on them whan
                                                                S2

they wente on fouragyng . Thenne they ordeyned that therle of
fflaundres shold goo forth with his men . & Buymout sholde come
fer after. And so was doon Therle of fflaundres fonde thyse men
And assembled to gydre fiersly the batapll was long & cruel ffor
the turkes had mo men than therle of fflaundres . At the laste
our men were discomfyted for the flemynges myght not endure
But fledde er Buymont cam . And so were left of our men there
wel an hunderd or more in the place. And thenne our men retor-
ned in to thoost with grete good and gayn that they had gadred
to gydre. whyles they were there cam to them other espyes of an
other contre, that aduertysed them of other turkes that wayted to
hurte them whan they sawe theyr aduantage, they were thenne
moo men and better armed than they had ben to fore, they were in
coūseyl, & therle of fflaūdres wold that noman sholde enterpryse
the batayl but he. But he toke mo men with hym than he dyde to
fore, Buymout cam after with as many as he myght haue. Ther-
le of fflaundres hasted hym and surprised the Turkes in a vale-
ye strayt in suche wyse that they myght not renne hether ne the-
der for to shote. But were constreyned to deffende them strong-
ly with theyr swerdes and maces, whiche was not sure for
them, By cause whan oure meyne discarged on them they
myght not susteyne it . but fledde anon . Oure men folowed
them in he wyng & sleyng them, and ouerthrewe many of them
They wanne horses, mules, Armoures and robes grete plente
& after retorned in to the hoost with grete victorye & grete gayne.
Grete ioye was made thene in thoost whan they were comen, alle
they were refresshyd & alleged of their meseases that they had lon-
ge suffred. They had Uytaylles resonable a certeyn tyme. But it
endured not longe that whiche they had brought with them,

How a grete rowte of Cristen men were in this tyme slayn by
the turkes bytwene fynempue and terme. cap? lxxxvj°

i N this tyme cam tydynges fro Rome that doubled theyr
sorow & angupsshis & theyr mesease doubled, it was sayd &
trouth it was that an hye noble man & pupssaūt of dēmarke na-
med guenes of moch fayr beaulte & of good maners herd say that
the barons of ffraūce & the valyaūt men of that lōde were goon in
pylgremage ouer the see for to make warre to the sarasyns, this
noble man to fore named whiche had a valyaunt herte and hye

had grete wylle for to goo after them/he toke of his fader certeyn
good/and ledde with hym wel .v.C. knyghtes and other men
yonge and wel armed/he hasted moche for to ouertake thoost of
the frenssmen ·but he myght not ouertake them/ffor he cam ouer
late/And had none in his companye sauf men of his countrey/he
cam by constantinoble/where themperour dyde to hym honour/and
after he wente to Nycene with alle his companye/And lodged
hym bytwene two cytees/that one was named fynemyne/And
that other terme·there they dyde not as they ought to doo·by cau-
se they were in the londe of theyr enemyes/but they assured them
ouermoche/in suche wyse that on a nyght a grete partye of the tur-
kes that had espyed them smote in sodanly on them and began
to slee them in theyr beddes/Neuertheles somme ther were that
apperceyued them and ran to theyr armes/& cam ayenst the tur-
kes and solde theyr lyf dere/but in thende they were alle slayn
and none escaped of alle thoost except a thre on foure atte moste

How the vntrewe greek latyus departed fraudulously fro the
hoost· And other moo by thensample of hym·cap? lxxxvij

I Atyus this disloyal greek of whom we haue spoken to fo-
re whom themperour had delyuerd to oure peple for to lede
and conduyte them had soynously taken hede of the gouernaunce
of thoost vnto this day/and of the reule of the barons·& alway
peyned hym for to deceyue them in alle the maners that he myght
Now apperceyued he wel. that thaffayres of thooste were not in
good poynt/ne in good disposicion·and doubted moche for he was
ful of cowardyse/and thought the pylgryms sholde somme day
be surprised of the turkes of the toun·and sholde alle be slayn
therfor he spak secretly to one and other and counseylled them to
leue the siege· And that al thooste sholde departe in to the cytees
that our men helde vnto the newe tyme·ffor it was certayn he say-
de that themperour had sente for the grettest hooste that he myght
assemble for to come and socoure them as sone as he myght fynde
grasse on the erthe for the horses/And he hym self·By cause he
byleued the werke of oure lord with the noble men that he had
wold enterprise vpon hym for the comyn prouffyt a grete trauayll
And he hym self wold goo dylygently to themperour for to ha-
ste hym with his hoost and alle the vytaylle that he myght fynde/
And to make hym come/Many of the barons knewe vpon

this poynt his falsenes. And apperceyued that he sought manere
by this waye for to flee. And byleupd hym not, but acorded
that he shold goo his waye. he made semblaunt for to retourne
and come sone ageyn and lefte his pauyllons and som of his men
to whom peraduenture he had sayd that they shold folowe and co
me after, or ellys ꝑ he ne raught what myght come of them. Thus
departid he whom the deuyl had brought. And lad hym a way a
gayn. ffor by the wordes that he had sowen, and by thensample of
his departyng began many men to departe fro thoost. And tokk no
regarde to theyr auowe ne to the oth that they had promysed, but
wente secretely one after another. The famyne was moche grete in
thooste. The barons conde fynde no remedye ne counseyl therfore.
Trouth it was they sente ofte two and two of the grettest lor
des with grete compauye of men for to pourchasse vytaylles they
wente moch surely in the landes of theyr enemyes right deep and
ferre. And sleyng many of them that wold haue deffended theyr
passage, but vytaylles brought they none. ffor the turkes of the
contre that had apperceyued that oure peple wente for to seche vy
taylles hadd do ledde a way alle theyr bestes and theyr vytaylles
vnto the montaynes and deserte places where none myght come ꝛ
somme had they hydde in the wodes and caues vnder the erthe
whiche our men coude not fynde

How the prelates of the hoost counseylled to doo penaunce
for thapese god. And of thordenaunces that were made teschewe
synne. Capitulo.   Cxxxviij.

꞊   Amyne, mortalyte, and many other peryllys cessed not to
renne on the peple of oure lord. The noble and wysemen
of thoost that were trewe good and relygyous as the bisshop of
puy. that was legate for oure holy fader the pope and other spak
to gydre thenne, And sayd it was moche to drede and doubte that
our lord were angry with his pylgryms for their synnes. therfor
they aduysed that they wold speke with the barons for to make
peas and acorde vnto our lord. And was ordeyned by the consen
tement of alle them of thoost. that they shold faste in prayers and
in penauce for to crye mercy vnto our lord by the space of iij dayes
to thende that he wold pardone theyr trespaces ꝛ beholde them in
pyte. this was don with grete wepyng ꝛ waylynges of herte, af
ter this they commanded that alle the comyn wymmen of euil lyf
shold be voyded ꝛ cast out of thoost, ꝛ was cryed thurgh out al the
hooste, that who that after that were taken in adulterye or in

fornycacion shood haue his hede smeton of / Incontinent the
droncardys of the tauernes the players of dyse and the gre=
te othes were deffended vpon the same payne . fals mesures and
thefte alle suche thynges were commaunded to be lefte and esche=
wed / there were chosen wise men and trewe that shold take hede
for to punnysshe the malefactours After thyse ordenaunces and
statutes were somme founden culpable in the same, whiche were so
punnysshed therfore that the other were chastysed therby, whan
the peple were amended vnto our lord. the mercy of our lord cam
without taryeng on them, ffor the duc Godeffroy whiche was alle
the surete of thoost, And as theyr estandart had ben longe seke.
by thoccasion of his hurte that he had taken in the londe of pyssidye
by a bere as it hath be sayd to fore. nygh by lytil Anthyoche. and
was now sodenly come to good helthe. wherof alle they of thoost
had moche grete ioye. and byleuyd fermely that theyr penaunce
and prayers had lengthed his lyf and respyted it

How Buymont fonde a subtil remedye for to delyuer and
purge the hooost of the espyes of the turkes. cap.   lxxxviiij

¶ Grete renommee was spradd thurgh out al thoryent. and to
warde the contrees of the south , that ouer grete nombre of
peple of the contrees where the sonne goth doun were comen and
had besieged the noble cyte of Anthyoche. hit was a grete thynge
in trouth , But the tydynges were moche more gretter withoute
comparyson , Eueryche of the puyssannt lordes of that countrees
and londes had sent theyr espyes in to the hoost. and ther were so
many that they cessed not to come and goo and continuelly / and vn
nethe myght ony thyng be don or sayd in thoost ne in the lodgys
but that it was anon knowen in the panempe / It was a lyght
and easy thynge for them to be with our peple in thoost / Ther were
of the turkes that coude speke greek. and the langage of Erme=
nye. And toke thabyte of the surtenens. of grekes. and of them
of hermeny , ther were many of suche maner of peple. the barons
toke conseyl emong them how they myght wype and purge thoost of
this pestelence of espyes. ffor they helde them in grete parylle and gre
te daunger. that theyr counyn and purpoos shold be knowen in the lon
des of theyr enemyes. and it was no light thynge to knowe them
that were suche espyes , Emonge alle other thynges they coude

84

fynde none other remedye, but to holde theyr counseyl secrete, and
fro them forthon saye lasse to the peple than they were woont to
doo, Buymont whiche was of moche grete wytte and hye herte
spak to the barons and sayd in this manere, ffayr lordes I praye
you that ye wil late me cheuyssshe with this matere, ffor I haue re
membryd how we shal be delyuerd of this peryl, wherfor I praye
you gyue to me the charge therof, The barons helde Buymout
for a moche wyseman and prudent, And gladly sette the charge
therof on hym, and departed fro the counseyll, Buymont forgat
not this that he had promysed, whan tyme of soupper cam, he dis-
posed and ordeyned hym for to souppe, he made the knyghtes of
his contre to take out somme turkes that he had in prison, And
made theyr throtes to be cutte, And after smote them in pyeces
and arayed them for to be rosted, Thenne began they to demaunde
what he wold doo, Thenne Buymont sayd to his men, And bad
his men also to saye to other, that alle the barons had thus ordey-
ned and sworn that alle the espyes that myght be taken in thoost
shold be rosted and seruyd at the tables of the barons, And the
barons shold ete them by their oth, Thyse tidynges were anon
spred thurgh out thoost, that suche Instyce was don in the lod-
gys of Buymont, Alle men ran theder for to see this merueylle,
The turkes them self that were comen in to thoost for to espye we-
re moche affrayed, And euerych of them thought longe or he was
departed fro the lodgys by cause they doubted that they shold be
seruid in lyke wyse, Aftir whan they were retorned home to their
lordes, that had sent them, they sayd to them, And tolde al aboute
the countrey, that suche men as were come for tassiege Anthyo-
che suffred moche meseace, And were harder ayenst trauayll and
laboure than stone or yron, Of cruelte they passed alle beres and
Lyons, ffor the wylde beestes ete men alle rawe, But thyse men
roste them afore & after deuoure them, This tydynge was in suche
wyse knowen and publysshyd in alle paynemye, that after the
Souday and the grete admyrals myght neuer fynde man that
wolde come and espye the hoost, They that were in the Cyte assye
ged were so effrayed and had so grete hydour of this, that fro that
tyme afterward the counseyl of the barons was better kept and
more secretely than it was to fore

How the Calephe of Egypte sente his messagers with grete
yeftes vnto our hoost, Capitulo .... C°

Mong other mescreauntes grete lordes and pryntes·The ca=
lyphe of Egipte was the moost myghty of men and moost
rycke of goodes.he sente his messagers vnto the barons that we =
re in thoost·And I shal saye how and by what occasion, Grete ha
te and moche fiers hath ben bytwene the Tnrkes of thoryent and
the Tnrkes of Egypte· And hath be of auncyent and long tyme
By cause they discorde in theyr creaunce and mysbyleue , And
eche sayd to other and yet doo that they be fals sarazyns· as I ha=
ue sayd to fore in the begynnyng of this book· And therfore they
ben ofte in warre , Somtyme one partye is aboue , And ano=
ther tyme that other, In the tyme that our peple were to fore An
thyocke·this calyphe of whom I speke now, helde alle the londe of
Egypte vnto the Cyte of Sureye, whiche contyneth wel , xxx,
Journeyes longe· The Souдan of Perse a lytyl to fore that oure
peple cam hadr conquerdr the town of Anthyocke whiche is by the
Royame of egypte· and alle the londe euterly vnto the the braas
of seynt george as I haue saydr to fore, Now hadr the calyphe of
egypte in moche suspection the Sowдan of Perse·and moche ple=
syd hym his destruction and dommage· And hadr moche ioye that
Solyman hadr lost Nycene whiche Solyman was neuew to the
sayd Souдan, and was so enfebled of his men· And also he was
plesydr that our cristen peple had besieged the Cyte of Anthyocke·
Therfor he sente good messagers to speke to them whiche brought
right grete peftes, And moche rycke presentes, yf they wold wey=
ue them, And they sayde that the Calyphe was redy for to gyue to
them socoure and ayde right largely of men, of goodr·and of Vy=
tayll·and prayd them moche derely that they wold mayntene and
contenue theyr siege· The barons of our hoost receyuedr the noble
men that were comen and sent from hym honorably and made them
to soiourne with them, And they that were wyse knewe anon the
wytte & vygour of our barons · & begonne to haue moche grete
doubte & suspection that our peple were so valyaut,& that yet they
sholde do grete dommage in theyr londe, so that they deuysed in this
thynge as ye shal mo we here in redyng hoolly this book

How Anctan the lord of anthyocke and his barons sente vnto
the turkes theyr neyghbours for to demaunde socours,cap° Cj°

He lordr of Anthyocke andr the other grete andr noble men
of the town seyng that onr men suffred so moche famyne and

me sease/ as we haue sayd to fore/ and for alle thyse thynges wold
in no wyse leue theyr siege but shewed by theyr countenaunces
that this trauayl greued them not/ wherfore they were moche
abasshyd. And thenne Anceay by the counseyl of his men and
them that were moost pryue with hym sente messagers and let-
tres to his moost ryche neyghbours, And prayd hym right derly
for the honour of theyr lawe·for the sauyng of them self, And
for his loue that they wold come and socoure them without tary-
eng. And he sente them word in what maner they shold appro-
che secretely to Anthyoche. And after they shold couere them in a
busshement nygh by/ And there abyde the pylgryms like as they
had ben acustomed, and at suche tyme as they shold come to the
brydge/ ffor there shold they sprynge out of the toun/ And shold
assaylle them & whyle they were besy in fyghtyng they that were
embusshed shold sodenly breke & come by hynde on them & fyght
And so shold they be enclosed bytwene them withjn. And them
withoute jn suche wyse that none shold escape, they that herd thise
lettres and thyse messagers doubted them moche of oure peple,
wherfor they acorded gladly to this counseyl· they assembled them
of hallape, them of ezayre· them of haman/ and of other cytees
about tyl they were a grete nombre of peple/ And this dyde they
the moost secretely they myght as was to them commaunded. and
began to departe and approuche Anthyoche/ And cam to a castel
named harant whiche is fro thens a·xiiij·myle there they lodged
and thought on the morn as sone as the scarmuche shold be by
twene the pylgryms and them of the toun/ they shold smyte jn
with theyr spores vpon oure men. And oure cristen men were jn
grete peryl/ But one thyng ther was thenne/ that tho and other
tymes dyde them grete good/ ffor ther were cristen men hermyns
and suryyens jn the cytees of whiche the turkes were departed
whiche anon lete the barons of thooste haue knowleche how it
was concluded bytwene the turkes, they assembled anon for to
take aduys therupon· And was acorded emonge them/ that alle
they that had ony horses to ryde on shold be arayed, Aud on hors-
bak as sone as it were nyght, And that euery man shold drawe
in to his batuylle lyke as they were assygned/ And after shold
yssue out of thooste without makyng ony noyse·the peple on foote
shold abyde styll alle and be redy to deffende the lodgys yf ony
thyng sourded ayenst them

How oure peple knewe the couyne of the turkes/of thenbusshe

a   S sone as it was nyght they yssued out lyke as they were
commanded̄ They passed the brydge of shippes . And̄ they
were not passyng .vij.C. men on horsbak / they that were cam to a
laye whiche was bytwene the laye of whiche I haue spoken to
fore , And̄ the Ryuer uamed̄ belle , whiche ben that one fro that
other nyh a myle / there they rested them this nyght · theyr enemyes
that knewe nothyng of theyr comyng were this nyght passed the
brydge whiche is vpon the Ryuer of belle · In the mornynḡ as
sone as our men apperceyued the day they armed̄ them and made
vj bataylles of them / The turkes had sente by fore their corrours ,
Which cam & sayde that the grete peple cam ayenst them / they sente
to fore ij of theyr batoylles . & aftir cam the grete peple / whan they
approuched they were in grete desraye / the Archers approuched̄
first whiche shotte thycke But oure men smote in with the sperys
moche asprely in suche wyse that they made them to flee and cha-
ced them to theyr grete batoylles · There were they in suche a des-
trayt bytwene the Ryuer and the laye that they myght not shote
ne flee after theyr custome . There was the medlyng grete and̄
fiers / And̄ the barons and̄ men of armes dyde moche wel . But
the turkes that had lost the maner of fyghtyng myght not deffen
de them · ne endure the strokes of oure peple but fledde theyr way
al that they myght · Thenne whan our barons sawe this / they be-
gan to doo wel · And commaunded̄ that noman shold faygne · but
folowe the chaas asprely , The turkes fledde vnto bernant · Oure
men folowed alwey sleyng and hewyng of heedes and armes that
al the waye that they passed̄ by was sowen with dede men · This
chaas endured̄ wel .v.myle / The turkes that were within the cas-
tel of bernant sawe that theyr men cam alle discomfyted / They set-
te fyer on the castel & they them self fledde / But the bermyns &
the other cristen men of whom were many in the castel recouuerd̄
the fortresse / and̄ yelded̄ it to oure men whan they cam . This daye
were slayn of the turkes moo than · ij .thousand̄ . They toke .v.C.
heedes of them that were best arrayed̄ . And̄ brought with them in
signe of vyctorye · They wan there wel a .M. horses for Armes
grete and myghty wherof they had grete nede . Thus retorned they
to theyr lodgys charged ful of prayes of armures & of despoylles
makyng grete ioye and̄ thankynḡ oure lord that had comforted̄

them in theyr meseases

How the turkes of Anthyocke sprange out and assaylled the lodgys of our peple. Capitulo ☙ C iij°

☙ He cytezeyns and habytantes of Anthyocke had herd ty=
dynges, how the turkes that had ben so discomfyted were
departed and meuyd fro theyr contrees for to come socoure them
Therfor they had theyre eres opene to here tydynges of theyr co=
myng, And were alle armed and redy for to make thassaylle by
the brydge alle incontiuent whan they shold see them/ but whan
they sawe that the nyght passed and that the day cam without ha
uyug ony knowleche of theyr approuchement, Theyr espyes ma=
de them certayn that our men were goon on horsbak ayenst them
Therfore they toke herte/ And yssued vnto the lodgys· ffor oure
men were not yet comen agayn in to the thooste · They assaylled
them moche asprely and harde,/so longe that somme of them that
were in the playns within the toun wente vpon the toures and
vpon the walles by cause that oure men that fonght shold be a=
basshed by thoccasion of theyr peple that shold come,/And as oure
peple approuched the turkes,/they apperceyued that the other that
they abode, were discomfyted by cause oure men cam ioyously
with alle theyr despoylles · Thenne aroos the sorow grete thurgh
alle the toun. Our men approuched the toun, And dyde do throwe
ij. C. hedes of the turkes that they had brought with engyns in
to the cyte for to make them certayn of theyr victorye· And yet to
thede that they shold not forgete theyr sorowe that was entred in
to theyr hertes. The other iij C,/that were lefte they pyght them on
stakes at the foote of the walle , And sette there men for to kepe
them ,/By cause they shold be alwey in theyr syght · Whan they
cam to the deffence ,/the nombre of them that were discomfyted
were xxviij M. Thus were somme grete turkes taken & brought
prisonners/ This was don in feuerer the, vj day the yere of thyn=
carnacion of our lord, M lxxxxvij°

Of a castel that our men made of somme pylgrymes that arry=
ued at the porte and how they were discomfyted by a busshement
of turkes/ cap° ☙ C iiij°
a lle the barons of thoost toke coūseyl and acorded that vpon
a territoire whiche was at the tentes of Buymont shold be

made a fortresse Which shold be Wel garnysshyd With good men of
armes·to thende that yf the turkes made theyr assayllies·as they
Were acustomed/ they of this fortresse shold renne on hem· And
this toWr Was a barbycane of thooste/ like as they had deuysed
& ordeyned/ so Was it made Without taryeng·and valyaunt men
and hardy Were sette in this fortresse largely· thenne Was alle
those assured as they had ben Within the Walles of a good Cyte,
The siege had endured thenne·v·monethes, A shippe of genewes
cam theder Whiche had brought pylgryms and vytaylles· they
aryued at the porte & sette them in the Ryuer of belle as it falleth
in to the see/they had sente ofte messagers in to the hoost/ that they
shold fetche them by som of the grete barons With so good company
that they myght be saufly conduyted in to thoost·they of the toun
had thenne aperceyued that messagers Wente and cam fro the
shippe in to thoost/ And sente out men that sleWe somme of them
And therfor durst none goo more Without grete companye·Our
barons had aduysed to make a grete fortresse at thende of the bryd
ge in a mahommerye, that the turkes had and Wold sette men of
armes there for to kepe and deffende thyssue of the brydge yf the
turkes Wolde come· But by cause that there Were peple yssued
out of thoost for to goo to the ship· Were chosen somme of the ba-
rons Whiche shold goo and fetche them·ffor they Were peple that
Were goon for to bere tydynges of theyr contrees,and Wold haue
comen agayn but they durst not·therto Was chosen buymout/ the
Erle of tholouse·Euerard du puyssat· And therle garnyer of
grete Whiche also shold conduyte ther messagers of the calyppte vn
to ther port of the see·and at retornyng shold brynge agayn and
conduyte them of thooste, they of Anthyocke herd saye that the
sayd Barons Were departed fro thoost and descended toWard
the see, And sent out four·M·kuyghtes of the moost noble that
they had for to lye in a Wayte at theyr retornyng· It happed
that the fourth day that our men sette them on the Way for to retor-
ne and brought Armures and many horses laden With vytaylles
and other thynges· And toke none hede of them that laye in a
Wayte· The turkes brake sodenly on them· And surprised oure
men at a paas·The erle of tholouse had the vaWard, And Buy-
mont cam after·The crye began moche grete·Whan the Turkes sa-
We thyse noble men they held them al stylle· And began tenseigne
the peple on foote that they shold holde them to gydre· They of the
grete afftraye that they herde· ffor drede that they had hydre them

m the busshes and fledde in to the montaynee and woodes · and
toke none hede to that they brought/ Whan our barons sawe this
they knewe wel that theyr strengthe was not lyke theyres ·
And began to come to the lodgys dylygently with as many men
as they myght conduyte · The other that wold not folowe ne
myght not were alle there slayn/ there were slayn wel of men and
wymmen to the nombre of iijC · this duryng tydynges cam to the
hoost · that alle they that were comyng were al slayn & put to deth
by the turkes that had espyed them/ Of the barous them self that
conduyted them was not knowen whether they were a lyue or
deed · the duc Godeffroy that was not ydle had grete anguysth in
his herte for the peple of our lord that was thus lost · And lete do
crye that alle men shold arme them in thoost on peyne of deth / and
that none shold abyde behynde in so grete a werke/ alle assembled
& passed the brygge of the shippis /& they made · v · batayllos / robert
duc of Normadye lad that one · The · ij · lad therle of Flaudres / the
thyrd huon le mayne/ The forth Eustace/ brother to the duc Go ?
deffroy /And the duc hym self had the fyfthe · Whan they were all
ordeyned the duc called them · And / alle they kepyng sayde in this
manere / Fayr lordes yf it be trouthe thus as the tydynges renne
that for oure synnes thise cruel houndes and fals / haue slayn so
valyaunt men and of so grete counseyl · Whom ye sent to the see sy
de/ And with them be peryssed also our felaws whom they shold
haue conduyted/ I see not but of two wayes that one or that we
deye with them as good cristen men in this world and certeyn to
receyue the rewarde of Ihesu Criste whom we shal serue vnto the
deth/ Or yf oure lord wyll that oure seruyce be to hym acceptable/
that we take vengeaunce on thyse mastyfs that haue thus enpay
red cristiente and endommaged and destroyed thyse valyaunt men ·
As for my self I saye to you certaynly / I had leuer to deye pre
sently · than to lyue without to be aduenged on them/ Now vn
derstande ye what I shal saye to you · me semeth that thyse turkes
yf they haue the victorye vpon oure men as it is sayd / they shal
be now mounted in grete pride/ And by grete bobance for to angre
vs wyl come to the cyte / And brynge theyr proyes and fardellys
to fore vs / And ye shal wel see that they shal not kepe them wel
in ordenaunce · but shal goo folyly · And this shal be grete auanta
ge to vs / Therfore by my counseyll yf it be so / that we hold vs al
redy for to do the seruyse of oure lord · For whiche we departed
oute of oure countrees / late vs haue in hym stedfast hope · for he

guerdonneth right wel his souldyours/ whan our enemyes shal come to vs. late vs receyue them vygorously with glayues, sperres and swerdes, late eueryche of you remembre wel in his herte of the wronge and shame that they haue don to oure lord and to oure self. This worde that the duc sayde was wel vnderstande of alle, And plesyd them merueyllously well. They began to warne eche other and somone to doo well, As there they knewe to gydre And there helde them al redy And thenne buymont arryued & cam emong them, And a lytil whyle after cam therle of tholouse. And they tolde to them of theyr mesauenture. They had moche grete ioye of their comyng and that they were escaped, they moche comforted eche other, And after sayd to them the counseyl of duc godeffroy, They acorded therto, and sayd that it ought so to be doo. And so abode there alle they to gydre. Uncean Cappytayn of the Cyte by thyse semblaunces that he sawe knewe that his peple had discomfyted the oures. Moche doubted he of theyr comyng agayn by cause that our men were yssued ayenst them, therfor he dyde do crye in the toun, that alle men sholde arme them and come to the yate of the brydge for to be redy in araye for to socoure their peple yf nede were. Our men had sente their espyes and theyr courreurs in dyuerse partyes for tenquyre and knowe whan the turkes shold come and fro what parte

Of a Batayll where our men auenged them of the turkes/ and of a stroke that duc godeffroy gaf in this bataylle. cap? ꝑ?

I   T was not longe after. but whyles as they taryed there and had theyr hertes desyryng to doo prowesse yf they had tyme and place. that theyr messagers arryued alle rennyng whiche tolde to them that the turkes were nygh, They began to recomande them self to oure lord and wente forward in theyr bataylles lyke as they were ordeyned, Whan they sawe tyme and place they smote theyr hors with theyr spores, And cam to so fiersly that the turkes were al abasshed, thenne they began to smyte asprely on the right syde and lyft. And flewe in to the presse in suche wyse that euery man wold be the best and moost valyaunt, in so moche that they gaf to theyr enemyes no leyser to aduyse them what they shold doo. They myght not endure the grete strengthe of oure men, but wold haue drawen toward the brydge.

But the duc godeffroy / that moche knewe of suche thynges was
porueyed therof to fore, And had taken a lytil territire whiche
was ayenst the brydge. And there he helde hym in his bataylle,
Alle the turkes that they chaced toward hym, he slewe them or
he made retorne ayenst them fro whens they cam. Where they slewe
them alle and hewe them / the erle of fflaundres dyde right wel
this day as a good valyaunt & hardy man in armes, the Duc of
Normandy brak the presse that no turke durst approche hym / the
Erle of tholouse hym self wold auenge this, that they had made
hym to spore his hors the daye to fore, huon le mayne forgate not
to shewe of what lygnage he was and of what contre, but semed
that he dyde to his enemyes that alle the werke and charge had
ken his, thenne eustace brother of duc godeffroy. Bawdwyn erle
of henawd, hughe therle of seynt poul. And alle the other barons
knyghtes and noble men in theyr countrees dyde meruaylles of
armes · ther was neuer man lyuyng that sawe ony werk better
enterprised and more valyauntly acheuyd and that communely
of alle. Anceay sawe this batayle so grete. And sawe his peple
yssue ont for te gyue them herte and courage. And to put aweye
the speraunce of theyr flyght · commaunded to shette the yates af-
ter them · they cam pryckyng ayenst oure men / & wold haue made
theyres to retorne whiche were discomfyted. but the affraye and
the drede was so grete in them that they neuer made semblaunt
therto / they them self that frely cam on whan they sawe the pro-
wesse of our men and the grete strokes that they gaf torned theyr
backes with the other, ne neuer made grete resistence, there was
the fyghtyng grete and merueyllous betyng doun of the turkes
that men myght not but with grete payne passe / ther was so grete
noyse, so grete crye · & so terryble neyhyng of horses oueral · that a
man shold not haue herd thondre · they that had made the yates to be
shette after them were ofte this day in peryl to lese theyr lyues · the
wyues of the turkes the maydens and feble peple of the toun
were vpon the walles and tourettes where they sawe theyr peple
torne to meschyef and to destruction / ye may wel thynke that they
had grete sorowe, wepynge and moche grete crye and noyse
wel cursed they that tyme that they so longe had lyued that they
shold see suche meschyef happen to them. Anceay sawe that he loste
alle his men and had none hope for to recoure them, commaunded
that that yate shold be opened, for to receyue in to the toun them
that were lefte, whan the turkes sawe the yate opene / they had so

grete wylle to entre in to the toun, that vpon the brydge they pres
syd so euyl for haste that they fylle in to the water of them grete
plente. The Duc Godeffroye that al that day had so wel don.
And whan it cam for to departe to fore the brydge, he gaf a strook
moche valyaunt, and suche one, that it shal perpetuelly and euer
more be spoken of in wele and in honour, ffor I trowe ther hap
ped neuer none suche to fore, ne neuer shal happen here after. There
were this daye many heedes smeton of, Armes and sholders at
one stroke, he wel aperceyued one of his enemyes whiche helde
hym nygh to Godeffroy. And auaunced hym ofte and peyned to
greue hym, The valyaunt Duc smote hym with his swerde by
suche myght and vertue that he smote hym in two pyeces in the
myddle, in suche wyse that the ouerste part of hym fyl to the
grounde, And that other parte abode styll syttyng on the hors,
whiche entred in to the cyte with the other, And knowe ye
certaynly that this sayd Turke was armed with a good hauberk
and moche stronge, Alle they that sawe this merueylle, were gre
tely abasshed. And the Turkes them self had grete fere and drede
O mercyful God, what myght and strengthe gyuest thou to thy
seruauntes that haue their fayth and truste in the, Suche a stroke
hath not be herd of to fore this tyme, That same daye they of An
thyoche loste moo than two thousand men. And yf the nyght
had not comen so sone on, they shold haue ben so enfebled of men,
that with payne shold they haue conne holden and kept the toun
ayenst oure men. It semed wel that at the brydge were many
Turkes slayn, ffor it was thycke there of deede bodyes. The ryuer
that descended to the see, was alle blody vnto the see. Somme
Crysten men of the londe yssued oute of the toun. And cam to our
peple, that told them that vij grete admyrals had the Turkes
loste in the batayle, For whom they were ouermoche sorouful
For they were so endommaged, that neuer in theyr lyf shold
they be therof restored

How the Crysten men thanked oure lord of this vyctorye,
And made a Castel in theyr maladmmerye, Where there they fon
de grete gayne. Capitulo   ℭ vj

℟ He next day Whan the daye Was Wel cleer · the Barons as⸗
sembled alle for humbly to thancke our lord of the Victorye
that he had gyuen to them · And after spak of the comyn besynes ·
Comynly Was deuysed and acorded of alle, that there sholde
be made a tour as they had entreprysed at thende of the brydge ·
for to take a Way the yssue fro them of the toun / And for to ke⸗
pe and Warante oure peple Whan they ranne to fore it · There had
the Turkes buryed by nyghte the dede men that had ben slayn
in the bataylle to fore · Whan the peple afoote kneWe this they
ranne · And there Vnburyed them, And toke them out of theyr
sepultures and graues, And toke and bare aWay Gold, Syluer,
And theyr robes the Whiche they had buryed With them in their
sepultures after theyr custome, They of the toun had moche so⸗
roWe by cause they saWe to fore theyr eyen the corses taken Vp
of theyr frendes Whiche they had buryed With grete costes and
dispenses · And it displesyd them moche that the nombre of
theyr deed men shold be knoWen, Whom they had supposed to haue
kepte secrete, ffor Without them that fylle in the flood or Ryuer
And Withoute them that Were buryed in the toune, And
them that Were hurt Vnto the deth and buryed in the toun, Were
taken Vp oute of theyr graues in the mahomerye a thousand
and fyue honderd · They smote of thre honderd heedes and sente
them to Th:mperour · for to late hym haue certayn tydynges of
the bataylle that they had ayeust the turkes / The messagers of
the Calyphe of Egypte Were not yet departed fro thens · And
Whan they saWe this · they Were ioyous of the deth of theyr ene⸗
myes / But they Were alWay after aferd and dred oure peple,
There Were many of oure oWne men that had fledde in to the
Woodes and montaygnes Whiche after retourned in to thooste ·
There cam many in to thooste / that men supposed had ben deed /
the barons commanded that the fortresse shold be made & adressyd
moch hye & strõge hastely · It Was made of such stones as they dre
We out of the tõbes & sepultures of the turkes / & after the barons
began to aduyse to Whom the kepyng of this tour shold be delyud
Which Was fayr & strong · & to fore Was made a dyche moche depe ·
ther Were Barons ynoWe Whiche excused them by many rasons
Why they myght not kepe it , But the Valyant Erle of Tholouse
prouffred hym self , And prayde that it myght be delyuerd to
hym ffor to gouerne / ffor by the grace of God he sholde kepe
it Wel · Alle the Barons coude hym moche good thancke , And

By this recouerd he the grace and loue of the comyn peple, Whiche he had alle loste, ffor fro the somer to fore by thoccasion of a sekenes and maladye that he had, he had don none auauncement of ony Werkes and nedes of the hoost. Eueryche of the other barons had don his power, But he dyde right nought, therfore thempyre coude hym thank, ffor it Was supposed that he Was the rychest, but for tentreprise of this thyng, they sayd Wel alle that he Was not aferd ne euyll. And on that other syde yet he dyde more, ffor he leyd out V. C. marck Weyght of syluer in the hand of the Bisshop of puy, and other good men for to helpe to restore the dommages of the horses that the poure men had taken in the bataylle, there Were many after that Were the more hardy for to goo ayenst theyr enemyes for hope to haue and recouere theyr horses, ffor thyse thynges Was therle of Tholouse moche louyd and preysed, in so moche that they callyd hym fader and Wardeyn of thoost

Of a fortresse that Tancre made ouer the Ryuer and deffended it Valyauntly. capitulo   C. Vij°

i   N this neWe fortresse of the brydge, therle of Tholouse sette therin, V. C. men of Armes hardy and Valyaunt knyghtes and other, And by cause of this fortresse the yssuyng and goyng out of them of the town Was deffended, Oure men thenne Wente surely in the countre, the turkes myght not yssue but by the West yate, Wh che is bytWene the foot of the hylle. And the ryuer of helle. And this yssue myght not moche greue ne hurte oure men, ffor alle the lodgys Were ouer the ryuer, but alWay by that Waye cam Vytaylles and fresshe metes to them of the town. And thus they Were not ynoWgh constrayned, By so moche as they had this yssue, The barons assembled and counseylled hoW they myght take this Waye fro them, they accorded Wel that this myght not be But yf ther Were a fortresse made ouer the Ryuer Whiche muste be delyuerd to one of the Barons for to kepe. They accorded Well alle that the fortresse shold be made, But none profered ne sayde that he Wold kepe it. Many of them sayde that Tancre Was ryght propyce to this thynge. But he excused hym. And sayde that he Was ouer poure for tendure and here so grete dispence. Therle of Tholouse sterte forth to

92

fore/and gaf to hym an ,C, marck of ſylver for to make it With
And It Was ordeyned/that he ſhold haue every moneth·yl mar-
ke of the comune.Tancre Whiche Was mocke valyaunt and Wyſe
dyde do make this tour.in a lytil tertre nygh ynoWgh to the gate
And after receyued it in to his Warde and kepyng· And god gaf
to hym ſo mocke Worſhip/that he loſte nothynge· But kepte it al
hool Unto the ende of the ſiege. In the ſyde bynethe by the Ryuer
Was a mocke fayr playne in Whiche habouded many fayr paſtu-
tures , And grete plente of trees a , iij· or four myle fro the Cyte
They of the toun by cauſe they had not paſtures ynoWgh , they
had ſente grete plente of theyr horſes and mounture in to that
place/Whan they of thooſt apperceyued it,They aſſembled knygh-
tes ynoWe and other valyaunt men of Armes· And Wente the-
der/But not by the right Waye,But by pathes and hyd Wayes ſo
longe that they aſſaylled them that kept them and ſloWe them·
They brought in to the hooſt·ij·M·horſes for men of Armes grete
gente.and fayr/beſyde the mules and other beeſtes · Wherof they
had largely.Of this gayne had they grete ioye,ffor they had of
nothyng ſo grete nede in thooſt as of horſes,ffor they had ben my-
nuyſſhed mocke and laſſed in the batoylle· And many deyed that
tyme for hungre and meſeaſe

How thenne the turkes of the toun began to haue meſeaſe and
ſorW e/ And our peple eaſe,Capitulo   C viij̄

Han the Cyte Was thus an alle ſydes aſſyeged that the
Turkes myght not yſſue oute , they began With in to haue
meſeaſe · ffor the Turkes had not vytayll ynoWgh · Wherof it
happed that they myght not helpe them in theyr nede,ffreſſhe me-
te faylled them · Whiche greuyd them mocke ,Oure men had
bandon to goo Vnto the Porte of the See ,By Whiche they
had ſo mocke to ſuffre as they had endured alle the Wynter ,
ffor the pryme temps and ſWete tyme Was come in ſuche Wyſe
that ſhippes myght goo and come by the See , Whiche brought
vytaylles ynoWgh · There Were many of oure peple that had
ſoiourned alle the Wynter in the ToWnes · Whiche thenne cam
agayne in to thooſte alle freſſh ꝫ Wel armed· BaWdWyn the bro-
ther of duc Godeffroy /of Whom ye haue Wel herd ſpeke to fore ,
Whiche had ſo mocke rycheſſe, had herd tydynges that the barons

had suffred many myseases in thoost/ And sente to them alle grete
yeftes and presentes/not only to the grete prynces , But also to
the moyen peple/ And to the leste gaf he also ynowgh of his o Wen
Wherfor he had the loue & grace of alle this companye/he gaf to his
brother the Duc alle thyssues of his londe that he had on this side
the Ryuer of Eufrates/ With Which he gaf to hym the Cyte of tyr
besel & the contre ther about Wherin Was moche Whete/Wyne & oy
le. And yet aboue al this he gaf to hym/X/ M.besauntes/ And
there Was a noble man of hermonye Whiche Was named Nycose
Whiche Was Wel acqueynted With ba Wd Wyn/ And for his loue
sente Vnto duc Godeffroy a pauyllon the moost fayr . and moost
ryche that myght o Wher be seen/ It Was of ouer straunge facion
and merueyllously grete/ But Whan his messagers bare it in
to the haoste/One pancrace a moche ryche man of Hermonye/Of
Whom I haue spoken to fore dyde do espye them by the Waye ,
And dyd to take it from them , And after sente the pauyllon to
Buymont. And Was presented to hym in his name . Whan the
seruauntes of Nycose cam to Duc Godeffroy/ And had told
hym alle this that pancrace had don to hym / he had therof moche
grete desdayne, Syth he toke With hym the Erle of fflaundres. to
Whom he had more loue and acqueyntaunce than to ony other of
the barons/ And Vente to buymont and demaunded his pauyl
lon that Was gyuen to hym , Buymont ansWerd that therof he
kneWe not , that it Was longyng to hym/ffor a noble man of the
contre had gyuen it to hym . But Whan he kneWe that the duc
Wold not suffre it/ By hys curtosye and atte prayer and requeste
of the other barons he rendred and delyuerd to hym his sayd pa
uyllon to thende that no noyse shold sourde ne aryse bytWene
them and myght lette the Werke of oure lord , Thus Were they
good frendes/Many men merueylled them hoW that so Valyaunt
a man as the Duc Godeffroy Was/ In Whom Was no thynge
founden to be repreheded Was so maued ayenst so hye and noble
a man for so lytil a thyng as Was a pauyllon.Ne I can see none
other reason.But that a noble herte mayr not suffre shame/ And
it Was late hym Vnderstande that it shold be to hym a grete sha=
me/ And also it shold be ayenst his honour yf he suffred it to be ta=
ken aWay from hym.ffor couetyse he dyde it not,

How the Erle Estyeuen of Chartres and of Bloys fledde

¶ The renommee sonrded moche grete/ & grewe euery day how the Soudan of Perse whiche was so ryche and puyssaunt By the request of them of Anthyoche had doo somone his peple of alle his power fer to come socoure this cyte /he had assembled merueyllous grete peple · ffor the tydynge cam not only to them of thooste /But it was sayd of many men that yssued out of the Cyte for to come in to thooste as hermpens and surpens whiche were cristen / wherof it happed that Steuen therle of chartres & of Bloys whiche was so noble puyssaunt and wyse·that for his wysdom the other barons of thooste named hym the fader of counseyl made hym self seke as was sayd /he toke leue of his frendes · By cause he sayde he wold goo in to Allexandrye the lasse / whiche was nyghe to the porte /And wold abyde there til he were deed or ellys hool / Thus he departed and lad away with hym grete good /& with hym departed·iiij·M·men whiche were of his companye and of his countrey·he wente strayt in to Allexandrye the lasse / And there helde hym to thende /that yf oure peple had vyctorye of the bataylle whiche they awayted dayly·he wold retorne in to thoost as guaryshyd and hool of his maladye·and yf it had meshapped them anon he wold haue entred in to shippis whiche were alle redy for to retourne in to his countrey · Of this thynge alle the barons of thooste were so abasshed / & angry that they wepte hoote teeris for pyte that they had of so hye and noble man that toke none hede to his gentilnesse· to his wytte /ne to the worshyppe that men dyde to hym / But departed so euyl in poynt /that many men had no shame to withdrawe them after hym / Thus departed many /The Barons had counseyl to gydre /And dyde do crye thurgh the hooste·that noman shold be so hardy to departe withoute leue · ffor yf ony wente · they shold be holden for murdrrers /And Justyce shold be doon to suche men /By this ordenaunce for teschewe the payne and for to kepe theyr honour they held them in peas in thoost / And obeyed alle in pees in the hooste And obeyed debonayrly to the barons of thooste · As Monkes or Cloysters to theyr Abbot withoute departyng ony of theyr companye

How a Cristen man Empryserins whiche was in Anthyoche

a   NThyocke this holy cyte that I haue spoken of to fore Was
conuerted by the prechyng o f seynt peter thapostle ,alWay
it helde Wel this fayth and yet holdeth certaynly god be thanked
Whan the dissoyalte and falsenes of mahomet ran thurgh thory
ent this cyte Wold neuer receyue his laWe. and Whan the mygh
ty men of the countre Wold constrayne them by force to this euyl
laWe, they deffended them Well ayenst alle suche . Wherof it hap
ped that Whan the deuyl had sette this false byleue thurgh alle
the londe of Perse Vnto the braas of seynt George, and fro Inde
Vnto spayne, this cyte abode alWay in the fayth of the trouthe of
Ihesu Criste, Trouthe it is that fourten yere to fore that our peple
cam theder, the grete Soudan of Perse had conquerd alle the lon
des Vnto Anthyocke, And by cause they Were not myghty to hold
it ony lenger . they yelded it Vnder the puyssaunce of this grete
man. Thenne after cam oure men for tassiege it. Almost alle they
of the toune helde the fayth of our lord . But Withoute faylle
they had no poWer ne noo seygnorye in the cyte. ffor they medled
of nothyng sauf theyr craftes & theyr marchaundyses to Wyn
ne theyr breed, the turkes had the bataylles, and Wente to armes
Whan it Was nede. ther Was none so hardy of the cristen men that
durst arme hym, and specially syth our peple cam to fore the toun
The cristen men that Were therin Were holden suspect that they durst
not yssue ne goo oute of theyr hoWses, there Were many of suche
cristen men that Were of grete lygnage to Whom Was don mocke
shame. there Was a lygnage of noble men that Were herempens .
They Were named in theyr langage Bam and Cyrra, that
is to saye the sones of haubergyers, And for certeyn of the same
langage Were descended theyr lygnages. and yet ben ther somme
that make haWberks , they had a toure Whiche Was named the
tour of the two sustres. In this toure Were .ij, bretheren that Were
lordes of this lygnage . The oldest had to Name Emerferyus a
moche sage and prudent man, Acquepnted he Was and pryue
With the lord of the toun . in suche Wyse that he had made hym
his notarye Within the palays, This man herde men speke moche
good of Buymont fro the begynnynge of the siege . And Wel
Vnderstode by the compn renommee that he Was a Wyse man .
And treWe of grete herte and enterpryse, Therfore he sente
to hym his Messager , And acquepnted With hym moche

94

pryuely/and lete hym knoWe alle the keyng & state of the Cyte/
and the purpoos of the turkes/but they Were bothe tWo Wysemen
ther for coude they Wel couere theyr counntenannces/There Were
but feWe peple about buymont that kneWe hym.

Of somme deuyses that the sayd Empreferins sente to buymont
& in What maner he accorded to delyuer to hym the toun·ca° Cxi°

¶ Euen monethes had tho endured the siege to fore the toun,
BuymontheWyse & subtil/hadr many tymes essayed his
frende of the toun/hoW the cyte myght be yolden to the cristen men
So ofte he sente to hym by his sone that sayd thus to hym in this
manere/fayre sWete syre/I troWe certaynly that our lord Ihesu
Criste Wold that I had this acqueyntaunce With you and this
loue·ffor euer syth I haue be acqueynted With you·myn herte ne-
uer rested to draWe and accorde euery day more and more·in your
bonnte and your maner plesyd me moche/I haue Veray ferme &
fast hope that I and the myne shal be yet in tyme comynge moche
holpen and honoured by you of this thynge that ye haue discoue-
rid to me/of Which I haue ben merueyllously pensyf/syth I ha-
ue herd of it/I haue moch counterpeysed the Wayes of that one
side and of that other·ffor I thynke Wel certaynly that yf I maye
delyuer my countrey fro the peple that ben enemyes of oure lord-
and rendre and delyuere it to the seygnorye of my fayth·I shal
haue grete guerdon of oure lord and grete honour in the World,
But yf it so happed thus that this Werke Were discouerd that I
haue enterprised to fore er it cam to an ende or conclusion/I shold
be delyuerd to alle the tormentes of the World & alle my lygnage
effaced and destroyed that it neuer shold be spoken of after·And
neuertheles many thynges be put in aduenture therfore I Wylle
discouere to you alle my herte·as to hym that I hold for a treWe
frende , yf the barons that be in your companye Wylle graunte as
treWe men as they be·that this Cyte shal be youres for euermore
and your heyres yf it may be conquerd/I shal put me in aduentu
re so that I shal delyuer to you this tour that I holde , Whiche is
moche strong and Wel garnysshed/And this I shal doo for god-
des loue and youres/But yf they entende that euery man shal
haue his part/as of thyng goten by Warre/therupon Wyl I not
laboure ne do payne/ffor I Wote neuer to What ende it shold

come·therfor J pray you fayr swete syr & trew frende that ye put
you in deuoyr & payne that this toun be youres/not for couetyse
but for the prouffyt of the cyte Cristen/& J promyse to you that
the day that J shal knowe that it shal be thus graunted to you·
J shal delyuer to you the entre of the toun·Alway one thynge
J saye to you for certayn·that yf it be not made withjn short tyme
that ye shal neuer day of the world recouere it/ffor euery day come
to the lord of this toun lettres and messagers certefyeng/that
they that come to socoure the toun ben about the ryuer of eufrates
Whiche is not ferre/And they ben wel a·ij·C/M/men of Armes·
yf they come an you on that one syde/And they of the Cyte on
that other/ye may not suffre ne withstande them/but ye shal be
alle deed or taken/And therfore take ye here vpon hasty counseyl

How Buymont discouerd this thynge to duc godeffroy to hu-
on the mayne to the duc of Normandye and to therle of fflaun-
dres·Capitulo   ·C·xij°

f   Ro the day that Buymout had herd this/he began tenqnyre
mocke subtylly and exampne the hertes of the barons/And
demaunded them otherwhyle what they wold doo with this Cyte
yf it were taken/Of the answer somme of them thought that it
was fer of/Therfore taryed Buymont to discouere his herte and
his thought til he sawe better his poynt and tyme/neuertheles he
drewe a part duc godeffroy·hnon de mayne the duc of normandye
and therle of fflaudres·To them he sayde that he trusted so moche
in oure lord that yf the cyte myght be graunted to hym it myght
be wel in short tyme couquerd. They accorded it and moche preysed
in theyr courage the wytte of this man that had in wylle to ac-
complysshe so grete a thyng·By thaccord of them this thyng was
discouerd to therle of tholouse/he answerd that he wold neuer yf
the Cyte were taken/gyue his parte to another man/The barons
prayd hym moche·but he wold not consente therto for nothynge/
Therfor the thynge was in suche daunger/that almost the thynge
was alleloste/ffor Buymont put not the payne/ne his frende of
the toun wold not but yf the toun sholde be alle his·Neuertheles
for alle this Buymont sente to hym ofte grete yeftes for to kepe
hym in acqueyntaunce and in the loue that was begonne bytwe-
ne them
Of the grete socours that the Soudan of perse had sente to them

i N the whyle that thyse thynges ran thus in Anthyocke / the messagers that fro Antran were goon to the soudan of per- se for to demaunde ayde / were retorned? as they that had? wel don their thynges. ffor that grete prynce atte requeste of them of An thyocke . And? atte prayer of his men had? enterprysed? to efface and destroye alle our pylgryms that theder were comen / And ther fore he sente theder grete plente of Turkes and? of cordyns in to this countre / And had delyuerd alle the seygnorye and gouernau ce of the hooste to one his acqueynted? ffor he trusted? moche in his wytte / in his loyalte / and in his prowesse. This man was named Corbagat. he commaunded? alle men to obeye to hym . he sente let- tres pendantes oueral his londes. and commaunded that they shold? be delyuerd ouer all. that where he shold lede them / that they shold goo / And? alle that he commaunded them they shold doo without contradiction / he departed fro his countrey with alle his peple and his power / he passed so ferre that he cam in to the countre of rages / Ther was told to hym that one of the barons of ffraunce helde the Cyte of Rages which he had conquerd and alle the londe about it He had therof grete despyte / and? sayd to fore and er he passed the Ryuer of Eufrates / he shold? take the toun and? destroye alle the frensshemen that he shold fynde within , Bawdwyn was not of lytyl courage. And? had? wel herd tydynges of this peple / he had? wel garnysshed his Cyte with armes. Vytaylles and? noble men / And doubted? but lytil his comynge / ne the menaces ne the grete wordes of thyse peple that were reported? to hym / Corbagat com- maunded that the cyte of rages shold be affieged / And after dyde do crye to affault / grete peyne dyde they wenyng to haue taken the cyte and? alle them that were therin / But they that kept the toun deffended? them moche wel in suche wyse that they endommaged? moche them that were without. And they within loste no thynge They helde them about the toun thre wekes he had? no worship ne prouffyt there. At laste the grete and noble men of thooste cam to hym / And sayde and counseylled hym to departe fro the siege / ffor he ought fyrst do that thyng for whiche he cam / that is to saye for to take and slee alle them that were to fore Anthyocke. And after in his retornyng in a moro Wyde he shold haue the toun of Rages And Bawd wyn yf he were not deed / they shold take and? fynde hym . And presente hym to theyr lord/ as a sheep or a mobyn. he acordeth to theyr counseyl and departed fro thens. But alleWaye the taryeng that the turkes had made sauyd oure prlgryms/ffor the mater Was not so acorded bytWene Buymont and his frende that yf they had comen strayt to Anthyocke/ oure men had ben in ouer grete meschyef bytWene them that he brought/and the other turkes that Were in the tun·

How our men beyng adnertysed of the grete hooste of cor⸗ bagat sente somme of theyr knyghtes for to esteme them / And What they reported of that they had seen/ca° C·xiij°

¶ He tydynges began strongly to groWe of this people that cam/ And it Was no merueyll yf they Were effrayed in the hooste of the pylgryms/The barons assembled in counseyl/ And ordeyned by compyn acord/ that somme of theyr Wysemen that vn⸗ derstode/them in· suche thynges as to esteme peple in the felde shold goo and knoWe their coupne/ to this Were chosen Drucs de Nelle Clarembault de Venduel/ Euerard de cherpsy/& Renard therle of Foul/They ledde With them other knyghtes knoWen and preupd in Armes/they departed fro thoost so ferre that they ap⸗ prouched the turkes Whom they saWe and foloWed them fro fer/ Neuertheles they Wel apperceyued that lyke as Water renneth in the see cam fro alle partes grete roWtes and merueyllous plente of peple in this hooste of Corbagat.Thise noble men Wente so ferre that they saWe and kneWe alle theyr beyng and strengthe/And syth dreWe them to the barons and sayd to them the troutthe/The barons prayde and deffended them also dere as they had the Werk of oure lord/that they Wold not discouere this thyng to the foote men of thoost in no Wyse/but kepe it secrete fro them/ffor it shold be grete peryll yf they kneWe the troutth that they shold flee aWay by nyght/And be alle in despayr/

Of the counseyl that our peple toke for to ordeyne theyr nedes Whan they kneWe the comyng of this right grete hooost/ca° Cxb°

¶ He barons toke counseyl/on Whom the faites and burthon of this Werke laye·hoW they myght conteyne them in this greuous poynt in Whiche they Were/som ther Were that gaf coun⸗ seyl that they shold departe fro the siege/And that somme of them

on horsbak, and they on foote shold abyde for to kepe that they
of the town shold not mowe ioyne to the other·And somme other
the best horsed shold lede of them a foote a grete partye ayenst
Corbagat and fyght ayenst hym,The thyng was in grete doubte
And wyste not how to accorde·Buymont Whan he sawe them so
surprised called the duc Godeffroy therle of fflaundres, Huon de
mayne·the duc of normandye ❧ therle of tholouse·And syth sayd
to them thise wordes,Fayr lordes I see you in moche grete doub-
te , and it is no merueyl·ffor the comynge of this puyssaunt man
that cometh on vs and bryngeth with hym so grete plente of our
enemyes·Ne ye be not yet acorded in What maner ye shal attende
ne What shal be your countenaunce Whan he shal come, Ne I can
not saye to you as me semeth thyng that by this way may moche
auaylle , ffor yf we yssue alle ayenst the turkes , lyke as somme
men counseylle somme in one partye,And that other to abyde,as
other counseyl We haue loste our payne and oure dispences in the
siege of this town · ffor as sone as we shal departe fro hens or alle
or half·they that comen shal sende in to the town grete plente of vy-
taylles and fresshe men put in to it · yf noman abyde at the siege
this shal be good for them to doo·And yf ther abyde a parte they
shal not leue for them · ffor Whan we be alle to gydre · Vnnethe
maye we constrayne them of the town . thenne the fewe that shal
abyde,how may they haue the force and myght ayenst them with-
in,Therfor me thyncketh that we muste seche other remedye and
counseyl that we may fynde maner how this cyte maye be yolden
to vs . And that we may be withyn to fore er thyse turkes come·
this shal be a more sure thyng,yf ye demaunde how this maye be,
I shal shewe you the way and manere how it shal wel be as me
semeth,I haue a frende in this Cyte a trewe man and wyse after
that I can apperceyue·We haue couenauuted he and I to gydre
Wherfor he ought to delyuer to me a tour moche strong and wel
garnysshed of alle that nedeth Whiche he holdeth·Whan I shal de-
maunde hym·I muste gyue to hym thus doyng a grete partye of
my good and hauoyr and franchyses and other alyaunces muste
kepe to hym and hys·But this maye not be,But that eche of you
gyue ouer his part to me·And quyte hym of ony part of the cyte
that it shal abyde to me ❧ to myn heyres for euermore · ffor other
wyse he entendeth not that shall delyuer hit·yf it plese you in this
maner ye may haue the town· And yf ye wil graunte this I so-
mone and warne you to fore in suche wyse that thyse couenaunces

be wel accomplysshed by godes grace / And yf it plese you not,
And ye maye fynde ony other maner · I am redy tacquyte alle
my parte to one of you' or to another of oure companye / yf be wyl
delyuer to vs the Cyte, And god knoweth It shal plese me wel
And I shal be right ioyous in good fayth

How after that Buymont had declared his fayte to alle the
hooste·they acorded that the toun shold be his / sauf the Erle of
Tholouse / Capitulo   C xxij?

W   Han the barons herd this / they had grete ioye in theyr her-
        tes. and anon acorded to this that buymont requyred, euery
man graunted his part that he shold be quyte therof · except only
therle of tholouse·Whiche in a reuerye wheryn be was sayde, that
be wold not acquyte his part ne gyue it oner to noman lyuyng ·
The other barons promysed certaynly to holde it, And gaf to hym
their fayth that they shold not discouere it to noman. They prayd
hym that be wold wysely brynge this mater aboute. And dyly-
gently laboure taccomplisshe it, ffor grete peryll myght come in the
taryeng of it / The counseyl departed / thus This Buymont which
was wyse and trewe · spak to the messager that knewe theyr co-
uyne · And sente hym to his frende / And bad hym saye that the
barons had graunted to hym that the toun shold be hoolly his with
moche glad chere, Therfor he somoned hym by his fayth / that he
shold accomplysshe this next nyght hooly that he had promysed
hym · One thynge happed this same day that was moch helpyng
to this werke / or to thaccomplisshyng therof / ffor this frende of buy
mont named Emyrferyus entremedled moche of thaffayres and
thynges of anceay and of the toun. This same day whan he was
besy in this werke / he sente his sone that was tho grete to his howe
for to fetche somwhat / whan be cam to the toure hastely , he founde
that one of the grete admyrals of the toun pleyed and deled with
his moder·Whan he sawe this / he had so grete sorowe in his herte·
that be ran agayn to his fader , And tolde to hym lyke as he had
founden it. The fader was a moche wyseman· And was moche so-
re angry· And sayd thyse wordes to his sone. Fayr sone it semeth
not ynowgh to thyse fals houndes that they take fro vs alle that
we haue. and kepe vs foule in their seruage·But with this / they
doo vs alle the shame that they maye / By the ayde of Jhesu criste

in whom I byleue / I shal labour and do payne to fynde the
maner by whiche theyr power and myght shal be lassed mynups̄-
shed and shorted / And they shal haue guerdon for the euyl that
they haue don to vs· he made thenne no semblaunt of Angre that
he had / But sente his sone to Buymont anon by the maner that he
was acustomed to goo· And badde hym that he shold be redy· ffor
as to hym he wold hold hym this nyght alle his couenauntes / he
badde hym also that alle the Barons of thooste sholde yssue oute
aboute none euery man armed in his bataylle · And make sem-
blaunt for to goo ayenst Corbagat. And after in the begynnyng
of the nyght to retorne agayn pryuely withoute noyse / And kepe
them so armed and redy to do that shal be sayd to them aboute
mydnyght. Buymont was moche ioyous / whan he herd this mes-
sage / And aftir ledde hym to fore the barons to whom this thyng
was discouerd / And made hym saye in theyr presence the wordes
as he had brought / The barons whan they herd hym· were moche
Ioyous / And sayd wel that this counseyl was good and fayth-
ful and of grete courage acorded therto /

How they of Anthyoche had fere of treson / And how they
assembled in counseyl / And of that whiche Emyrferius deposed
there at / Capitulo   .C. xvij.

o   Ne thyng happed in this toun / that is acustomed ofte to co-
        me in grete werkes / They that had the keppng and charge
of the toun / began to haue suspection within theyr hertes and de-
uyned that the Cyte shold be by trayed / they knewe no reson ne
how ne they apperceyued no grete semblaunce / But alway that
one spak to that other of the grete men / And them semed that it
shold falle. So moche aroos this murmur and wordes that they
assembled to fore Anceau lord of the toun / And told to hym· that
his men had such fere · & it was not without reson· ffor the cristen
men were in the toun· and were in doubte that by them dommage
myght come to the Cyte / They ledde so Anceau with wordes that
they made hym to be aferd also / Anon he sente for hym that was
named Emyrferyus · And told to hym how this worde ranne
about / And by cause he helde hym for a wyseman / he demaunded
what counseyl he wold gyue here on / he that was sharp of enten-
dement & apperceyuyng knewe anon / that his lord demaunded
thyse wordes for to knowe· yf he shold answere ony thyng· By

Whiche he sholo be suspecte. And knewe wel that this assemblee
was there made by cause they had suspection, he thought wel to
brynge them out of this wenyng by his answere and sayd Fayr
lordes ye be hye noble and wysemen. ye ought to conne them good
thancke, And the lord specially of this that they ymagyne and
donbte of traysoy. ffor in so grete a thyng as ye haue to kepe, ought
to be doubted alle that may be falle. ffor we be in peryll of our ly-
ues of oure franchyses, of wyues, of chyldren, and herytages.
Thise ben thynges that ought to be well vnderstanden and kepte,
But me semeth that by two wayes maye be gyuen counseyl in
this thyng in suche wyse that yf ony were vntrew & suche a tray-
tre that wold destroye his countrey he shold haue no power. This
thynge myght not be doy ne spoken of but by them that haue the
toures in kepyng. Therfor me thynketh yf ye haue suspection her
of ye may wel remedye it. By ofte remeuyng them fro theyr pla-
ces. ffor this thynge may not be deuysed but by moche grete leyser
And whan ye chauge them thus ofte, in suche wyse that they that
be here this nyght, shal be sette the next nyght fer thens, where he
shal haue no knowleche & her by ye shal take fro them alle the eale
for to commune or speke of ony traysoy. whan they herd this coun
seyl that this cristen man emyrferys gaf to them, they acorded alle
well therto. & by this fylle from them alle the suspection fro theyr
hertes that they had ayenst them, & thus as he had deuysed sholo
haue be doy yf it had not ben so late for it was nyght. and so grete
remeuyng myght not be made but by space of tyme, The lord com
maunded them to kepe alle the cyte hoolly, Thus departed they fro
the counseyl. Emyrferyus that sawe wel that the thynge that he
had enterprised, yf he and Buyuont hasted not, that it shold
neuer take good ende, Therfor he thought moche to brynge his
purpoos to effect without that ony man shold perceyue it,

Of the meschyef that the turkes made euery daye to the cristen
men that were in Anthyoche enhabytyng with them. ca? C lviij?

f Ro the begynnyng that the cyte was asseged, the turkes of
the toun had in grete suspection the Grekes. Surryens and
hermyns. and generally alle the other cristen men that duellyd in
Anthyoche. wherof it happed that the poure cristen men that had
not in theyr howses garnyson suffciant for longe tyme, they made

them to voyde the toun and alle theyr meyne. ffor they wold not
that the Cyte were charged ne encombrd with them. They retey=
ned the ryche men within by cause they had vytayll ynowgh. they
kepte them strayte and by fals occasions robbed them euery daye
and toke fro them alle theyr thynges. They chaced them to the la=
bours and werkes of the toun. yf they had walles for to make or
amende. They bare the stones the morter and sande. yf they wolde
adresse engyns for to caste stones. or other Instrumentes of warre
they muste drawe the cordes. And neuer as longe as they fonde
cristen men. they sought none other for to doo suche werkes. And
whan they had trauaylled longe, in stede of rewardes. they ledde
them and bete them thurgh the stretes in suche wyse that they had
leuer to haue ben caste out of the toun. atte begynnynge with the
other than to be retryued with thyse fals houndes that thus greued
them of the toun that were cristen. Thus were they acordyd. viij.
dayes to fore to speke to Empyrferpus frende of Buymont. that
they wolde slee alle the cristen men and had don it yf one of the
admyrals of the toun had not letted and empeshed it. which was
alway pryue and frende of the cristen men. he made to delaye it. viij
dayes by this reason. ffor he sayd to them. Fayr sirs I hope that
the cristen men that haue assieged vs shal departe fro the siege with
in viij dayes for doubte of corbagat which cometh. & yf they depar
te why shal we slee the cristen men that ben in this toun. And yf
they departe not. thenne maye ye doo. as ye haue deuysed. Thyse
.viij. dayes were now passed. in suche wyse that it was commaun
ded moche pryuely to them that had the charge. that they shold
slee them the same nyght. thenne the same day at none it was cryed
thurgh the hooste of the pylgryms. that alle they that had horses
were armed. and to drawe euery man to his batayll. where he
was constituted and ordeyned. for to doo that theyr Capytayns
shold commaunde them. The men on foote knewe nothyng what
they shold doo. ne the horsmen neyther. sauf they that Buymont had
aduertysed. thus departed they fro thoost alle in ordenaunce. It se=
med wel that they wolde goo ferre. They wente forth tyl it was
nyght. whan it was derke it was commaunded that they shold re=
torne agayn secretely without ony noyse. And that they shold hol
de them armed in theyr lodgys. This valyaunt man Empyrferius
of whom I haue spoken to fore had a brother with hym. But he
was not of suche courage as he was, the good man had sayd no
thynge to hym of that he purposed to doo. ffor he doubted moche

he wold not be agreable therto . They were to gydre in the tour at
the hour of none whan the batayltes yssued of thooste they beheld
it by the bataytlementes · Emyrferpus wold preue and knowe
the courage of his broder whiche was yonger than he, And sayd
to hym/ Fayr swete broder I haue moche grete pyte of thyse hye
men that thou seest there· ffor they be of oure creaunce. moche fayth
ful and good cristen men. Now ryde they also surely. As yf they
ought nothyng to doubte. And their deth is ful nygh them. ffor it
may not be that they may resiste ayenst them that come/ and ayenst
them of the tonn/ And yf they knewe it I trowe they wold take
other coūseyl. his broder answerd/ this is a moch folyssh pyte that
thou hast, And I see the in a grete musardye. Certaynly it shold
plese me wel, that the turkes had nowe smeton of alle their hedes
and slayn them alle that thou seest there departe, And alle the
other in lyke wyse. ffor neuer syth they entred in to this londe, we
had neuer good day ne one good nyght. but haue made vs suffre
many euilles by thoccasion of their comyng, ⁊ therfor I may not lo
ue them· But I wold that they shold hane an euyl endyng and
that right soone. Whan emyrferpȳ had herd thyse wordes he doub·
ted to fore what to saye to his broder of his purpoos· but fro this
forth he doubted nomore/ and began to hate hym moche in his cou
rage, he thought wel that by hym myght be destroubled the grete
auauncement of Cristendom Therfore he was in grete anguysshe
how he myght delyuer hym ,

Of the dilygence that Buymont made in this werke, And how
Emyrferpus slewe his brother and delyuerd the toun to the cristen
men/ Capitulo   C xix?

¶   Buymont slepte not this nyght. ffor he shold haue ben moche
        displesyd/ yf by his neclygence this werke shold be taryed
He wente ofte to the Barons that knewe of this thynge for
to be counseylled/ He helde in his honde a laddre of cordes moche
subtylly made/ Aboue it shold be fasted to the creueaux of the
walle with good and stronge crockettes of yron · And for to
fastne also in therthe. Whan it cam aboute mydnyght , he toke his
messager that knewe his secrete pryuely, And sente hym to his
frende to knowe/ yf it were yet tyme that he shold approuche to
the wallys ffor hym thought that alle the Cyte was in moche
peas and reste , Whan this messager cam , he bad hym abyde
                                                              101

there stylle and saye no worde tyl that the mayster of the watche
were departed and passyd by. ffor the custome was suche in the cy=
te. that aboue the watche that was ordeyned and aduysed/that a
noble and wyseman shold serche and vysyte euery nyght the wat
che. And amende that as they founde amys. And he wente thus
thre or four tymes in the nyght with a grete companye of peple
that bare lyght· It was not longe after that he cam e sawe in the
tour where Emprferyus was and sawe alle thynges wel ordey=
ned and in good disposicion· And it plesyd hym wel and passed
forth/ This man sawe thenne that it was tyme to performe his
werke· And sayd to the messager goo thy way dylygently and
saye to thy lord. that now is tyme to doo well and that he come to
fore this tour. and see that he haue good companye with hym and
trewe,·The messager departed forth with/ Emprferyus entred in
to the tour and founde his broder slepyng moche faste. he had fere
that he shold awake er the werke were accomplysshyd and that he
myght destrouble it. therfore he toke his swerd e woof hym thurgh
bothe sydes and slewe hym· The messager cam to Buymont and
told hym his erande. he cam incontinent to fore the tour. And the
other barons with hym that knewe of the werke · Eche of them
had but a fewe with them· but they were good e trew. emprferiu
put out his heed e salewed them e they resalewed hym· and after
aualed a corde doun by the wall they toke it e bounde it fast to thede
of the laddre of cordes/ whan it was bounden and drawen vp fast
ned e attached with the crockettes of yron aboue. there was none
that was so hardy that wold fyrst goo vp · whan Buymont sa=
we this, he toke thenne the laddre first as a valyaunt man e ardant
taccomplysshe the werke· And wente vp til he cam to the batilles
ment. Emprferyus knewe anon that it was buymout· And to=
ke hym by the arme and kyssed hys honde · Buymont wente
vpon the walle · And kyssed hym swetly · He thanked hym
of the seruyse that he had don , Emprferyus ladde hym in to the
towre · And sayd to hym · Beholde and see what I haue don
for god and you· This man that ye see here deed is my brother
Germayn , I haue slayn hym by cause he wolde not acorde to
this werke that ye and I haue enterprysed · Buymout had
moche grete Joye· ffor fro thenne forthon knewe he well that
his frende dyde alle in good fayth/ Thenne cam to the cre =
ueuls and put onte his heede and called his peple and sayd
that they shold come vp dylygently by the laddre · They durste

not go bp/But alway supposed it had be deceyuaunce. Buy̅ mont that was mocke valyaunt and Just put doun his foote on the laddre/And descended doun to the erthe and sayd to them fayr lordes ye tarye ouer longe/there is no doubte/ffor knowe ye certaynly that this good man hath shewde to me his brother whom he hath slayn for loue of vs/whan they herd this they all toke the laddre he that myght best beste/And mounted vp so many that ther were men ynowgh on the walle. Therle of fflaundres went bp and Tancre for tenseyne the other how they shold do/whan the fyrst toWr was wel garnysshed with men they ranne to the other by/And slewe the watche men and helde the turres

Of the mayntene of the cristen men in this pryse. And of the afraye of the turkes of the toun·ca? C·xxvo

a T the foote of the laddre abode somme of the Barons for to condnyte thooste/whan they sawe that they had vpon the walles men ynowe that myght garnysshe dyuerse toWres/They ran hastely to the lodgys for to make the peple arme them/And to drawe nerer/to thende that they myght al be redy for to entre in whan our men were on the walles/they were not ydle/but were noble and hardy/in such wise that they had anon x toWres taken alle in arenge/And had slayn alle them that they founde therin And the cyte was not yet mauyd ne awaked/ffor the grete men of the toun whan they herde the noyse. had supposed certaynly that they had slayn the Cristen men/lyke as they had commauded And that this affraye had be for none other thynge/And they meued not oute of theyr beddes. In this partye where oure men were goon vp was a posterne. Our men that were on the walles descended and brake vp the lockes and opened the pate in suche Wyse that many entred of oure peple. And after cam to the grete gate that was called the gate of the brydge/And alle the watche that kepte it they slewe. And after opened the gate, A squyer of Buymontys ran til he cam to an hye toWre whiche was vpon the tertre by the donged of the toun/there he fyxed the Baner of Buymont his lord. whan oure peple that were in the toun apperceyued that the daye was nyghe. And the daW nyng appiered · thenne they made to sowne theyr trompettes and busynes for to calle al the people of the hooste/The Barons

vnderstode the signe · and smote the hors with the spores · And en-
tred by the yates whiche they founde opene with alle theyr batayl-
les · The foos men of thooste awooke that knewe nothyng of this
counseyll · They sawe the tentes empty and voyde · and apperceyued
that the toun was taken · thenne began they hastely to renne to the
gayne · in suche wyse that none abode other · The turkes of the toun
awoke and herde the noyse and sawe the men of armes thurgh the
stretes · Thenne apperceyued they in what poynt they were · They
began to flee out of theyr howses and lede theyr wyues and chylde-
ren with them · whan they fledde fro one rowte of our men · they re-
countred another gretter · whiche slewe them alle · The surgyens ·
the hermytes & the other cristen men of the toun apperceyued that
the thyng wente so · they had moche grete ioye and toke the armes
hastely · and wente forth with our men and tolde to them the pla-
ces where mooste peple were · And where the tresours were ·
They them slewe the turkes moche gladly · They payned them
moche to rendre to them the guerdon of betynges and tormentes
that they had don to them · Thooste was thene entred in to the toun
The barons had sette their baners on the turres · grete occision and
slaughter had be in the toun · they spared noman ne woman ne
childe / they brak vp dores and chestes · ye shold haue seen gold and
syluer departed in the stretes · It semeth well a thyng conquerd ·
and wonne by warre · what shal I make long deuyses · ther were
slayn of them of the toun that day moo than · x · M · of whom the
bodyes laye alle bare in the wayes and stretes

How Ancean lord of authyoche fledde by a posterne out of the
toun · And he was recountred and put to deth · ca?   C xxj?

W Han Ancean sawe that the cyte was thus bytrayed · And
that his peple that myght escape fledde an hye in to the for-
tresse of the dongeon · he doubted moch to goo theder ffor he thought
wel that the cristen men wold enuyrone incontinent this tour yf
he entred · therfor he yssued out at a posterne out of the toun · and
wente allone as he had be oute of his wytte / Ne he knewe not
whether he myght goo · And flee for to kepe hym · whan he wen-
te thus by the feeldes moche ferre fro the Cyte · Certeyne
Hermyns mette hym and knewe hym · And moche meruaylled
what this myght be · And after thought that the Cyte was taken

And they approched hym / lyke as they wold haue enclyned to
hym as they were woonte / but thēne they toke hym & smote hym
doun to therthe / and after with a swerd smote of his heed / and
bare it in to the toun / And presentid it vnto the barons to fore the
peple / one maner peple was comen in to ātyoche which were not
of the toun / that were come for to deffende theyr lawe / and other
for to be souldyours / And other for prowesse of armes / & to gete
honour and prys / thyse knewe not wel the beyng of the toun / and
were moūted vpon their horses alle armed and begonne to renne
ayenst the hylle toward the dongeon / and by aduenture they mette
a route of our men thus as they wente sechyng in the toun / which
ran on them moche hardyly / thyse maner of peple wold haue es
chewed them and smote theyr hors toward the valeye / and fylle
doun of a bancke in suche wyse / that they were alle to brused men
hors harnoys and abyllementes / ther were deed wel a / iij / C / som
ther were that in the toun were born / whan they apperceyued in
the mornyng that our men were within / they toke their hors and
rode out by the gates that our men had opened / ther were of oure
men that wente after and sued them and brought many of them a
gayn whom they put in pryson / som other escaped & ran vnto the
montaynes / about the hour of tierce whan the toun was serched
our peple assembled and anon apperceyued / that in alle the toun
was no vytaylle / and it was not wondre / ffor the siege had thēne
endured nygh / ix / monethes and moche peple had ben therin du
rynge the siege / but gold syluer precious Jewellis and vessel of dy
uerse facions / clothes of sylke / & ryche tappets / & of other thynges
they foūde so moch that eche of our mē was alle charged as moch
as they myght bere / It cam wel to poynt to oure poure pylgryms
for to fynde suche rychesse / after the grete meseafe that they had suf
fred / ther were foūden in the toun / v / C / good hors of armes / but
they were ryght lene and wery / thus was the cyte of Antyocke
taken the yere of thyncarnacion of our lord a / M / lxxxxviij / the
iij day of the moneth of Juyn

How aftir that our men had made grete slaughter of theyr ene
myes our men helde counseyl for to take the dongeon / thēne beyng
seased of the turkes / ca̅⁹   C.xviij.

t   He pylgryms that were theder comen fro many coūtrees by
        grete labour were thēne ful of shedyng of the blood of their
enemyes / The Barons assembled in counseyl and aduysed

emonge them.that this Werk Was not yet parfyght.but that ther
Was yet trauaylt and peryll tyl that the dongeon Were taken and
goten·Whiche Was right stronge·and Wel garnysshed With Wal-
les of the toun·they sette good Warde and kepers of alle the gates
And dyde do crye thurgh alle the toun to assault. and commanded
that all shold come to the tour·that Was on the montayne·Whan
they cam theder · they kne We Wel certaynly·that this Was not a
thynge lightly to be goten · ffor the fortresse myght not be goten
but·by famyne.therfor they trauaylled but lytil·but Withdrewe
them and made the peple to returne · this montayne that is aboute
the toun is deuyded in tWeyne like as I sayd to fore by a depe Val
leye·Whiche is as stepe as it Were plom doun , The syde Whiche is
toWard thorpent is moch fayrer Vpon a playne Wel brode ful of
Vygnes and londe erable·That other partye toWard the West is
moche hyer as a man shold goo Vp right· And right Vpon the
sommet of toppe of the tertre stondeth the dongeon ferme of o-
uer stronge Walles and thycke toures· they be hye and grete to
Ward thorpent.and toWard northeste about the Valeye it is so deep
that it semeth a right helle,And it is an hydous thynge to beholde
It coude neuer be ymagyned hoW it myght be myned,and fro this
dongeon Vnto the toun is a Way Whiche is so strayt that With gre
te payne one man allone maye goo or come.The barons accorded
that they Wold close this litil tertre and Waye.to thende that they
of the dongeon shold not moWe descende ne do euyll ne harme to
oure men in the cyte · They made a Walle moche stronge of lyme
and sonde In Whiche they put men of Armes ynoWe and Wel in
poynt.They sette on the Walles stones and engyns redy for to cas
te stones yf the turkes descended & cam doun.the barons Wente in
to the toun for to take coūseyl of other Werkes.It Was ordeyned &
deuysed that alle men shold returne & abyde there about this neWe
Walle tyl that the dongeon Were taken.sauf the Duc Godeffroye
Whiche by compn coūseyl of alle shold abyde for to kepe the gate
of the est· & the fortresse that our men had made Withoute the gate
that Was delyuerd to buymont · They herde tydynges that this
grete prynce Corbagat of Whom I haue spoken to fore shold arry
ue shortly·ffor he Was thēne entred in to the londe of anthyoche·It
Was accorded that they sholde sende a Wyse man Vnto the see·and
saye to them that Were goon for to do theyr thynges· that they
shold returne hastely and brynge in to the Cyte alle the Vytayl-
les that they myght fynde They them self that Were in Anthyoche

ran alle the countrey abcut for to seche Bytaylles · but they founde
but lytil. The laborers of the playne countrey Were moche ioyous
that the Cyte Was in the handes of the pylgryms for they Were of
our fayth. all that they had hyd they brought · but it Was not moch
Ffor the longe siege had destroyed the countre Without and emptyd
the toun Within

How Whyles thooste garnysshed the toun · Somme of thoost of
Corbagat cam rennyng to fore it. cap? .C. xviij?

¶ The second day after the toun Was taken · Whyles oure peple
entendeb to garnysshe the Cyte · cam thre honderd men of the
hoost al in poynt of Corbagat Wel armed and horsed Vpon lyght
horses for to see yf they myght fynde ony of oure men that rode fo=
lyly by the countre · They embusshed them alle sauf · xxx · the beste
horsed Whiche cam to fore the toun. They began to renne nygrly for
to draWe oure men out of arraye · Whan oure men saWe them · they
had grete desdayne , And Wende that it had be a grete shame yf
they founde not to Whom to speke to, syth they Were come so fer to
fore , A noble man of Whom I haue spoken to fore, by Whom the
hooste had had many prouffytes by his Wytte & proWesse & Was
named Rogier de Barneuylle · And Was of the companye of the
duc of normandye he toke With hym · yB · knyghtes that he had of
his meyne · And cam out of the toun ayenst the turkes as he that
Was noble Valyaunt and hardy · And acustomed to doo fayr fay=
tes · Whan he saWe them he smote his hors With his spores to=
Ward them · And they by cautele torned and fledde · Our men fo=
loWed hastely so ferre that they launced Vpon theyr Watche they
sprange oute of the embusshement. And ran Vpon oure men, ffor
they Were many and Wel proued in armes. Rogier relyed his lytil
felaWship, And cam deffendyng hym toWard the toun. Whan
they Were nyghe · A turke garnysshed With a stronge boWe smote
Rogier thurgh the body in suche Wyse that he fyl doun deed to fore
his hors. Anon his felaWs WithdreWe them in to the toun . The
turkes descended Vpon hym and smote of his heed · seeyng they
that Were on the Walles, they bare aWay the heed and thus depar
ted, they of the toun yssued oute With grete crye and lamentacion
as they that had a grete losse · They toke the body and buryed it ho=
norably and With grete soroWe in the porche of the chirche of
seynt peter , The barons compleyned moche aboue the other this
noble man. as they that beste kneWe hym,

104

a   The the thyrde day after that Anthyocke was taken / this
grete prynce Corbagat cam to the cyte in the mornyng at the
sonne rysyng with so grete plente of peple that alle the coūtre that
myght be seen fro the hyest place of the toun was couerd with
them. The barons sawe moche more peple than they herd saye of.
For theyr hoost encreced euery day / he passed the brydge. And lod￫
ged hym bytwene the laye / and the ryuer of helle whiche is wel
a myle fro that one to that other / he had so grete plente of knygh￫
tes · and so grete nombre of tentes and pauyllons that the grete
playne wherof I haue spoken to fore where Anthyocke stondeth
ne yet it myght not alle receyue them. But many of them lodged
them in the terrytoryes by. whan Corbagat had be thus thre da ￫
yes lodged · hym thought that he was ouer fer fro the cyte. And
by his counseyl wold be more ner the dongeon / whiche the turkes
helde / for to ayde and comforte them. And thought for to put men
in to the toun by the yate that was vnder the dongeon · whan he
was lodged on that partye · he compryced fro the yate of the eest to
the west yate all the syde of the toun toward the south / by syde the
parte of the eest was a fortresse whiche oure men had made / vpon
a litil tertre as I haue sayd and was delyuerd to Buymout /
But whan the toun was taken and the yate / he delyuerd this for
tresse to other for to kepe / Therby lodged som turkes of thooste of
Corbagat / They began tassaylle this toun / They that were within
dyde grete payne to deffende them / But it was ouermoche char￫
ged with grete plente of peple that were there and also with Ar￫
chers of whom they had many. The duc whiche was bye at the
yate sawe that his men had ouermoch to doo / & had good wyll for
to helpe them / and wold haue dislodged them that were come ouer
fer forth / he yssued out with al his batuylle / And smote his hors
with his spores toward the fortresse / And sawe that there were
ouer grete plente of turkes to fore hym / which smote in to his men
and began to demene them euyll / ffor ayenst one of them ther we￫
re · x · turkes the duc knewe that his strēgthe was not like theyres
and began to withdrawe hym toward the toun / But to fore that
they myght reentre in to the gate / The turkes assaylled them so e￫
uyll that ther were · ij · C · of the batayll of the duc taken & deed

¶ He Duc cam in to the toun moche angry of this dommage .
But whan the turkes knewe that this had be godeffroy of
boloyne that they had thus put abak . They aroos in moche grete
pryde / therfor they wente thens vnto the montayne / & entred / in
to the toun by the gate of the dongeon / And surpryseɔ somme of
our men that toke none hede / wyth bowes & with swerdes they sle
we them / but whan they were apperceyued our men chassed them
But they put them in to the dongeon where they were sauf / thus
dyde they oftymes harme / ffor they knewe another way to descen-
de . than that whiche our men had garnysshed / The barons assem-
bled for to take counseyll what they shold doo of the peryll wherin
they were . By comyn accorde it was ordeyned / that Buymont
and The Erle of Thoolouse sholɔ make there a dyche moche
depe and brode ynowgh bytwene the toun · and the pendaunt of
the montayne . they made it there as it was deuysed / And made
there a fortresse whiche they garnysshed wel with men wel armed
The turkes that were in the dongeon . And they also that were co-
men in by this gate descended ofte / by a way couerte vnto this for
tresse · And assaylleɔ it moche fiersly · in suche wyse as they lete
them haue no reste . that it happed on a day / that so grete plente of
turkes descended that the crye aroos in to the toun / that and yf the
other barons and knyghtes whiche were abrode in the toun had
not come and wonne to them they had slayn or taken thyse noble
men / that is to wete Buymont / Euerard du puyssat / Raoul de la
fontayne / Rembault creon / And somme other lordes that were
in theyr companye / Alle they were grete men and gooɔ knyghtes
that were put in this newe fortresse for to defende it / But therle
of Flaundres · the duc of normandye / And huon the mayne ranne
moche hastely theder / Anɔ met r with the turkes er they myght en
tre in to the dongeon . They sle we many and many they reteyneɔ
prysonners / The other turkes that escapeɔ cam to fore Corbagat /
Anɔ counted to hym that thyse men of the toun were ouer fiers &
hardye · Anɔ it semeth whan they ben in werke · that they donbte
nothyng the deth ne this ne that · Corbagat whiche was lodgeɔ in
the montayne as I haue sayd dyde not theron moche his prouffyt
ne his honoure · ne he founde not there pasture for his hors · as he

dyde bynethe in the valeye / whan he sawe this he commaunded
that he shold be dislodged & descended in to the valeye With his men
he passed the riuer of belle·there deuised he the places to his barons
about the toun·on the morn it happed that I can not say how many
turkes approched the cyte & descended fro theyr horses / for to shote
at our peple that were on the walles for to come more ner·Tancre
yssued by the gate toward the eest and stopped the way fro them
in suche wyse that er they myght take theyr horses he slewe·vj·of
them / And brought them in to the toun for to recomforte our pe-
ple for the deth of Rogyer de barneuylle,

How our cristen men that a lytil to fore assieged the toun / we-
re now assieged in the same·Capitulo   ℂ xxvjº

i   N this tyme durynge / the peple of the cristen men that had
     assieged Anthyoche but a litil to fore as ye haue herd, They
were now them self assieged within · Thus goon the chaunges
and mutacions of the world they had moche grete trauayll for to
kepe and deffende the cyte · It was to them ouer peryllous that
the dongeon was so stronge & so wel garnysshed as it was·They
made to them ofte grete assaylles by daye and by nyght·ffor they
of the hooste cam in by the gate vnder the dongeon as ofte as it
plesyd them·Our men began to be moche abasshed.Ther were ma-
ny that toke no regarde to theyr oth that they had made to mayn-
tene the companye ne to theyr honoure · But by nyght descended
doun of the walles by ropes or cordes and fledde to the see · And
many of them the turkes toke whom they slewe and brought in
prison · They that myght escape·cam vnto the porte sayeng to the
marchauns · and to other pylgryms that were there comen · that
they shold disancre theyr shippes and flee anon /ffor this prynce
Corbagat whom so moche peple folowed had taken Anthyoche by
force and had slayn alle the barons and alle them that he founde
within / And that they were escaped by ouer grete peryll and fiers
aduenture / Therfore sayd they to the maronners·that they shold
departe and flee withoute taryenge /ffor yf the turques cam ser-
chynge the countre vnto the see and founde them there·they shold
be alle delyuerd to deth / Thus they fledde alle for fere, And they
them self that brought thise tydynges wente with them · And to
thende that ye shold not suppose that thyse were but mene peple .

for the trouthe of this hystorye spareth noman / I shall name
somme that thus departed shamefully · that is to wete Guyllame
de Gratemeupl a noble man born in Normandye, Whiche helde
grete londe in puylle · And had to his Wyf the suster of Guy-
mont · Aubery charpenter · Guy croseanly / Lambert le poure, And
many other had they With them · Somme there Were that Wente
for pyllage · And for the mesease of hungre and drede for to be
slayn · yolde them to the turkes, And they tolde the certaynte of
the meschief that oure men suffred alle a longe to the turkes ·
Many abode in the toun that gladly Wold haue goon, But Buy-
mont by the counseyl of the bisshop of Puy dyde do make Watche
atte alle the gates and vpon the Walles · And toke kepe bothe
by daye and nyght that none shold goo vp ne donn, And they
sWore alle that they sholde not departe fro the companye · ne breke
the commauwdementes of Buymont · He hym self Wente euery
nyght thurgh the toun Wyth grete plente of men · and With grete
lyght to thende that no peryll shold happe ne trayson · Foure for-
tresses had he Whiche he muste nedes kepe and better than the other
Than one Was on the lasse certre aynst the dongeon, And that
other Was loWer aynst the assaytes that they made · The thyrde
Was Withoute the eest gate the Whiche Was made to kepe thooste
er the toun Was take / the fourthe Was at thende of the brydge
by Whiche the port of the brydge Was kept / And therle of tho-
louse kept it fyrst · But Whan the Cyte Was taken he lefte it and
entred in to the toun · Therle of fflaundres toke it and garnysshyd
it Wyth fyue honderd men of Armes of knyghtes and other Wel
in poynt · ffor he thought yf the turkes toke it · our men myght not
after yssue by the brydge · by Which their strengthe shold be moch
empeyred /

  HoW Corbagat dyde do assaytte a fortresse Which therle of Flau
dres kepte Without the gate and of that ensieWed / ca?   C xx vij°

  o   In a daye it happed that Corbagat thought that they of the
       toun had ouermoche lyberte to yssue onte & to entre agayn ·
Therfor he comaunded to a bataylle of his peple · in Whiche Were
·ij· thousand turkes Wel in poynt that they shold so longe assaylle
the fortresse of the brydge tyl they Were taken · & it happed so that
therle of Flaundres Was thenne Wythin the same fortresse · Thas-
sault beganne at sonne ryssynge moche fiers and moche grete · there
Were so many Archiers aboute it that none myghte sheWe his

ked atte cruelly / but that and it was couerd with arowes / they
that were within deffended them moche well in suche wyse that
they lost nothyng of the fortresse / And thassault endured tyl the
sonne went doun / The turkes departed alle wery. Therle of fflaū
ders doubted that they sheld come on the morn to thassault / ffor
they myght not longe suffre them there / therfor as sone as it was
nyght he put out alle his men preuyly / and sette fyre therin / and
brent the fortresse without fayllyng · The turkes had deuysed that
in the mornynge erly they shold haue begonne agayn thassault
e that two M / men more shold haue comen than had ben the nyght
byfore. It was not longe after that a Rowte of turkes departed
fro thooste of Corbagat / I wote not how many poure pylgryms
that wente pourchassynge yf they myght fynde ony vytaylles in
the countre / they toke them and brought them alle in the state that
they were in to fore Corbagat / whan he sawe them he moche despy
sed them · ffor they had no Armures / And but feble bowes of tree
Their swerdes rusty · their gownes and habillemens were old and
roten / Thenne sayd Corbagat by desdayne · Thyse peple seme well
men that shold take away fro the soudan of Perse his Empyre /
And conquere the londe of thoryent / Thyse shold be wel content
and payd yf they had breed and a gobet of bacon / their bowes ben
not stronge ynowgh for to slee a sparow / Now I shal saye to
you what ye shal doo / ye shal lede them bounden in this poynt as
they now be in · Vnto my lord the soudan that hath sent vs hether /
And telle hym that he dar not be sore aferd of thyse men · that be co
men hether / ffor we haue enterprysed and begonne warre ayenst
suche men as he may see / late me allone with this werke · ffor there
shal not abyde many of them / but I shal efface and destroye them
alle in suche wyse as there shal nomore be spoken of them · as they
had neuer be born / Thus lede they thoo cristen men vnto the sou
dan · he wende wel to haue don his honour / in this that he sente them
to the soudan / but it torned hym afterward to his shame / hym
thought a lyght thynge to vaynquysshe the cristen men whiche had
not yet wel assayed them /

Of the grete famyne and mesease that oure men suffred in the
cyte of Anthyoche beynge assyeged on alle sydes by the sayd Cor
bagat / Capitulo   C · xxviij?
o   N alle partyes was the cyte thus assieged / They of the toun
ne myght not yssue out for to pourchasse vytaylle for them

They were euyl at ease of this meschyef / A famyne aroos in the
toun moche grete & greuous for deffaulte of vytaylle / in suche wyse
that they ete camels asses & the horses · & yet toke they werse thyn
ges / Whan they myght gete it · ffor who that had founden a deed
hound or catte · they ete it delyciously in stede of grete delices · ffor
the hongry wombes made no dauger to seche suche as they myght
fylle them with · the grete hye and noble men · that were acustomed
to be moche honoured / had now no shame to come there wher they
ete suche mete / but wente oueral moche folyly · & demauded playn
ly such as they nede / The ladyes · gentil wymmen and maydens
had alle langour of hongre · They were alle pale and lene / Many
were compelled to begge and aske with moche grete shame · There
was none that myght haue so harde an herte · but that he shold ha
ue had grete pyte to haue seen it · ther were many men & wymmen
that aduysed them of what lygnage they were of born / that had
suche courage ferme in theyr hertes / that for none anguysshe that
they suffred of hongre wold not goo axe their breed fro dore to do
re / Thyse peple hydde them in theyr howses · Somme that knewe
it / dyde to them yet somme socour / But ther were many that deyed
for hongre that had not for to ete / There myght men see knyghtes
and other valyaunt men that had be to fore stronge and noble in
theyr werkes / that now were so feble and poure that they wente
by the stretes lenyng on theiz staues / and theyr heedes enclynyng
doun askynge breed for goodes loue / There shold ye haue seen the
lytil children that soke theyr moders pappes · And the moders
had nothyng to ete / But threwe them doun in the stretes to thende
that other shold norysshe them · With grete payne shold ye haue fou
de one onely man emong so moche peple that had suffyciently that
hym neded / ffor yf ony had be that had gold or syluer · It
auaylled hym nothyng · ffor he founde no mete for to bye with it ·
the barons and the hye prynces that were acustomed to holde the
fayr courtes / and to gyue mete and drynke to many men · they hyd
de them now · by cause none shold fynde them etyng ne drynkyng
they had gretter anguysshe in theyr hertes of this famyne · than
had the poure peple · ffor they mette euery day theyr knyghtes and
theyr men of theyr countrees that deyde for hungre · And they had
no mete to gyue to them / It were a long thyng to recounte alle the
meseases and the meschyefs that were suffred within Anthyoche
whyles thz tempeste endured / But so moche may wel be sayd · that
selde or neuer shal ye fynde in hystorye / that so grete prynces and

one so grete an hooste suffred sucke anguysſh of hungre

How the turkes felyng that our men were in sucke meſchyef
of hongre, enforced them for taſſaylle the cyte, ca? C. xxix

W Hyles that the Cyte was thus on alle partes aſſieged
with turkes. And the famyne ran so anguyſſhous. They
that were without, and knewe the euyl coutyne of our pe
ple lefte not to aſſaylle the walles alle the long daye. They of the
dongeon. And the other that cam in by the yate, cam and made
grete aſſaylles in the toun, they had made them so wery that oure
men myght not wel deffende them and vnnethe kepe the toun.
ffor whan they had defended them alle the longe day, at euen they
had nothynge to ete, wherof it happed that a tour by that ſyde whe
re our men entred was euyl kep, and on a nyght the turkes cam
withoute forth, And apperceyued wel that noman was within
the tour, thenne they toke laddres that they had made, And moū
ted vpon the walles, ther were xxx that wente vnto this tour for
to entre in, And this was at the begynnyng of the nyght. The
maiſter of the watche wente ſerchyng right there, And ſawe the
turkes comen vp there. And cryed treſon, treſon. And thenne
awoke fyrſt and ran theder harry daſque, and two of his coſyns
with hym, that one named ffranke. And that other Semer. They
were bothe of the toun called Mathale vpon the maſe. Thyſe thre
ſmote in emong the xxx turkes at theyr fyrſt comyng they ſlewe
four. They of the toures ſawe them but not ſo ſone, the other xxvj
turkes deffended them. But this dured but a whyle. ffor they of
the toures threwe them doun to the ground, where they braſt theire
legges and neckes. Ther was none that fylle but he was ded or
maymed. Ther was ſlayn Semer. ffor he was hurt with a ſwerd
thurgh the bely. ffrank was born away whiche was hurte peryl
louſly

How Corbagat ſente his men of Armes for to ſlee the mawon
ners that were at the porte, wherof oure men had a grete loſſe
Capitulo C. xxx?

H an the famyne grewe thus every day in anthyoche many
there were in the toun that had leuer be ſlayn than to abyde
thus the hongre. They put them in aduenture, e by nyght yſſued

oute of the toun / Whan they myght escape / After they wente to the porte of the see . Somme shippis there were yet of grekes and of hermyens that brought bytaylle , many ther were that bought it / And cam and solde it in the toun by nyght in hydles. Whan the turkes aperceyued this / many tymes they awayted them , & slewe many of them / Atte laste for to take away this lytil socour that they had / the turkes sente two thousand horsmen to the see / Whiche slewe alle the maronners and marchauntes that they founde . And brente their shippes. Somme ther were that laye at an anore in the see and they fledde / Thenne had our men loste alle theyr hope for bytayll / ffor the ples of the see · as Cypres / Rhodes , And other lyenge on the see side · As Cylyce · pamphyle and of other costes durste nomore sende theyr shippes theder , They of the toun of Anthyoche were now euyl demened / ffor to fore to them cam somme comforte of the marchauns. Now they had alle loste it / Whan the turkes retourned fro the see / they recountred our poure pilgryms whiche wente that way / they slewe them alle · sauf somme whiche hydde them in the busshes , Whan they of the toun herde tydynges herof how they were slayn / they were moche sorowful · ffor they had ouer grete anguysshe in theyr hertes as ofte as ony mesauenture fyl to their peple · In this poynt were they with in the Cyte and wold take none hede to theyr warde / ne wold not obeye to the barons / Whiche myght thenne doo to them no good / Thus were they in grete perylle /

How guyllem de grateuylle and his felawe fugytyfs cam in to Allexandrye the lasse , cā? ℂ xxvj·

¶ Wyllem de Grateuylle & the other that fledde with hym cam in to Allexandrye the lytyl. There they founde steuen therle of Chartres · Of whom they of Anthyoche abode his comynge fro daye to daye , ffor the barons and the mene peple supposed that he wold remembre how he departed / and retorne agayn / They tolde hym the grete sorowe of the famyne that was in Anthyoche · and to thende that they excused them of their departyng / truly the troutke of the meseale was grete · But they tolde moche more than it was , It was a light thyng to retorne this erle · ffor he had no grete talent te to for retorne · They toke counseyl bytwene them , & made theyr shippes to be in poynt and redy / And after entred in to them / and so wente to the see / and whan they had ben . I wote not how many

dayes in the see·they arryued at a Cyte of themperours of Con-
stantynoble Whiche as Was sayd to them cam With alle his hoost
moch greet and meruayllous of grekes and of latyns and hasted
moche for to goo to Anthyoche·he Was thenne in a Cyte not ferre
from thens named ffynempne·he Wold Well holde couenaunte
that he had made to socoure our peple With the peple of his Empy-
re·And ther cam in his companye Wel·xl·M pylgryms that
had abyden in his londe of the grete hooste by cause of sekenes or
for other causes·And grete nombre Were comen syth fro theyr cou-
trees for theyr pylgremages·Whiche durste not passe his londes
Vnto Anthyoche by them self·And thenne sie Wed themperour·
Whan the Erle stephen kneWe that the Emperour Was so nygh·
he Wente strayt to hym·And brought his felaWs coWardes With
hym·Whan themperour saWe them·he made grete ioye·And recy-
ued therle esteuen honorably·ffor he helde hym in passyng thurgh
his londe for a moche Wyseman and a Valyaunt and Was Wel ac-
queynted With hym·he demaunded hym moche ententyfly of the re-
menaunt of the barons·And sayde he had grete meruaylle·hoW he
Was thus departed fro their companye

HoW therle of chartres discoraged themperour of Constanti-
nople that he shold not goo and socoure our peple in Anthyoche
Capitulo   C·xxxij·

t The Erle ansWerd in this maner and sayde to themperour·
Sire the barons of ffrauce Whiche passed this yere by your
empyre·Whom ye recyued so curtoysly & With grete honour·Whan
they had taken Nycene Whiche they rendred to you·They passed
Vnto Anthyoche·They assieged that cyte Wel ix monethes·They
haue taken it entierly·Reserued a dongeon Whiche stondeth Vpon
an hylle Within the Walles·Whiche the turkes holde so strongly
that it is inprenable·They supposed to haue Wel exployted Whan
they had goten this Cyte·But thenne they fylle in gretter peryll
than to fore·ffor on the thirde day after that they entred·Cam cor-
bagat a puyssaunt prynce of perse Whiche brought so moche peple
that alle the countrey by Was couerd With them·Oure peple suf-
fred grete angoyssh thenne·ffor this Corbagat With his peple en-
uyronned them on alle partes in suche Wyse that oure men myght
not yssue·and dyde to them moche payne in assayllyng them With
out forth·And the dongeon made to them grete assayllees Within

forth by Whiche our men suffred grete meseafe / And also than-
guyssh of hongre Was so grete. that they had no poWer to defende
them. On that other syde / they had otherWhyle comfort of youre
londe / ffor the ples of the see. And also fro other portes cam som-
tyme vytaylle / that Was brought in to Anthyoche. But noW la-
te ben comen the turkes . And haue slayn alle the maronners
& the marchauntes that they fonde atte porte in suche Wyse . that
noWe ther dare nomoo arryue there, Wherfore they haue loste alle
theyr socours of vytaylle , And aboue alle this they of the toun
be greuyd nyght and day by them of the dongeon. ffor by the pa-
te vnder it the turkes may entre and yssue Whan it plesyth them /
We saWe that this Werke myght come to no good ende in this
maner. Wherfor We Warned them. bothe my self and thyse that be
in my companye Whiche be moche noble & Wysemen oftymes. that
ayenst the Wylle of god they shold not enterprise to conquere this
countrey, Bnt shold departe With the lest losse they myght. And
the peple that foloWed them / they shold coduyte in to such a place
that they sholde not be delyuerd to deth / Many tymes We sayd to
them in this manere , And neuer Wold they here vs ne byleue.
But mayntene theyr weerys. ffor ther be many emonge them in
Whom is lytil reson / We our self had ben deed yf We had abyden
there / ne We myght doo none honour to our lord ne to our prouf-
fyte. Therfor We departed. And commaunded them to god, Whiche
saue them and kepe for they haue nede / Ye syre to Whome I am
bounden in good fayth / I aduyse you that ye take counseyl of
your Wyse men to fore ye goo ony ferther, Trouth it is that ye be
the moost hye man of the World, But for al that ye haue not here
noW in your companye so moche peple as Corbagat hath aboute
Anthyoche . And ayenst one of you he hath seuen / therfore myn
oppynyon is yf the other so acorde. that to fore your men be put in
so grete aduenture. ye returne home agayn . For yf ye approuche
them / And that they haue achyeued theyr Werke in the Cyte. ye
shal fynde them redy / & the more ner ye approuche them / the more
shame and Vyle shal it be to returne fro them Whan ye be so nygh
them. thise thynges that I haue acouted to you. knoWe Wel thise
valyaunt men that be here With me / & also a grete parte maye ye
knoWe by this good man that ye delyuerd to vs that is Wete tan-
tyn your seruaunt Whiche is so Wyse and trWe Whiche departed
fro vs for many defaultes. that be apperceyued With vs Whan he
had sayd all this / themperour Was moche ameuyd of thise Wordes

187

With hym was a brother of Buymont named guyon that whan
he had herd therle Stephen thus speke / he was alle wroth and
angry / And as half araged / for despyte sayd al on hye / that he
sayd not the trouthe / But that they were departed as Cowardes
He had moo grete wordes / But guylle de gratemeuyl whiche was
a gentilman born of lygnage · And not of courage · And had to
his wyf the suster of the same guyon made hym to holde his peas
And blamed hym by cause he spak ayenst therle Steuen · And so
this guyon forbare hym

How by the warnynges of the sayd Erle / themperour · whiche
wold haue goon & socoured onr men · retorned shortly · ca · E lxxviij

8   Upon thyse wordes that themperour had herd / he wold be cou~
        seylled and called his Barons · And alle they acorded that
themperour shold retorne fro thens wher he was withoute goynge
ony ferther / ffor they thought it were better to remeue his peple
withoute peryll and hurte · than for to fyght in so grete meschyef
ayenst Corbagat · And to meue ayenst hym in hate aud in warre
alle the londe of tharpent / He byleuyd so fermely the wordes of
therle Stephen / that he doubted that the turkes had slayn them
of Anthyoche / And wold thenne goo in to his londe for to recyue
the Cyte of Nycene / And alle the londe of Bythynie · Whiche oure
men had delyuerd to hym / he wold garnysshe it / whan he departed
fro thens he brente and destroyed / alle the londe fro the cyne vnto
Nycene on both sydes · By cause the turkes shold not folowe hym
Uptaylle began to faylle hym · And so he muste retourne · Thus it
happed that by the wordes of this grete man / that so folyly depar
ted fro the other barons / themperour retorned · & the Cristen peple
beynge in Anthyoche lost so grete socours / by whiche myght haue
comen alle theyr delyueraunce in so grete necessyte · as they were
thenne · But consydered this that was gyue to be vnderstonde
to Themperour · yet he dyde not / Bnt his cuoyre · Certaynly it
was the werke of our lord · ffor yf this Emperour that cam with
his peple and grete power of men al fresshe had reysed the siege / &
discomfyted the turkes / oure lord shold not haue ben so honoured
ne thanked / And yf of the trauaill that the barons and the other
pylgryms had suffred · themperour that come laste shold haue had
the vyctorye · theyr payne shold not haue ben so wel guerdonned /
Therfor onr lord suffred that themperour departed / And that the

Werke shold be accomplysshed as ye shal here to his glorye·and ho
nour of his peple,

How oure peple of Anthyoche beyng aduertysed herof were all
discouraged· And Corbagat enhaunced in pryde, ca° Clxxxiiij?

r Enōmee cam in to anthyoche that thēperour that was appro
ched by the wordes of therle Stephen of Guyllem de grate,
mouyll· And of theyr felaws was torned back·They had on alle
sydes auguysshes· But thyse tydynges empoysonned them alle·
And put them as in despayr·thenne began they to curse the Erle
Stephen and alle his companye that had taken fro them so grete
ayde·Corbagat that had knowleche that Thēperour cam · had
moch doubte of his compny·ffor it was a grete thyng of the puys
saunce of thēperour·Now was he certayn that he was retorned·
Wherof he had moch grete ioye in his herte·he was risen in a moch
fiers pryde·He ran the more asprely on them of the toun , Oure
men in the toun were so abasshed·that them semed wel that oure
lord god had alle forgete them·They lete them falle in despayre·
And wold not endure no trauaylle that apperteyned to the defen
ce of the Cyte·Alle hydde them in theyr howses·On a day it hap
ped that Buymout whiche had alle the power of thoost had to
doo with men·ffor thassaultes withoute forth and for thassaylles
within forth·He dyde do crye on peyn of deth that alle shold come·
And there cam none·He sente his men for to fetche them in theyr
howses and somone them to come· And none wold come oute·He
was abasshed· And thought what he shold doo·Atte laste he sette
fyre in the toun in dyuerse places · And thenne yssued in to the
stretes grete rowtes·Buymont sawe them and sayd to hem his
commaundement·And bad what they shold doo·they dyd it·A
worde sourded in the toun that many knyghtes and Barons
had had counseyl pryuely emonge them that they wold yssue
oute of the tonn by nyght · And leue the pepole withim ·
And wold doo the best they myght and drawe them to the porte·
for to entre vpon the see·The duc Godeffrey knewe this worde·he
sente hastely for the bisshop of puy·And alle the barons and grete
partye of the knyghtes ·and he fylle at theyr feete & reqnyred them
for the loue of god that they wold neuer thynke suche a thynge·
ffor yf they dyd so·god shold hate them· And they shold lese theyr
sowles · as men that were in despayre of the mercy of oure lord

And on that other syde in the World.they shold lese their honour
for euer and also theyr lygnage Whiche had nothyng forfayted
And shold be shamed euer and poynted With the fingre.The lon
des out of Whiche they yssued shold be the lasse renomed and lasse
preysed as long as the World shold endure.Of alle thise departyn
ges myght they neuer recyue good Worde ne honoure.By thyse
Wordes and by the prechyng of the bisshop of puy they loste this
euyl talente alle that had be in this enyll purpops.But they be
gan to affeble in the toun for honger and mesease . in suche Wyse
that they abode not but the Wylle of oure lord. Ofte cam in theyr
remembraunce What goodes,Rychesses and grete cases they had
lefte in theyr counntres for the loue of the seruyse of oure lord.
And now yelded he to them suche guerdon that they deyed euery
day for honger. And kept hem not fro thyse dogges cruel.Which
byleuyd not in hym but they sle We and beleded them in despyte
& reprouche of the Cristen fayth. In this maner Wold they chyde
With our lord often as men that Wyste not What to do ne saye

How the spere Was founden of Whiche Ihesus Was percyd
on the crosse. And of the comfort that our pylgryms toke therby
Capitulo   C xxxV°

W   Hyles as they Were in this anguysshe therle herman an hye
     man of duche land Was in so grete pouerte,that duc godef
froy dyde do delyuer to hym euery day one loof of brede for pyte
Whiche Was not moche grete . But the Duc myght nomore gyue
hym, ffor he had not Wherof. Harry dasque Whiche Was one of the
beste knyghtes of thooste Was brought in so grete pouerte.that he
deyde for honger. It Were a long thyng for to recounte alltheir me
seases. But our lord that in alle his Werkes may not forgete mer
cy, sete to them grete cofort. ffor a clerk born in prouynce named
peter cam on a day to the bisshop of puy and to therle of tholouse
& sayd to them in moche grete drede. that the holy apostel seynt an
dreW had apiered to hym thryes in the nyght slepyng. & Warned
hym that he shold goo to the barons & saye to them, that the speer
With Which our lord Was percid in the syde on the crosse Was hyd
in the chirch of seint peter in the cyte the place Where it Was he had
certainly sheWd to hym, he said Wel p he Was not come for to saye
ne signefye them, but that seynt andreu had menaced hym at the
last tyme yf he dide not his message, he shold meshappe in his body

It was no merueylle yf the clerke doubted for to saye this, ffor he was a poure man and of a lowe lygnage, And but lytil let tred Thyse two hye men When they herd hym they brought hym to fore the other barons. They assembled them and they wolde that he shold saye to them the same wordes as he had sayd to them. When the other prynces herd this, they mysbyleuyd not the clerke, They cam in to the Chirche of seynt Peter. And sayd theyr confessions. And axed our lord mercy in teres wepynges, and waylynges, And repentaunces of theyr synnes. Thenne began to delue and dygg depe in the place that the clerke had shewed to them They fonde the spere lyke as he had sayd to them. Thenne had they a Joye emonge them so grete, lyke as euery man had had as moche as he myght, They ronge the belles. And this thynge was anon spred al about the toun. They ran alle to the chirche hastely. And sawe this noble relyque whiche was doluen out of therthe. Thenne were they recomforted alle both men and wymmen poure and ryche, as they had our lord emong them and seen hym there were thus many other good men that sayde certaynly that certeyn Vysyons of Angeles and apostles were appered to them, By thyse thynges the peple forgate moche of theyr meseases. The bisshop of puy and other holy men that were in the companye sayd to the pylgryms that oure lord shewe to them tokene and signe, that shortly he wold sende to them his ayde and his counseyl They concluded alle noble and Vnnoble, men and wymmen grete and lytil, And sware vpon the holy relyques, that yf oure lord wold delyuer them oute of the peryll in whiche they were. And gyue them Vyctorye of theyr enemyes, that they shold neuer departe fro this holy companye vnto the tyme that they had conquerd Iherusalem that noble Cyte where oure lord suffred deth for to saue his peple. And shold delyuer the holy sepulcre oute of the handes of the fals mysbyleuyng houndes turkes and sarezyns that kepte it in theyr power

How Peter therempte was sente by our men vnto Corbagat, the wordes what he sayd. And the answer of the sayd Corbagat Capitulo   C xxxvj?

They had suffred this famyne. xvj, dayes in the Cyte, In so moche that the people to whome our lord god had sente good hope in theyr hertes began moch to be comforted & fylle alle to one wyll in such wise that they sayd emonge them that it were good to brynge theyr mesease to an ende / Therfore was theyr compyn accorde that they sholde fyght with the turkes that had assieged them ffor them thought a fayrer thyng that yf our lord wold that they deyde in batayle. that they sholde doo it in deffendyng theyr cyte that they had con-querd to the Cristiente. than to languysshe and to fayle within without essayeng yf our lord wold ayde them / herof sourded a com-myn word emonge them that alle cryed bataylle batayle the ba-tayle. what they myght see ony of the Barons. Alle they sayde that they taryed alle to longe. This word was thus meued of the mene peple . The barons thought that this enterprise myght well come of our lord. And so by commyn acord they assembled in coun-seyl. they alowed muche this that the peple made this request and acorded that they wold sende to this proude prynce Corbagat pe-ter the hermyte whiche was an holy man moche wyse and wel be-spoken. And delyuerd to hym for felaw a valyaunt man named hellom trewe and of grete wytte that coude wel speke the langa-ge of the sarasyns. And specially the langage of perse. They char-ged them with the message like as ye shal here what they sayde to Corbagat. Thise two sad men to fore sayd dyde do demaunde trewes for to goo to the sayd Corbagat / ffor they wold speke with hym in the name of the pylgryms / hit was graunted with good wyll They wente out of the cyte and toke with hym good companye Whiche were assygned to them / they wente so ferre that they arry-ued at the pauyllon of this noble prynce Corbagat . They sawe hym sytte in moche grete bobaunce emonge his ryche men / Peter salewed hym nothyng ne made to hym honour ne reuerence. But spak herryng alle in this maner , This holy companye of hye & noble men / barons noble knyghtes and other. peple of our lord god / that ben yonder / within the cyte / sende to the & comaunde that thou departe fro this siege / & that thou nomore assayle them / but late them haue and kepe the toun in pees whiche our lord Jhesu crist hath delyuerd to them for to holde his fayth & for to doo hym seruyse. ffor seynt peter the prynce of thappostles / vpon the creaunce of whom our fayth is founded. hath conuerted it fyrst by his pre-chyng / And by the meruyllous myracles that he dyde / our peple hath conquerd it not long syth by the wyll and ayde of oure lord Vpon the turkes that haue holden it with wrong & by force a cer-teyn tyme. Therfor thou oughtest to suffre vs to enioye oure herytage / And returne thou in to thy countrey. and yf thou wilt not so doo knowe thou for certayn that within the thyrde day swerdes

ſhal fynyſſh· and· ende this debate. And· to thende that thou com-
playne not that. We deſire and wille the deth pourchaſſe of ſo moch
peple in comyn bataylle·they ſhal offre to the this/that is to We-
te·yf thou wilt fyght in thyn owne perſone·they ſhal ſende ayenſt
the·one al ſo hye a prynce as thou art·to whom thou ſhalt fyght.
And· whiche of you maye vaynquyſſhe aud ouercome that other·
ſhal conquere the quarelle for euermore without other debate·yf
this thynge pleſe the not/take certayn nombre of thy men·vj·x·or
xij/or as many as thou wylt/& our pilgryms ſhal ſette as many
ayenſt them· without ony moo of that one ſyde and· that other·
And· that they that ſhal wynne the feelde ſhal allewaye haue
the gayne of this debate .   Whan Corbagat herde this meſ-
ſage he was moche wroth and· angry and· had· grete deſdayne
and· deſpyte· Thenne he turned· hym toward· Peter and· ſayd·
to hym , Peter they that hath ſente the hether· ben not in ſuche
poynt as me ſemeth that they ſhold· offre to me for to chooſe of
theyr deuyſes. But they be brought by my puſſaunce and· ſtreng
the that they maye doo nothynge of theyr wylle , But I ſhall
doo with them alle my playſyre, But retourne thou and·
ſaye to thyſe muſardes and ſaye to them that haue made the to me
ue fro the Cyte and come hether·that they vnderſtonde not yet·the
maleurte that they be in , And· byleue certaynly , that yf I had·
wold· J had or now broken and deſtroyed this toun and ſette my
men therin by force·in ſuche wyſe that the criſten men had· be alle
ſlayn/men and wymmen/lytil and· grete. But J wyll that ye a
byde in more captyfnes and meſeaſe· dyeng & languyſſhynge for
honger/lyke as other houndes· And· whan it ſhal pleaſe me , J
ſhal entre in to the toun· & alle them that J ſhal fynde men and·
wymmen of couenable eage. J ſhal put them alle bounden handes
& feet in pyteos eſtate. And· ſhal lede them alle to my lorde for to
ſerue hym· And they ſhal be his eſclaues/Alle the other J ſhall
ſlee with the ſwerd·lyke an euyl tree that wyll bere no fruyt·

How the ſayd Peter retorned in to the toun·and wold openly
haue ſayd· his meſſage/& of the ſubtyl counſeyll of the duc whiche
wold not ſuffre it /·   C·xxxvij·

p Eter therempte vnderſtode his pryde whiche was grete and·
   of the grete quantite of peple that he had· , And· alſo of

                                                          11 4

his Rychesses Whiche Were ouer moche/Thenne he departed/ and cam agayn in to the toun. he Wold haue sayd the message of Cor- bagat openly in the presence of them that Wold here hym/ffor the der ran grete and smale. But the duc Godeffroy that Was moche Wyse and kneWe moche. dreWe hym a part and called only the ba- rons and bad hym saye that he hath founden. he recounted to them alle. as he that had Wel retryned in his mynde/ & coude saye and Vtter it in the beste manere. The duc doubted that yf the peple had herd this grete pryde and the menaces that Corbagat had sayd/ that they shold be ouer moche abasshed and feerd. Therfor he com- maunded to Peter that he shold saye none other thyng/ But that only Corbagat desyrd and demaunded the bataylle ayenst them. And that they shold make them redy. Peter acorded Wel therto. And sayd to them lyke as the duc had commaunded hym/ And Vnnethe Peter had sayd the Worde/ But that alle cryed With one Voys/ And We Wylle also the bataylle ayenst hym in godes na'- me. They sheWde Wel by thyr sight and semblaunce. that the desy- re of the bataylle Was grete in their hertes. Alle their meseases Were forgotyn for ioye to haue the Vyctorye. The Barons Whan they saWe that theyr peple made suche ioye they Were moche glad And moche the more trusted in them. By commyn counseyl they or- deyned the day of the batayll on the morn/ And that thus Wold Corbagat haue it. they byleuyd it Wel. And hastely Wente eue- ry man to his lodgyng. There ye shold haue seen Armourers put in poynt. hauberks and helmes fourbousshed /Swerdes and custrel- lis Whette/ This nyght slepte they not in the toun noman. They that kept the hors toke good hede this nyght/ And made alle thyn- ge redy. As soone as it Was nyght. It Was cryed Vpon peyne of deth that alle man shold be in the mornyng to fore the sonne ry- synge alle armed as he best myght/ And draWe hym in to the ba- taylle Where as he Was ordeyned/ And that euery man shold fo- loWe the baner of his Captayne. Whan the spryngyng of the day apperid in the mornyng the men of the chirche Were redy for to syn- ge masse. And songe deuoutly. They that shold goo to the batayll Were confessyd. and alle receyued the bodye of oure lord. Which gaf to them surete of body and of soWle. Alle rancour and Wrath Were entierly perdonned. by cause they Wold be in parfyght chary- te. And therin do the seruyse of our lord Which sayth in the gos- pell. In this shal alle men knoWe that ye be my disciples. yf ye haue loue and charyte emonge you. Whan they Were thus redy,

oure lord sente to them his grace. Which gaf to them so grete hardi
nesse that they that were the daye to fore so ferdful, feble and lene
that they myght not sustepne them self for feblenesse. becam
stronge and delyuer in suche wyse, that the armes that they bare
weyed nothyng as them semed. and were hardy and vygorous.
so that ther was none so litil but he had talente to doo grete thyng
in the batayllle. The tyme cam that the bisshops and alle the other
men of the chirche were reuested as for to synge masse. they helde
the crosse and the saincuaryes with whiche they blessyd the peple
And recommaunded them to god. They graunted pardon and re
myssyon to them of alle their synnes. yf they deyde in the seruyse
of our lord. To fere alle the other the bisshop of puy prechyd and
spak to the barons. And prayde them that they sholde thyncke to
auenge the shame of our lord Jhesu Criste. that thyse vntrewe sa
rasyns had don to hym so longe in withholdyng of his heryfage.
Atte laste he blessyd them with his hand. and commaunded them
to god deuoutly

¶ How to fore er our men departed, they made redy theyr bataylꝉ
les right wel in poynt, & of the nombre of them. ca°. C.xxxviij.

ON the morn erly our pylgryms assembled, as it was or
denyed & deuysed the thyrde day to fore thentre of Jnylle.
to fore the yate of the brydge, to fore thyssue oute of the
yate. They had theyr batayllles ordeyned and deuysed lyke as
who shold goo to fore. And who sholde come after. The fyrst ba
taylle had huon le mayne broder of the kynge of ffrauuce. And
with hym Ancean de Rybemont. And the other barons and
knyghtes of theyr countrey, They thought wel that the men that
they ledde shold not lyghtly be discomfyted. therfore wente they
first for to perse in the better to fore. The seconde batayll ledde Ro
bert therle of fflaudres, which was called the ffryson, he had none
other in his batayllle but peple of his owne countree. The thyrde
batayll ledde Robert the Duc of Normandye with his neueuw
Which was moche valyaunt therle steuen of Aubuale, And alle
them of his owen coutrepe, The fourth batayll was delyuerd to
the bisshop of puy, whiche had don of thabyt of the chyrche and to
de vpon a good stede, the helme laced. And he bare in his hond the
holy spere of Which oure saueour Jhesu Criste was perced in tho

syde and conduyted vygorously the batayle of therle of tholouse
Whiche Was not there. The Erle Reignald of toul had the .v. ba-
tayle. Wi_h hym Was peter de stadenous his broder. Therle Gar-
nyer of grete. Henry dasque, Reynart of Anmellac, Gaultier of
domedart. In the .vj bataylle Were Rembold the erle of Orenge.
Lops de mourous and Lambert sone of Euenam de Montagu.
The .vij, bataylle ledde the right valyaunt Godeffroy duc of Lo-
reyne, With hym Was Eustace his brother, And them that he
brought out of his countrey. The .viij. bataylle conduyted the no-
ble Wyse and Wel preuyd, Tancre With the men that Were delyuid
to hym. The .ix. bataylle ledde therle huon of seynt poul. Aniaram
his sone Was With hym, Thomas de coure, ba rd Wyn de bourgh.
Robert frtz gerard, Regnauld de sauuaus, And Gales de cha-
mont. The .x. ladde therle of Perse. And had With hym Euerard
du puyssat Droon de moncy, Raoul frtz godeffroy and Conayn
the bretyn. Of the .xj. Was Cappytayn Ysachar therle of dyo With
hym Were Remon pakes, Gaste de kedyers, Gyrard de Roussylon
Guyllem de monpellyer. And Guyllem ameneux, The .xij. and
the laste in Whiche Was moost peple Was delyuerd to buymout
And Was ordeyned that he shold goo socoure suche batayles, as
had moost nede. Therle of tholouse Whiche Was merueyllously se-
ke lefte they in the toun for to kepe fro the turkes in the dongeon,
ffor yf ther had be no garde, they myght haue sprongen and haue
slayn alle the seke men Wymmen and children and the feble men
that aboce byhynde in the toun, of Whom ther Were grete mombre
in theyr herberous, They had made as I haue sayd to fore vpon a
lytil certre a stronge Walle of chalke, in Whiche Were ordeyned
places for to dresse engyns. Whiche Were al rdy for to caste, They
had left, ij. C. men of Armes noble and hardy for to deffende this
paas fro the turkes Whiche Were on hye on the dongeon

How Corbagat Was aduertysed of thyssue of oure peple and
sente his Archiers for to deffende the brydge. And how they Were
disconfyted. Capitulo,   C xxxix.

W   Han they had thus deuysed theyr batayles, in euery ba-
        tayll they had sette men on foote. It Was acorded emonge
them that they a foote shold goo to fore. And the knyghtes that
cam after shold kepe them. It Was deffended and cryed on payne

of deth that none sholde be so hardy that shold entende to ony gayn
As longe as ony turke offended hym, but Whan oure lorde hade
gyuen them the Byctorye. Thenne shold they retorne and myght ta
rye to take & gadre the despoylles. Corbagat fro the begynnyng
of the siege of the cyte had alWaye doubte & grete suspection that
our peple shold sodanly come Bpon his hoost. And specially syth
that peter therempte had be With hym in message. And therfor be
hade commaunded to them that Were in the dongeon, that yf oure
men thought to yssue they shold so Bne a busyne. And sette oute
a baner Where they shold yssue, Wherof it happed that Whan thyse
Batayles Were renged to fore the gate to fore they yssued aboute
the houre of pryme, They of the tour made the signe like as they
Were commaunded. Corbagat Bnderstode that our men cam. And
anon he sente tWo thousend Archiers to the brydge to kepe it
that they shold not passe. Whan the turkes cam theder for to mayn
tene the passage, they descended alle afoote. The gates Were opened
onze men yssued after thordenaunce that Was deuysed. Huon le
mayne With alle his Batayle cam fyrst By to this paas. Whiche
Was kept With his enemyes, his archiers and men a foote taryed
a lytil and myght not passe in no Wise, Whan huon the noble man
apperceyued this he smote the hors With the spores and so smote
in on bothe sydes, that it Was to late for the turkes a foote to ta-
ke theyr horses. Thenne torned they fleyng defendyng them & sho
tyng With their boWes AnceAn de Rikemont rode ayenst them and
bete and helde the roWte so shoort allone that his men that cam after
hym myght come and smyte in emong them and delyuerd many
And oftymes be plunged so depe in the presse that certaynly our
men had supposed he had ben lost. but Whan he cam agayn he disco-
uerd hym Wel and made large place about hym. Alle men behelde
hym, he gate there moche grete honour and prys. Huon le mayne
forgate not his sWerd. And be dyde so moche that our pylgryms
had by hym good luck and hope at this fyrst assemblee. Therle of
fflaundres and the duc of Normandye With the Balpaunt erle of
benaWd cam to this chaas. The Archiers of the turkes that so
fledde Were so euyl mened, that they Were but a feWe Whan they
retorned in to thoost, Our men foloWed them tyl nygh theyr lod
ges, many of them they bete doun that neuer releuyd.

How oure men reioysed them of a deW or rousee descendyng

o   Ne thynge happed Whan oure men yssued out of the toun∣
that ought not to be forgoten, ffor Whan thyse Archiers We∣
re disconfyted . the latynes cam after in theyr ordenaunce a softe
paas, Thenne began to falle a rayne or a deWe . so sWete a rouset
Was neuer seen, It semed to euery man Verytably. that it Was the
benediction of our lord and the grace of heuen that descended Vpon
them' Auon they Were as fressh & al so light as they neuer had
suffred mesease . This refresshment Was not only in the men. But
alle theyr horses Were anon so stronge so fresshe and so rioyred,
As they had had al Way al that Whiche Was nedeful for them .
This Was moche apperceyued that daye certaynly. ffor the horses
that many dayes had nothyng to ete sauf leeues of trees and stoz
ckes or Ryndes Were in this bataylle moze stronge and moze pe∣
nyble' than Were the horses of the turkes. Whiche had alWaye as
moche as they myght' The Capptayns acorded that they shold dra
We them toWard the montaynes Whiche Was fer fro the Cyte Wel
.ij. myles, ffor yf the turkes Whiche had moch grete plente Wold
goo theder Ward, they shold be bytWene oure men aud the toun
and shold close them in. In this maner Wente one bataylle to fo∣
re another Withoute this' That one toucked another in ony Wyse,
Whan the turkes saWe them alle. they merueylled and Were abas∣
shed. ffor they had supposed, that they had not be but a feWe encl∣
sed in the toun, NoW they semed by the myracle of our lord that
they Were as many of them, as Were of the turkes and yet moo .
Emonge the men of armes Were the men of the Chirche reuested
With aWkes and stooles they that Were preestes. And the clerkys
in surplys & eche of them bare a crosse in his hād they that Were
abyden in the toun Were on the Walles reuestyd also in prayers
and orsons and teeris axeng mercy to oure lord that he Wolde
haue pyte of his peple, And saue them that day & that he Wold
not suffre that his name and his fayth shold torne to reproche by
the mescreauntes and hethen peple

        HoW Corbagat ordeyned his batayes' And hoW the tWo
hoostes marched togydre in bataylle.   'C.xlj.

b   Y the signes that they of the dongeon made to them of thoost
and by the tydynges that the Archiers brought, Corbagat

kneWe and vnderstode certaynly·that oure men Were yssued oute
of the Cyte and cam toWard hym for to fyghte·Thenne of this
that he Was thenne adcerteyned,he hadr desdayne to fore and hol=
den it for mocquerye·he toke counseyl of his Barons·And hastely
ordeyned his Batoylles·by the counseyl of his Wysemen· And spe
cially of them that Were born in Anthyocke·of Whom he had ma=
ny With hym·He made a Bataylle of moche grete plente of knygh
tes the beft and mooft hardy that he had,This Bataylle delyuerd
he to Solyman·of Whom ye haue herd in dyuerse places to fore·
He commaunded that they shold draWe them toWard the see · to
fore er our men shold haue taken, and pourprysed alle the·playn
bytWene the montayne & the Cyte·This grete Bataylle cam thene
to fore· And Was ftaked as bytWene tWo toWnes and closed·
His other Bataylles he sette in ·poynt by leyser · And· made that
one to goo to fore another as he that knoWe ynoWgh of the fay=
tes of Warre;·And after spak to the Cappytaynes and sayde to
them·that they shold mayntene them as hye men and good knygh
tes·and not to be aferd ne esmayed of thysel Captyues·men enfa=
myned euyll armed·and all to Brused of the grete trauaylles that
they had suffred·Whan our men had pourprised entierly the playn
in such Wise that they doubted not to be closed in· They approuched
so nyghe the turkes · that the turkes myght shote at them , They
made theyr trompes and Busynes to soWne lo Wd· And spored
their horses the thre fyrft Bataylles to gydre,Wel founde they that
reqyued them· ffor the turkes Were grete men and Well armed·
Our men dyde right Wel in this compnyg on· The frenffhemen·fle=
mynges conteyned them vygorously in brekynge the presse·But
thenne cam so grete roWtes of turkes,that it behoued the other ba
taylles of our men to assemble haftely·for to socoure the thre firft
Bataylles · They Were alle at the medle · sauf the lafte Bataylle
Whiche Buymont condupted as ye haue herd·There shold ye haue
seen fiers skarmoche of sWerdes of maces & ayesse·the malles We=
re so grete and strokes,that ye shold not haue herd yf it hadr thon=
dred· The duc godeffroy saWe a Bataylle come WheRe in Were moo
men than ony of the other· Well thought he that yf that Were dis=
confyted, The other shold be moche abaffhed·he dreWe thederWard
Ano smote in them afprely and vygorously·there dyde he & his fe
laWfhip moche Wel and· so valyauntly that they fleWe many
andr heWe of hedes andr armes in suche Wyse that the felde lay
ful of dede men·of hurt andr Wounded in so many that the turkes

myght no lenger suffre it ne lenger endure/ But were discomfy=
ted and were put to flyght. Solyman that had the grete bataylle
as I haue sayd to fore, apperceyued fro ferre his men conteyned
them. But febly And approched and sawe the bataylle of Buy=
mont/ Which yet had not be in the medle with the other/ he adressid
hym thedre. And dyd do shote at hym grete plente of Arowes at
the approuchyng. But after they benge theyr bowes on theyr ar=
mes. and ran vpon them with axes and swerdes/ And smote so
sore on them that almost they tourned the heedes of theyr horses.
ffor they myght not abide so grete estour ne so sharpe of so moche
peple. The duc Godeffroye knewe & sawe them fro ferre/ & drewe
hym diligently to that parte. Tancre toke hede also of his Vncle. &
cam dilygently to socoure hym at the comyng of them two which
brought many men with them was Solyman discomfyted. and
muste parte fro the place. But the turkes had made redy fyre gre
kyssh, And threwe it in to the grasse which was longe and drye
in the felde/ Our men thenne departed for the smoke which was
blak and thycke/ whan the turkes sawe that they on horsbak we
re withdrawen. they ran vpon our men afoote and slewe many of
them. our men that were on horsbak were yssued out of the thyck
smoke and herde the crye of them that they so slewe/ And smote
the horses with the spores and camen agayn alle/ And alle them
that they founde of theyr enemyes they bete and slewe. and put
to flyght So ferre they chassed them betyng and hewyng them.
that they cam to the grete multitude/ which thenne were discom=
fyted and put to flyght,

Of the fleynge of Corbagat/ And of som turkes gadred to gy=
dre. And agayn discomfyted by our men. ca?   C xlij?

i   N this partye where the batayle had bee. Was in a valeye/
        As where descended in to the see a lytil brook or rennyng
water vnto that place had our men chassed the turkes/ And there
they drewe and assembled them agayn vpon a bertre right hye/
And made do sowne theyr trompettes and busynes for to brynge
their peple to gidre but our men that thene had not to doo in none
other place camen alle to them/ Huon le mayne, Therle of fflaun=
dres. The duc of Normandye, the Duc godeffroy. Buymont and
Tancre. And they that were with them. began moche myghtely to

assaylle theyr enemyes·thurgh the Water so fiersly and by so gre=
te hardynesse and force that they passed ouer·and sodanly ran on
that hylle Where they Were on . And made them to descende doun
mocke peryllously·fro thenne the turkes had none hope · to abyde
no longer on the felde ne on the champayns but euery man Wen
te and fledde here and there Where he myght and thought beste ·
Corbagat the lord of the hoost·fro the begynnyng that the batayl
les assembled·had eschewed the peryll / And was WithdraWen
Vpon an hylle a ferre of·for to see the ende·he sente of his messagers
for to knoWe hoW his men conteyned and demened them /Wher=
fore he abode there/ And saWe hoW the turkes cam alle disconfyted
Without kepyng araye ne ordenaunce of Batyylle·his frendes that
Were about hym sayd to hym / Syre ye see Wel at this tyme hoW it
gooth·therfore thynke ye dylygently for your self / And departe
hastely fro this place . he thenne Wente his Wayr and fledde as
hastely as he myght·he had so grete fere and drede in his herte that
he durst abyde in no place·he passed the Ryuer and flood of Eu=
frates/ And by the rennyng of his hors he WithdreWe hym as fer
as he myght·Whan his men kneWe that they Were Without Cap=
tayne they Were mocke abasshed·thenne thought none of them of
other·but euery man dyde the best he coude or myghte to saue hym
self·& fledde alle as mocke as they myght /Our Valyaunt barons
Whicke that had sore trauaylled theyr horses durste not foloWe
them ouer ferre·lest theyr horses myght faylle them / Tancre With
a companye of four thousand foloWed·sleyng and ketyng doun
alle them that they myght atteyne· ffor the fere and drede Was so
grete in the hertes of the sarasyns that·y·men myght haue chas=
sed /V/C·sarasyns·Ther Was it euydently proued and shewd·that
there is no counseyl·ne none maye be gyuen ayenst our lord god /
And that our lord forgeteth not them . that haue stedfast hope in
hym·ffor a smalle peple poure · and as alle dede for honger ·
Whicke Were come fro fer countrees and londes by the ayde of Ihe
su Criste Vaynquysshyd alle the poWer of thoryent in theyr oWne
londe and countree Which Were so grete plente of peple garnisshyd
and replenesshyd of alle that they had nede of

Hoth our peple retorned fro the chaasse·and Wente to the pilla=
ge and of the grete Rychesses that they fonde·ca° ☞ C·lxiij?

☞ He Batayll Was thus fynysshyd·in sucke Wyse that the pil
   gryms had the Vyctorye / They Wente strayte to the lodgyses

of the turkes there founde they so grete Rychesses of golde of syl-
uer of precious stones of vayssell of dyuerse facōs/ tapytes and
clothes of sylk so moche that neuer man myght Wel preyse. Oxen
sheep. and kyen Were there grete plente. Whete and mele gwnnden
of Which they had grete nede. ther Was so moch that all they Were
encombred/ to bere it/ They Wan horses in this discomfyture good
and fatte so many that they Were abasshed/ of the grete multitude
that Was there/ They toke and gadred the despoylles and the ten-
tes. Wherof they had so grete rychesses/ that of suche an hoost Was
neuer none seen more faire ne ryche, And this cam to them mer-
ueylloussy Well to poynt/ ffor alle theyr tentes & theyr pauyllons
Were holly rotten/ Wymmen Childeren and other peple Whiche ba-
re none armes they founde ouer many in the lodgyses Whom alle
they brought in to the cyte Emong the other thynges. the barons
assembled them for to see the tentes of Corbagat Whiche Was
merueyllous · ffor it Was made in the forme of a Cyte/ It had
to Wres and crestes of dyuerse colours Wrought With fyn sylke.
ffro the mayster palays Were aleys in to other tentes lyke to stre-
tes in a grete toun · Ther myght sytte in the grete halle moo than
two thousand men/ Whan our men had reueilled thus the ryckes-
ses and despoylles/ they alle made grete trusses full of ryche thyn-
ges and charged them on theyr horses and backes and/ entred in
to the Cyte of Anthyoche. yf they thenne Were glad and/ ioyous
It Was no merueylle · ffor in longe tyme to fore. fylle ne happed
suche aduenture in Crystiete/ They rendred & gaf to our lord/ many
thankes and graces of laWde With alle theyr very hertes humbly
and deuoutly. ffor Wel kneWe they that alle Was comen fro hym,
The turkes Whiche Were in the dongeon had/ Wel seen that theyr
peple Were vaynquysshyd/ And had/ none hope thenne to be resco-
Wed/ ne of no socoure. Therfor anon as the barons Were entred in
the cyte they made them to speke and trete With them. And acor-
ded to gydre that they alle sholdd take theyr Wyues and childeren
and bere With them suche goodes as they had/ and rendre and gy-
ue ouer the dongeon. The baners of our barons Were sette aboue
on it thenne. The Werkes of our lord Jhu crist ben moche hye and/
merueyllous · ffor fro right grete pouerte · cam oure peple to ouer
grete rychesses in so short a tyme, It is moche good to affye and/
truste in hym that hath such poWer and myght. It Was merueyl
of the disease & pouerte that our barons had suffred/ The valyaūt
Duc godefroy Was brought to this poynt at the day of the batayl

that he had not wheron to ryde / But he must praye and requyre
moche swetly therle of tholouse , whiche remeuyd not oute of the
toun that he wold leue to hym an hors , but he had grete payne to
gete it . he had despended alle his hauoyr and good entierly for to
susteyne the pour gentilmen · in suche wyse that he had nothynge
hym self . There were many knyghtes that rychely were come in
to the hoost atte begynnyng . that were brought to so grete pouerte
that this day they rode on asses . and on pour mares · And many
hye men as knyghtes valyaunt and hardy myght not cheuysshe
for to ryde . but wente afoot emong the foote men . where they helde
moche wel theyr place / ffor they mayntened and taught the mene
peple how they myght doo to theyr enemyes grettest dommage .
The powere of perse was moche affebled this day · For ther were so
many slayn and deed / that alle therthe ther aboute was couerd ·
The nombre of them that were slayn was neuer verytably , kno =
wen / Moche was chaunged the state of our men . ffor he that in the
mornyng issued oute alle poure in suche wyse that he had not for
to ete / At euen he entred in to the cyte ryche of good and of vitayl
les , in suche wyse as he myght haue holden a grete court and com =
panye . This good aduenture whiche honoured alle cristiente / and
specially the Royamme of ffraunce happed the yere of thyncar =
nacion of oure lord · M . lxxxviij · the · xxj · day of the moneth of
Juyn ,

Of the fayre ordenaunces that oure peple made in the chir =
ches of Anthyoche · And in other townes by , after this vyctorye
Capitulo   C xliiij ?

Syth that the barons were retorned fro the bataylle , and the
thynges of the cyte were wel ordeyned · By the counseyl
of the valyaunt bisshop of puy and by the prelates that were in
the hoost was acorded by them alle · that the chirches of the toun
were entierly made clene . And ordeyned to doo the seruyse of
oure lord God · And specially the chyef cathedralle chirche ,
whiche is founded in thonour of seynt Peter . They establysshed
therin clerkes and curates that sholde serue in the chirche . And
other to gouerne and kepe the holy places clene / ffor the false
and vntrewe sarasyns had defowled them . They had sette in the
chirches somme theyr kyen · Oxen and sheep · And other theyr
horses and asses , The comyn wymmen and cuylle knaues
had made theyr ordure and fylthe in them that it was pyte to
see , And also they defowled thymages of Jhesu Crist of our lady

and of other ſayntes With fylth·myre and ordure·And lyke as
they had ben a lyue·they had draWe them and cut of theyr noſes,
and pycked out theyr eyen· The barons and alle the pylgryms
acorded that there ſhold be ordeyned and eſtablyſſyd rentes to
the clerkes that ſhold ſerue in the chirches · there Was offerd
gold & ſyluer ynoWgh·for to make croſſes & chalyces·And alſo
clothes of ſylk for to make agayn veſtemētes for men of the chir
che·aud aournementes for aulters · The patriarke of the toun
Whiche Was a greek named Iohan·they ordeyned and ſette hym
agayn in his place With moche more grete honour and ſolempnys
te·The turkes had caſte and put hym oute With grete ſhame and
had don to hym many cuyllis for the fayth of our ſauyour Iheſu
Criſte that he helde in the Cytees kepyng aboute Anthyoche·Oure
men ſette biſſhoppes in the cytees Where as none Were at that tyme
But in Anthyoche Where as·they fonde one,they ſette none other
til afterWard that the good man apperceyued that he lytil prouf
fyted there·by cauſe the latyns vnderſtode no grekyſſhe langage·
And lefte his dygnyte,and Wente in to conſtantynoble·With his
good Wyll Without ony forſe or conſtraynt·Thenne aſſembled the
men of the chirche· And they choſe and elected for to be patriarke
the biſſhop of Tarſe·Whiche Was named bernard born at Valence
He Was comen With the good biſſhop of puy,And he had made
hym his chappellayn·he Was made patriarke , The Seygnorye of
the Cyte graunted alle the barons to Buymont lyke as they had
promyſed and couenaunted ſauf the Erle of tholouſe Whiche helde
the pate of the brydge, & I Wote not hoW many dayes he had gar/
nyſſhed it·And in no Wyſe Wold gyue it ouer·But ſayde that it
Was his parte·And by cauſe that Buymont to fore Was called
prynce of the peple of his contre· Therfor that name abode to hym
& to alle the lordes after hym of the Cyte·and ben alWaye called
Prynces of Anthyoche

HoW our peple ſente ambaſſadours to themperour of Conſtan
tinople for to ſomone hym to come and ſocoure them as he had pro
myſed·Capitulo   C′ lvᵒ

 ᵗ   He tydynges Were thus ordeyned in the cyte as I ha
         ue deuyſed to you·Thenne Was the counſeyl taken
         emong the barōs that they ſhold ſede to themperour of
         cōſtātinoble for to ſomone hym by his fayth that acor
dyng to the couenātes that he had made to them that he ſhold not
tarye but come in his propre perſone for to helpe them· & ſpecially

at the siege of Jherusalem to Whiche they entended/ for to goo /yf
he Wolde not/ thenne knewe they that he Wolde not forthon holde
his couenauntes that Were made With hym /ne kepe them . And
for to doo this message they chaas huon le mayne broder to kyng
phelip of ffraunce and bawd Wyn therle of hena Wd. Thyse two de
parted fro thoost for to goo vnto Constantinoble. But in the Wa
ye certayn turkies assaylled them / in Whiche medle Was lost therle
bawd Wyn in suche Wyse that neuer after Were tydynges herd of
hym. Somme sayde that he Was slayn there/ And other sayde that
he Was taken and ladde in to ferre countrees · But the trouthe
of hym Was neuer knoWen /huon le mayne escaped alle hool With
out hurt .and cam vnto constantinoble to themperour· but there he
empeyred moche his renommee/ ffor he that Was of so hye lygnage
And al Way had ben in thoost/ large ·Wyse· noble· and a moche va
lyaunt knyght/ had thenne no regarde to them that sent hym /ne
Wolde not retourne to them agayn· but departed fro themperour
and Went strayte in to fraunce / hit Was a gretter blame in hym
than in a lasse man /Whyles the pylgryms soiournred in Anthy
oche a mortalyte and deth sourded and roos emong them so grete
that ther Was no day but there Were /xxx· or /xl· biers in the chir
ches / It Was so grete that euery man aWayted presently the deth
there Was none that supposed to haue escaped /Thenne happed a
grete dommage in thooste. ffor the Valyaunt man of grete trouthe
and of hye counseyl deyde that tyme, Aymart the bisshop of puy
ffor his deth Was grete soroWe thenne thurgh the toun· he Was en
tered and honorably buryed in the chirche of seynt peter, Where as
the spere that opened the syde of ouze lord Was founden /he Was
moche beWaylled as the fader of thoost. After deyde a right Valy
aunt knyght a treW Wyseman and of grete courage henry dasque
in the castel of torkesel /Where he soiourned and there he deyde and
Was buryed. In the same place /reynard de mollac a good knyght
and of hye lygnage deyde in Anthyocke· he Was buryed in the
porche of seynt peter· Alle the Wymmen that Were in the toun de
yed by this pestylence sauf a feWe/ in such Wyse that of this lytil
peple deyde in a lytil Whyle in this toun· L· M· men and Wymmen
The occasion of this mortalyte Was many tymes demaunded of
the fisiciens & Wyse clerkes. The somme sayde that thayer Was cor
rompled/ The other sayde that the peple had had ouer longe moche
anguysth of hongre & of thurst / And Whan they cam therto & ple
te of Vytaylles /they toke therof ouer oultrageously/ By Whiche

122

they ranne in a grete Infirmyte and sekenes . This shewde they
euydently by them that ete but lytil and by mesure/ffor they that
so dyde cam lyghtly to conualence and helthe

How the pylgryms of thoost desired to goo vnto Iherusalem
for to eschewe the mortalite · & taccomplisshe their vowe/ca. C xlvi?

THe pylgryms for teschewe the mortalyte of the toun . &
also for taccomplysshe their pilgremage began to crye for
to goo to Iherusalem·ffor therfor were they departed out
of theyr countrees/They moche prayd the barons that they woldz
make them redy·and dylygently lede and conduyte them theder·
The barons that myght not be in reste for theyr requestes/assem ꝛ
bledz and hadz counseyl on this mater. Somme sayde·that it were
good that they shold anon go forth toward the holy Cyte /by cau ꝛ
se the comyn peple desyred it/And also that euery man was boun ꝛ
den by his vowe so to doo , The other sayde that it was not tyme
for to goo forth·ffor the brennynge hete was/ouer grete·andz the
drought sholdz cause that they sholdz lacke water.The peple sholdz
not fynde where the horses shold lacke pastures·But counseylled
to tarye and delaye this passage tyl mychelmasse·thenne shold the
tyme be more attemperedz andz moderat · Andz duryngz the mene
whyle/men myght do reste theyr horses·andz gete newe for them
that had none and had nede of somme/andz also men myght refreſ
she them self whiche were wery and seke·.To this laste counseyll
acordedz they alle/And therfor it was late or they departed. Thēne
deuysedz the barons that they woldz remeue for thynfyrmyte of
the place /& to goo there as they myght haue vytailles better chepe
Buymont descended in to the londe of Cylyce. There toke he tarse ,
Adane·Mamstre·Aunauze·Thyse four cytees a fore sayd he gar ꝛ
nysshedz well with his men· Andz helde entierly alle the countre
aboute · The other wente ferther in the countre andz ladde theder
theyr horses for to soiourne·there were many knyghtes/andz men
a fote that passedz the Ryuer of Eufrates for to goo forth at al
auenture thurgh the countrees/tyl they come to Bawdwyn broder
of ouc Godeffroye to Rages/whiche receyued them gladly/And
gaf them vytaylles andz made them good chere as long as they
were there ,   Andz atte departyngz he gaf to them fayre andz
good yeftes.It was not longe after that it happedz that one Ros ꝛ
dahan the lord of halappe hadz debate andz warre ayenst a baron
of his whiche was Castelayn of a castel namedz Hasart · Andz

ye shal vnderstande for certayn that there was founden first the playe of dyse. and fro thens it cam· and it is named so· This grete man of halappe assembled his peple. And assyeged this castel with alle his power. The lord that was within sawe wel that he myght not holde it ayenst his lord· And he had no turkes for to socoure hym· ne helpe hym· Therfor he spak to one his frende a crysten man· Which was pryue with hym· and sente to duc godefroy many grete yeftes. And requyred and prayd hym moche affectuously that he wold socoure hym in his nede· ffor he had desire to be his, and wold be bounden to hym to doo hym grete playsyrs and seruyses· And sente to hym his sone in hostage for surte· The valyaunt duc that had a softe herte and debonayr· receyued the loue and thalyaunce of the lord of hasart· he thought wel that it was not ayenst the wylle of our lord for to afeblysshe one of his enemyes for another· Thenne sente he to his brother Bauldwyn to Rages for to sende hym peple ynowe· ffor his purpoos & wylle was to reyse the siege to fore this castel for to socoure his frende, Rodahan had holden· vj, dayes longe siege to fore this castel· The Duc godefroy cam by grete iourneyes· the messagers of the lord of the castel were with hym, ffor they myght not goo in to the castel to their lord· ffor it was besieged round about· therfor they toke two doultes or culuers· which they had take & brought with them for to doo this· that is to saye they toke lettres and wrote theryn alle theyr entent· And bonde thoo lettres to the tayles of the doultes· and lete them flee· And the doultes flewe and cam strayt to hasart fro whens they were & had be there nourisshed, they that away ted on them toke them· the lord toke the lettres· and fonde theryn how he had alyaunce of the duc· his loue and grace· And how he cam for to socoure hym with grete strengthe· he had thenne grete ioye· and toke to hym grete hardynesse in suche wyse that he hym self yssued out of the gates with his men largely· And assaylled them of the siege vygorously· whom he had sore doubted not longe byfore

The dylygence that duc godeffroy made for to socoure a turke to whom he had promysed, And how he reysed the siege beyng to fore his castell· ca? ☞ xlvij°

n OW was the duc Godeffroy aprouched· Whan his brother cam with·iij/M horsmen noble valyaunt and hardy men &

right Wel armed They Were but on iourney fro the castel. Therle Galwdwyn acorded Wel to thenterprise of the duc his broder/But he sayd Wel. that Rodohan the lord of halappe had moche grete peple. And that he kneWe Wel for certayn/Therfore he counseylled hym that he shold sende for the other barons that Were abyden in Anthyoche. and praye them as his frendes that they Wold addres se them taccomplisshe this that he had enterprysed/Trouth it Was that he hadd moche prayd Buymont and therle of tholouse to fore er he departed/but they had a lytil enuye by cause the turke had more requyred the duc than ony of them. but noW Whan he hadd sente for them. them thonght that they myght not goodly abyde be hynde. And ordeyned moche dilygently theyr goyng forth/And Wente so ferre that they ouertoke hym/Whan they Were alle to ge dre' they Were Wel. xxx. M. men of armes. Rodohan had his espy es. by Whome he kneWe certaynly that thyse men cam Vpon hym he doubted them moche. & he had Wel. xl. M men. but yet he durst not abide them/but departed fro the siege/And retorned to halap pe/The duc kneWe nothyng that the siege Was departed/but Wente strayt toWard hasart. There Were ynoWe in Anthyocke of knyghtes gentilmen & other Which kneWe that the Valyaunt duc had to doo With men. and departed fro thens aud Wente toWard hym for to helpe hym

Of somme pylgryms goyng fro Anthyocke toWard godeffroy Were discofyted by the turkes/& rescoWed by the duc. ca? C. xlViij

a   Grete quantite of turkes Were embusshed besyde the Waye Where by they shold passe for to aWayte them. Whan our pe ple approuched. as they that toke none hede/the turkes sprang on them sodanly Which Were many moo than our men Were. Some they sleWe' and many moo toke prysonners. and bonde them. and retorned to theyr retrayte. The tydynges cam to the duc and to the hoost Which Were out of their Wytte for soroW that they had. thene retorned they hastely for to sleWe the malefactoures. the people of the coutre told them Which Way they Were goon / & addressyd them toWard thyse turkes/Whan they had ouertaken and approuched them. they ran on them With grete herte and sleWe them som of them. And somme they toke prysonners. feWe or none escaped / &

delyuerd them that were taken pryſoners/the Criſten men whom
they had taken.Rodahan was moche endommaged/ffor they were
wel·x·M/turkes of the beſt and choſen men/whan oure men had
don this they toke agayn the waye toward haſart . whan they
approuched the lord of the town yſſued out with thre honderd men
on horſbak.And there as he fonnde the duc/he deſcended to therthe
and kneled to fore hym·and thanked hym moche/And after alle
the other that were there with hym for the ſocours that they had
don to hym in this nede.Thenne ſwar he to fore them alle/that to
thyſe barons and to the other Criſten men he ſhold be euermore
trewe and good frende.In ſuche wyſe that he wold to his power
pourchace to them the beſt that he coude·and warne them of theyr
harme·he lodged them moch wel and honorably and made to them
grete preſentes.On the morn therle baldewyn retorned vnto Ra-
ges/And that other hooſt helde theyr waye vnto Anthyoche/

Howe the Duc alway enforced hym to augmente Criſtiente.
And of ſomme fortreſſes by hym beten and deſtroyed ca° C·lix?

The Duc Godeffroy knewe well that the peſtylence and
mortalyte endured yet in Anthyoche/and his broder had
moche prayd hym that he wold come and ſoiourne in his
londe vnto Auguſt that the tyme ſhold be better attempered·he to-
ke with hym a lytil companye of them that were mooſt ſuffrable
and cam to torboſel/and to two other caſtellys/That one named
hatap/And that other Rauendel.Of thyſe lande dyde he entierly
his wylle·his brother biſpded and ſawe hym ofte whyles he abo-
de there, The peple of the countre and ſpecially men of Relygyon
complayned moche of two hermyens that were bretheren that one
was named Pancrace·and that other conaſylles.They had a for-
treſſe in that contre·& were grete & noble men there.But they had
no trouthe in them·they recxyued the Robbours and theuys that
pylled and defowlled the holy places , the chirches · And dyde
moch harme to alle maner of peple·they were enhaunced in ſo moch
pryde·that they toke the preſente of the pauyllon that baldewyn
had ſente to his brother to the ſiege of Anthyoche · And dyde it
to be preſented to Buymont in theyr name.whan the Duc herde
thyſe complayntes, he ſente · L · of his men of Armes and the
people of his countre , And dyde do take the fortreſſes of thyſe

124

two hermyens. And bete and destroyed them to therthe, Whyles that the valyaunt duc soiourned in thyse partyes. Many of the peple of the hoost wente to therle bawdwyn to Rages. ffor he dyde them moche good and refresshyd them wel, and largely departed of his good to them. The way was thenne alle sure and good. Syth that the castel of hasart was alyed entierly with our peple as ye haue herd

How the knyghtes of Rages wolde haue betrayed Bawdwyn theyr lord. And how he was therof aduertysed. ca. C.L

¶ SO moche peple of Cristen men cam to Rages that it displesyd moche to the Cytezeyns of the toun. And thermyens and latyns discorded in many thynges. ffor withoute faylle oure men wold haue the seygnorye. They dyde many ennoyes and vylonyes to theyr hostes within theyr howses. The Erle hym self by cause he had so grete plente of men of hys owne countre he called the fewer and lasse to counseyll of the noble men of the Cyte, By whos helpe he was comen to his hyenesse and noble lordship. They had therof moch grete desdayne within their hertes. And repented them of that they had chosen hym & sette hym to be their lord ouer them. ffor they doubted that therle whiche was so lyberall as he that gaf to euery man, shold on a day take all that they had. Ther for they sete to the admyrals of the turkes. that were theyr neygh bours that they wold pourchasse gladly by theyr helpe, how therle Bawdwyn shold be slayn. or atte leste put oute and chassed away fro the Cyte in suche wyse that he shold neuer retorne. The turkmans acorded wel to this werk. This mater was so ferforth that they of Rages toke alle theyr goodes pryuely. And sette it in the howses of theyr acqueynted neyghbours in Cytees and castellys ther about. Whyles they spak and aduysed of this treyson. A frende of therle Bawdwyn cam to hym and recounted this fayt as a longe, he merueylled moch therof. And dyde enquyre of this thyng. And founde that it was soo, He knewe wel them that had ordeyned this trayson. And by whom it shold be doo. And secretely he sende his men and toke the Cappytayns of this falsenes he put out theyr eyen of theyr heedes. Other that had not so moche trespaced he chassed them out of the toun. And toke alle that they had. Somme there were that he lete dwelle stylle in the Cyte. but

he toke their good as moche as he myght gete, he had Wel by thoc
casion of this murdre that thyse traytres deuysed· xxx· M· besautes
But he departed alle to the pylgryms· that had holpen hym to ta
ke the castellys and fortresses and somme Cytees about Rages,
He Was moche dradde and doubted moche of his neyghbours in
suche Wyse that none of them durste enterprise ony debate ayenst
hym· The grete and hye men of the contre Wold gladly haue pour
chaced the moyens and maners for to be delyuerd of hym yf they
had myght,

How therle BaWdWyn Was in daunger of deth by the tre
son of a turke named Balac· Capitulo   C· Lj·

I N this Countre Was a grete and an hye man a turke & Was
named Balac· he Was acqueynted and moche pryue With
therle baWdWyn· he Was somtyme lord of the Cyte of Sorarge· to
fore that our peple cam in to that countre· This turke apperceyued
that therle BaWdWyn sayde not to hym alle his counseyll and secre
te as he Was Wonte· ne sheWde hym so good chere· On a daye he
cam to hym· And sheWde hym by fayr langage, that he shold co
me to a fortresse of his· Whiche he Wold gyue to hym and delyuer
by cause he had no more· and also he Wold haue nomoo· as he sayd
ffor his loue shold suffyse hym· And he Wold sende his Wyf & his
children in to rages for to dWell there Vnder hym· by cause as he
sayde· that the turkes his neyghbours· & specially they of his lyg
nage hated hym moche· & pourchassed alle the harme they myght
for the grete acqueyntaunce that he had With the Cristen men· The
Erle thought nothyng but alle Wel· And sayd that he Wold goo
at his requeste to this fortresse at the day appointed bytWene them
bothe· Therle cam theder With an honderd horsmen· Balac Wente
to fore and as a fals traytre had hyd an honderd of his men Wel
armed· Within the fortresse· Whan they Were arryued to fore the
fortresse· Balac prayd therle· that he Wold come Vp on hye· and
see the place hoW stronge it Was· And that he shold brynge but
feWe men With hym· ffor he sayd he had certayn thynges of Which
he myght take harme, yf they alle entred· The good Erle Wold
haue don soo· But he had in his company a Valyaunt knyght Wel
aduysed and a Wise man, Whiche aduertysed his felaWs other
knyghtes hoW it Was grete perylle and daunger so to lete hym goo
And they Wold not suffre hym but retayned hym by force· ffor

they doubted moche the malyce of this man / in suche wyse that in theyr hertes they had suspecion of treson, The Erle abode by their counseyl, & sente vp.vij. of his men wel armed in to the toure for to see yf ther were ony thyng to doubte / he helde hym emõg his men they that wente vp anon apperceyued wel the traytson . ffor the Turkes sprange oute of theyr places where they were hyd . And toke thise .vij. men by force. and desarmed them and retayned them bounden handes and feet. whan the erle knewe this . he was moche sorouful for his men that he had thus lost. Thenne he drewe hym forth and spak to balac, And moche prayd hym and coniu-red hym by the faulte and oth that he had made to hym that he wold yelde his men to hym / or atte leste sette them at raun-son, and he wold gyue for them as moche as he wold haue. Ba-lac answerd to hym. that he trauaylled for nought, ffor he shold neuer haue none of them, But yf he wold gyue to hym the Cyte of Sororge whiche had ben his to fore. Therle sawe that this for-tresse was not lyghtly to be goten. ffor it was ouer stronge and stode in a stronge place and rychely garnysshyd, And retorned to rages moche anguysshous of the paryll that he had be in. whan he wold by thatcõuenãt of this felõ turk haue goon vp in to the tour And sorouful he was for them that were taken . he had delyuerd the Cyte of Sororge to kepe vnto a moche wise valyaut and good knyght named Foubert de chartres . this man kept hit with an .C. men of Armes valyaut men. whan he herd saye that his lord had ben thus almost betrayed, and how he had lost .vij. men, he was sory. and thought how he myght helpe them ayenst this fals turk that had don this feet . It was not longe after that in a nyght he sette a bussement nygh vnto this fortresse a part of his men. and in the mornynge he with a fewe of his companye cam to fore this toure and toke the proye of beestes. They that were on hye on the batayllemêt sawe that they were but a fewe. And tolde it to ba-lak and to the other men that were in the fortresse. They toke their horses hastely. and folowed them, for to rescowe that whiche they droof awaye, In suche wyse they employed that they cam vpon them bussement. They sprange sodanly oute and closed them in, Foubert retorned vpon them. And slewe I wote not how many But .vj. he toke alyue, ffor whom he had incontinent vj of our men of them that he helde in his fortresse, It was not longe aftir that four of the other escaped out of the fortresse and brake theyr pri-son whyles theyr kepars slepte. whan balak sawe that ther were nomoo but two he dyde do smyte of theyr heddes · ffro than forth on therle bawdwyn that hadꝛ acqueyntance to dyuerse admyrals aboute hym wold neuer after acqueynte hym more ne truste ony turk / But eschewedꝛ theyr companyes andꝛ theyr Amytee · Andꝛ that he shewde wel sone after. ffor ther was an hye and grete man a turk in that contre named Balduc / of whom I haue spoken to fore / Whiche sold this Auncyen Cyte named Samoloc vnto bawdwyn / Andꝛ this turk had encouenaunted and promysedꝛ that he shold brynge his wyf and childeren within Rages / but he sought fals occasions for to delaye this thynge, On a day he cam to baw dwyn as he was acustomed to doo. Andꝛ Bawdwyn demaundedꝛ hym why he dyde not that he had couenaunted and promysed he began to excuse hym by thynges that were not trewe. The Erle toke hym andꝛ Incontinent dyde do smyte of his heed

How therle of tholouse toke the cyte of Albane · And there constitued a bisshop / capitulo   C lij?

THe Duc Godeffroy soiournedꝛ thus as I haue saydꝛ in the lond of turkesel. Therle of tholouse assembled his peple / and toke grete plente of pour pilgryms that were there ydle and dyꝛ de nought, he wente to a Cyte wel garnysshyd namedꝛ albane, / in iourneyes fro Anthyoche he assyeged it, And so constreyned them within that they yelded the toun te hym · and he entred therin ano helde it, And by the moyen therof he had alle the countre about. he thanked oure lordꝛ humbly of thonour that he had gyuen to hym Thenne chasse he a bisshop in the toun. a good wyseman, that was named Peter. and born in nerbonne · Andꝛ he gaf to hym entierly half this Cyte · After this he cam in to Anthioche · and was there sacredꝛ by the patriarke bernard. Andꝛ gaf to hym his entrememet and made hym Archibisshop · In the company of therle of tholou se was a noble knyght and valyaūt named guyllame. This man whan Anthyoche was taken toke by aduenture the wyf of Ancer ay lordꝛ of the toun / and two of his neuewes sones of his broder named sansadol · and helde them yet prysoners / But this sansadol gaf to hym for them grete good and rychesse · wherfor he delyuerd them bothe the lady and childeren. In this sayson cam grete plen te of peple out of duckeland. And arryued atte port seynt Symeon. And soiournd within Anthyoche, / but the mortalyte endured

yet in suche wyse that they dyde almost alle·ther escaped but feW
but that they were alle deed in short tyme·ffor this pestylence con-
tynued thre monethes hool Vnto thentree of Wynter , There were
deed of knyghtes only·V·C·of the mene peple noman kneWe the
nombre

HoW our peple retourned in to Anthyoche·and toke counseyl
for to goo to Iherusalem·and of this that folk Weth·ca°   ❡ liij?

‡   He fyrst day of Nouembre / the barons that were departed
for the pestelence were alle retourned in to Anthyoche·lyke
as they had promysed/ Theyr counseyl and delyberacion Was that
they shold goo and assiege the cyte of marran Whiche Was strong
and Wel garnysshyd/ fro Albare that they had taken it Was not
But·viij·myle, Noman myght holde lenger theyr comyn peple·all
Were desirous to goo to Iherusalem/ Atte daye named they were
alle redy·Therle of tholouse/ the duc godeffroye Eustace his broder
Therle of fflaundres· The Duc of Normandye·And Tancre cam
to the cyte of marran and assieged it/ They of the toun were moch
rych/ and ful of grete pryde, And specially by cause that the same
yere at assemblee of them Was a scarmoche ayenst oure men·of
Whome they toke somme and somme sleWe in suche Wyse that they
had the better·ffor that cause they preysed the lasse our pylgryms
They blamed and iniuryed our barons· And despyted them and
alle thoost/ They beyng on the Walles/ Vpon the hye toWres they set
te Vp crosses and spytte on them in despyt of our fayth·and ma-
de other shameful thynges for to angre With all oure peple , The
Barons Were moche Wroth/ And dyde do crye do assault·& assailled
the toun asprely in suche Wyse that yf they had had laddres·they
Wolde haue entred in to the Cyte by force , the·ij·daye after that
they cam theder·The thyrde day cam Buymont / Whiche brought
men With hym largely·And lodged Where as the Cyte Was not
assieged· Thenne had our men grete despyte of this that they dyde
nothyng, And hastely dyde do make engyns and reysed them cas-
telles belfroyes and slynges to caste stones·and fylled the dyches
for to goo and Vnder myne the Walles·they Within deffended them
moche Wel· And threWe Vpon them grete stones· Fyre·brent·ly-
me Oyle boyllyng·and shotte at them With arbalasters and boWe
turquoys arroWes passyng thycke/ but god be thanked they hurted

but fewe of oure men·they within began moche to be wery·Oure
men apperceyued that·And theyr volente and hardynesse grewe
and encreaced·anon they dressyd the laddres ayenst the walles/ τ
wente vp dylygently· Emong alle other ther was a noble τ va
lyaūt man τ was of limosyn named geffrey de twirs·he mayntey
ned the fyrst tyme merueyllously wel· Other folk wed hym·ther
were yno we that entred in to the twires·they had taken the Cyte
yf the nyght had not come on and destroubled them·therfore they
left of til on the morn·ffor that assault had edured fro the sone ry
syng tyl that tyme·they kept wel the gates that they of the twn
sholde not yssue and made good watche in thooste·But the mene
peple sawe that none shewde hym vpon the walles· And entred
in to the twn· And fonde that it was all voyde of peple/they toke
alle that they wolde·and had nede of·as they that longe had saf
fred famyne and grete pouerte· Alle they of the Cyte were entred
in to longe caues and· depe and· supposed to haue saued and· kepte
them there· On the morn the barons sawe that the cyte was taken
And entred in·but they founde but lytil gayne·ffor the comyn pe
ple had taken suche as they founde/they knewe wel that the tur
kes of the twn were hydd vnder the erthe· they sette fyre in the
mowthes of alle the caues/and· sente in to it so moche smoke/that
by force they muste come out·Oure men slewe yno wgh of them·
And the remenaunt they toke prysonners·there deyde of sekenesse
the good man holy and relygyous whiche moche louyd and dred
de oure lord god· Guyllame the bisshop of Orenge/whan the duc
had abyden there·yv dayes with the other he departed with therl
le of fflaundres and· cam in to Anthyoche· where they had to do

How the duc Godeffroy wold goo to rages to vysyte his bro
ther er he began his way to Iherusalem/ And of somme of his ad
uentures·caᵒ   ⓒ Liiij

ⓖ   Godeffroy the valyaunt duc of Lorayne sawe how the men a
       fore made them redy for taccomplysshe theyr vowe and· goo
towarde Iherusalem·and· moche requyred· and· admonested· the
grete lordes to the same/ But the valyaunt duc wold see and vy
syte his brother to fore that he shold departe fro this countre· And
toke his pryue companye·and wente to ·Rages· whan he had· seen
his broder τ doo suche thynges as it plesyth hym/ he wold retwrne

to Anthyoche to the other barons and other pylgryms that abode there for hym Whan he was approuched that he had but six or seuen myle to ryde they founde in theyr waye a moche fayre place for to dyne and ete in by a fayre welle moche delectable and ful of grete herbes and grasse, Alle they accorded gladly for to dyne in this fayr place. Whyles they made redy theyr dyner be ye certayn that oute of moche reed which was nyghe a marreys by a woos certayn Turkes wel armed. Whan the noble Duc and the other barons sawe them come / they toke theyr Armes hastely as they myght. And toke theyr horses and ran vpon them vygorously. And there was the skarmoche grete & fiers. The duc dyde moche wel and valyauntly. ther were many turkes slayn. And the remenaut fledde. Our men lost there nothyng. But cam with moche grete ioye vnto Anthyoche.

How after that the cyte of Albare was conquerd a grete debate aroos bytwene therle of tholouse and Buymont. ca. C XV

o   If this noble Cyte of Albare which was taken as I haue
      sayd to fore aroos a grete debate bytwene Buymont and the
erle of tholouse. ffor therle wold haue alle albare. Buymont sayde he wold not gyue away his part / yf he yelded not. and gaf ouer certeyn towres that he held in Anthyoche. And therupon Buymont departed. And made the towres to be assaylled. that the men of the erles of tholouse helde. and toke them by strength and made them to goo out that kept them in the name of therle. and fro than for thon he helde alle Anthyoche withoute felaw or partener. Therle sawe that Buymont was departed fro the Cyte so conquerd, And gaf the town entierly to the bisshop of Albare. Whyles they ordeyned aud disposed bytwene hym and the bisshop how the cyte myght be mayntened and kept in suche wyse that the turkes shold not recouer it. The peple a foote began to murmure of this that the hye & noble men taryed for to take this euyl Cytees and made debate and noyse emong them for theyr conquest. But the pryncipal cause wherfor they departed fro theyr countrees lefte they as forgetyng and settyng not therby. And as it semed they sette nothynge by thaccomplysshyng of theyr vowe, Therfor the mene peple accorded emonge them self. that as sone as therle of tholouse shold be departed fro the Cyte of marran they shold confounde and

destroye it alle vnto the erthe in suche wyse that they wold not
tarye for hym fro than forthon· It happed that the barons assem
bled at Rouge a Cyte whiche is half waye bytwene marran and
Anthyoche· ffor to haue a counseyl there emonge them , yf they
shold fro thens drawe forth toward to Iherusalem·ffor the mene
peple languysshydꝛ moche and hasted for to goo theder· There the
Barons coude not acorde/so that there was no conclusion taken ,
Whyles that therle of·tholouse abode at this parlement·The foote
men that were lefte at marran·ayenst the wyll and deffence of the
Bisshop/bete doun the walles and toures of the Cyte of Marran,
ffor they wold not for thoccasion of this tonn abide lenger in this
conntre·Whan the erle retorned̄·he was moche angry of this/that
they hadꝛ don·but for that he coude not amende it , he couerd̄ well
his courage withoute forth·The men a foote began alway to crye
and requyre moche the barons that they wold conduyte them for
taccomplysshe theyr pylgremage, or yf they wold not/they woldꝛ
chese a knyght and make hym Cappytayn ouer them, And̄ they
shold folowe hym vnto the Cyte of Iherusalem· On that other sy
de was grete scarsete in thoost of vytaylles· in such wyse that the
poure peple deyde for honger / Men sayde that many of them ete
flessche of men and other thynges that were not fayr ne good·cle/
ne,ne honeste for to ete/herof sourded a grete mortalyte, ffor they
had̄ holden siege about this Cyte of Marran with suche meschyef
of famyne that they had lost moche of theyr peple·and̄ not so ma/
ny by armes·but by mesease that they suffred̄·Ther deyde a moch
noble valyaunt yonge man Emorran sone of huon Erle of seynt
poul of a sekenesse/of whom was grete dommage and moche was
bewaylled in thoost

How atte request of thꝛ compyn peple the erle of tholouse or
deyned day for to conduyte them·ca° ℭ lvj

O
F thyse Inconuenientes that ran in thoost of the pilgryms
the vygorous and valyaunt erle of tholouse was in moch
grete anguysshe / ffor he wyste not wel what he myght do · On
that one syde he had pyte and̄ grete sorowe of the meseases that he
sawe the poure peple suffre/ And̄ was moche meuydꝛ by theyr re/
questes whan they so swetly prayd hym and thꝛ other barons·to
lede them for taccomplysshe theyr vowes τ pylgremage · On that

other syde he had wel vnderstonden that the barons accorded not
to this that the comyn peple requyred· And therfor he that was
of grete courage and valyaunt man sayd that he wold no lon ꝫ
gre suffre thus the pour peple languysshe ne deye· And ordeyned
to them a daye that he wolde departe withoute faylle for to goo
strayt vnto Iherusalem· And that shold be the xv· day fold wyng
And for talledge the meseace of famyne, he toke with hym a part
of his knyghtes and of foote men the strengest and most delyuer
And lefte the remenaut in the Cyte·and went forth and entred
in to the londe of his enemyes and brake vp townes stronge hou̅
ses·ꝫ brought grete plente of beestys ꝫ other vytaylles·ꝫ brought
also esclaues men and wymmen whan he cam to Marran,he depar
ted all the gayn that he had goten as wel to them that abode·as to
them that he had with hym,in suche wise that they all were ryche
of goodes and of vytaylles·The daye began tapproche that therle
had named· The comyn peple cryed fast for the departynge·And
sayd alle playnly that he shold haue no lenger respyte of them·he
wist not what to doo,ffor he knewe certaynly that the peple had
right·But he had but a lytil company on horsbak·therfore he re
quyred the bisshop of Albare to goo with hym,he graunted it to
hym gladly·And lefte his londe in the hande of Guyllamme de
cauplty valyaunt wyse and trewe knyght·And delyuerd to hym
but xxx horsmen and,xl·men afote·But it was not long after·
that the good knyght amended soo that he had xl on horsbak and
lxxx·a foote·whan the day cam that was appoynted therle put
fyre in the Cyte of marran and brente it alle to asshes·And af ꝫ
ter toke his waye·he had in his companye aboute a·x·M·men of
whom there were not but·iij·C·on horsbak·whan he was depar ꝫ
ted the duc of normandye·ꝫ tancre departed after ꝫ abode for to
goo with hym·Eche of thyse two had but·xl·men on horsebak·
But they had moche peple afote with them· In theyr waye they
fonde plente of vytaylles·ffor they passed by Cezaire,by haman·
and by chamele·Of the lordes of thyse townes had they grete pre ꝫ
tes gold,syluer and other rychesses·they presented to them·Oxen
kyen·Motons and other vytaylles· They dyde them haue reso ꝫ
nable cheep of alle thynges,eche of them conduyted them surely
thorugh his countre·And where as they had power, Thoost encre ꝫ
ced and grewe more and more fro day to day,ffor they founde ma
ny good passages oueral where they wente·of horses also wherof
they had grete nede fonde they grete cheep·,in such wise that many

bought freissh horses / And so moche dyde thyse to fore . that the
other barons cam . that dyde so moche that they had in theyr com
panye a / M men Wel horsed . they cam thus a ferre fro the see syde
But after they acorded that they Wold drawe them to the
see syde . for to here more lyghtly tydynges of the Barons that
Were abyden in Anthyoche , and for to fynde the better and
bye theyr necessytees at the shippes that Were in the hauenes and
portes

HoW therle of tholouse auengyd hym of somme turkes rob= bours that robbed his hooste / ca?   C £Vij?

IN alle the Wayes syth they departed fro Marran they Were
Wel comen in peas and sauete . sauf only of one thyng / that
is to Wete that somtyme turkes theups cam after thooost and sle=
We somme of our peple . and toke the feble and seke that abode be=
hynde the other , Therle Was moche Wroth of this Inconuenyent
therfor he made the other to goo to fore . And he and the bisshop of
Albare retayned a feWe men Wel horsed embusshed them behynde
the hooost for to see yf they Wold come that thus endommaged th
hooost . Whan they had a litil Whyle taryed the turkes cam & sprag
Vpon somme of oure men / Whicke al Wyllynge made semblaunt
that they myght not goo . Therle saWe them / and sprange sodenly
on them out of his embusshement , & smote of alle theyr heedes /
sauf somme that he ladde With hym . There Wan he good horses
and armures many / And after he cam agayn in to thooste With
grete ioye / ffro this daye forth they Wente thurgh the londe moche
surely Without ony lack of Vytaylles of Cypres and of castellys
on both sydes Whan they passed . Ther Was no lord but he sente to
them grete yeftes . ffor to gete theyr loue . and dyde them haue reso=
nable chepe of Vytaylles oueral , Reserued one castel . Where the
men that Were therin trusted oeuzmoch in theyr fortresse . Therfor
they sente to them neuer presente nr message , But descended
alle Armed ayenst oure men for to deffende them a passage .
But our men Whan they saWe them . assaylled them Vygorous=
ly . in sucke Wyse that they Were anone disconfyted . There Wer
But feWe but they Were alle slayn or taken . Whan the barons sa
We that they Were rebelle ayenst them , anon they Wente in to
the fortresse and toke it alle at the fyrst comyng . smote doun the
Walles Vnto therthe . And the howses they brente . after they had

taken out all that they fynde therin They ledde away horses vppon ꝓ Whiche they fonnde in the pastures emong our men were dyuerse messagers of the contre that the grete lordes and men ther aboutes had sente for to see theyr coupne. Whiche whan they sawe that oure barons dyde thus theyr wylle/ And that nothynge myght resiste them·they wente to theyr lordes. And tolde them that they were ouer cruel and fiers peple/aspre and hardy· Thenne sholde ye haue seen brought. And presented to oure men grete presentes and honorable and vytaylles as for nought fro alle partes/In so moche they doubted them/that they dyde grete cure for tacquuyute them·and to brynge them in to theyr loue/ It was not longe but they passed alle the contre til they cam to the playnes of an Aun cyent cyte by the see syde named archys·they lodged nygh by the toun

How therle of tholouse approuched with his hoost vnto archis And of the situacion of the same·ca? ℭ lviij?

a Rchys is a Cyte of the lande of Fenyce and standeth atte foote of a montayne named Lybane · in a territorye moche stronge/and is a four or·v·myle fro the see/t hath moche plenteuous londe aboute it and delectable of pastures t of waters. The scriptures saye/that it was fonnded moche auncyently· For Noe that was in the arke had·iij·sones that one of them was named Caym/he had a sone named Canaham/Of hym cam a sone that was Arrackeus/he founded/this cyte. And after hym this Cyte was named Archys. Ther were prisonners of oure men in this toun·hit was sente worde by tho prysonners to therle of tholouse that he sholde assiege this cyte t also to the other barons/ffor they sholde haue grete good therby the cite of triple Which was moch noble t rych was but vj mylefrom thes·ther were also of our peple prysonners/ For syth the begynnynge of the siege of Anthyoche and after that it was goten/our peple began to wnne in the contree nycely t folyly for to seche somme vytaylles t other necessitees that they lacked/they were taken in many places in such wyse·ther was vnneth cyte ne castel in the contre but ther were therin som of our pylgryms prysouers. In the cyte of trypple were moo than·ij·C· They them self had sente to oure men that yf they wolde make semblaunt to couquere the countree , The kynge of trypple wolde gyue them grete hauoyr and good for to departe

thens . and sholde delyuer to them alle theyr prysonners . It hap/
ped thēne to them thus that . our peple approuched the cyte of ar/
chis for to see what semblaunt they wold make . & also for taby/
de the other barons that shortly shold come and folowe them'

Of a toun named tortuose whiche Raymont toke with a Rou
te of pylgryms · And of the departynge of the other barons fro
Anthyoche , Capitulo   C·lix·

t   Her yssued out of our lodgys of oure men , an honderd men
         on horsbak . and two honderd a foote , And made theyr Ca/
pytayne Raymont pelet whiche was a wyseman and a moche va
lyaunt knyght · They wente to fore a cyte whiche was named tor
tuose for to see yf they myght fynde ony auenture for to gete som
gayne' They approuched the cyte and began tassayle it vygorous/
ly and moche sharply' They within deffended them , bothe men and
wymmē valiautly but our men left but litil or nought . the nyght
cam on them · And they left thassault · for to be more freissh on the
morn , And abode for more companye of thooste that shold folowe
them , And to begyn on the morn thassault agayn' They of the
toun had moch grete drede · that our mē wold assaille them agayn
on the morn and myght not resiste them . therfor in the nyght they
wente pryuely out of the toun · and wente to the montaines · and
caryed nothyng with them but theyr wyues and children · Alle
theyr other geer they lefte in the toun' Oure men that knewe no
thynge herof arose erly and began to make redy and encorage
eche other to doo wel at thassault · they approched the walles alle
armed · and they herde noman' they entred in to the toun and ope/
ned the yates in such wyse that alle entred · thenne sawe they that
they of the toun were yssued and goon · they founde the Cyte ful
of goodes · in so moche that they were alle ryche · they trussed all ,
and bare as moche as they myght in to thoost · & recounted theyr
aduenture of whiche they were alle . glad and ioyous and than /
ked our lord · whan the moneth of Marche was come and that the
season was more attemperat · the people that was left in Anthyo/
che sawe that it was tyme to departe , they spak to duc godeffroye
& to therle of fflaundres & prayed them moche affectuously that
they wold enterpryse & conduite them to Jherlm for taccomplysshe
their pilgremage' the goyng forth of therle of tholouse the duc of
normandye' & Tancre caused them moche to haue the wyll forth
                                                              ·13· i·

ffor they were goon to fore and ledde with them grete nombre of
pylgryms, And they happened wel in the waye, and had therby
grete prouffyte and grete honour · By thyse wordes were the ba
rons gretly stered and meuyd, They ordeyned theyr affayres dy
lygently, and toke alle theyr peple as wel on horsbak as a foote
and wente so fer forth that they cam to the lycte of surye, They
were, xxb. M. men all in poynt and armed eueryche after that he
was · The good man and valyaunt knyght buymont conueyed
them theder with his men. But it was not theyr entente ne wyll
that he shold goo ony ferther, ffor the cyte of anthyoche was new
ly conquerd and theyr enemyes were fast by · Therfor it behoued
hym not to withdrawe hym ferre fro it · but therfor he toke good
hede continuelly daye and nyght · But of his grete courage · he had
conueyed them theder · And there toke his leue and wepte moche
at departyng · he recōaūded them to god & retorned agayn to An
thyoche · And the hoost abode there · The lycte is a moche auncyent
cyte and noble · & stondeth vpon the ryuage of the see, That was
the only cyte in surye · of which themperour of cōstantynoble was
lord, longe to fore er oure men cam theder · was comen guyneuy s
ers of whom I spak long to fore that was born at colopne vpon
the see syde. And arryued at tharse, whyles that bawdwyn bro
der of the Duc helde it · he was comen to the lycte with his shippe
and supposed to haue taken the town by force, and folysshly he con
teyned hym and assaylled it · They of the town yssued out lyghtly
And toke hym · and yet helde hym in pryson whan oure barons
cam theder · The Duc knewe that he was born in the londe of his
fader, And that he had ben in the companye of therle bawdwyn
his brother · Therfor he demaunded hym of the grete men of the
town, And prayde them entierly that they wold delyuere them
to hym, They durst not gayne saye hym · but delyuerd hym and
his felawship with his shippe the Duc commaunded hym that
he shold goo to the see and alwaye coosteyeng by the hooste · he
dyde it gladly · And saylled forth

How the duc assieged Gybelet and of a trayson by whiche he
lefte the siege, ca?　　　　　　　　　　　　　　　　　　C lx°

t　　The hoost departed fro the lycte, whan oure barons had re
　　　ceyued theyr prysonners · They that were late departed

fro Cyprce fro Anthyocke & fro other cytees aboute Were alle cõ
men and arryued theder·in suche Wyse that alle Wente to gydre
By the see syde Vnto a Cyte named Gybelet·Whiche Was fro
the Lycke about a/vij·myle·They abode there and assieged the Cy,
te·A baylly of the Calypce of Egypte helde this Cyte on the see
side Vnder the power of the Calypce of Egypte·This baylle ys,
sued out By saufcõdupt·& spak to duc godefroy·to Whom he offred
Bj·M·besauntes·and many grete yeftes aboue that for to departe
and reyse the siege fro thens·The dnc Wold in no Wyse here thyse
Wordes/but sayde that it Were treson and Vntrouth·and god forbe
de that J shold take suche hyre he thenne departed·Whan he saWe
he myght not make his bargayn W th the noble duc·After he sen
te his messagers to therle of tholouse·and offred to hym this gre,
te somme of moneye/yf he myght fynde the moyen to reyse the si,
ege fro this toun·It Was sayd that he receyued the moneye/and
for to make the barons to departe/he founde a lesynge/ffor he dy,
de to be sayd to them·that he Was Vel acerteyned by messagers
and lettres/that the Souday of Perse had so moche/angre and
desdayne of this that Corbagat his conestable had be disconfyted
and so moche peple of his slayn·that he assembled alle his poWer
And cam With grete peple for to fyght·and to destroye them alle
that he coude fynde of the cristen fayth·Thise tydynges sente therle
of tholouse by the bisshop of Albare to the dnc a fo re sayd·and
to therle of fflaundres·and sente to them his lettres·by Whiche he
prayd them moche sVetly and expresly that they Wold leue theyr
siege·and come dylygently to hym·in suche Wyse that they myght
be alle to gydre Whan this peple cam · Whan the Duc and other
Barons herde this thynge · they Were moche anguysshous and
meuyd·ffor they supposed certaynly·that alle this had be treWe·
Anon they departed fro gybelet·by the cyte of Valerne they Wen,
te·Whiche Was aboue the castel of margat·syth they cam to mar,
chee/Whiche is the first cyte of the londe of fenyce·Whan they Wen
te toVard the northeest fro thens they cam to the cyte of tortuose
There is an Jsle/Where somtyme Was a Cyte/there abode the
Shippes theyr naue · J Wote not hoV many dayes·after they
hasted and cam to fore the Cyte of Archys·Tancre yssued oute
of thoost·and cam ayenst them / And tolde to·them alle a longe
the tromperye and the barat that therle of tholouse had don/They
Were moche angry / therfore they lodged them a part fro them /
that had doo broken theyr syege · The Erle kneWe that he had

not the loue of the barons that were newe comen. wherfor he sent to them messagers / that sayde to them in his name moche fayre wordes / And brought to them grete yeftes. wherfore in short ty= me it happed that they were alle repeased and amyable and good frendes to gydre / sauf only Tancre whiche acorded not with hym. But accused hym of many thynges. A fore the comynge of thise laste barons / the peple of therles of tholouse myght nothynge auaylle and prouffyte ayenst the Cyte whiche they had assieged. But now they had grete hope / that it shold now soon be brought to an ende / and accomplysshyd by thayde of them that were ne= we come. Neuertheles it fyll not so as they supposed. ffor alle the tymes that they contryued by ony engyne for tassaylle the wal= les alway it fyll contrary to that they purposed / and they of the toun braste alle theyr outrages / in suche wyse that they loste their costes and payne. It appered wel that our lord had withdrawen fro them his ayde and his good wyll. They within the toun sle we many of them without. There deyde tweyne noble and valyaunt knyghtes. That is to wete Anceau of Ribemont / that alway dy= de valyauntly where sommeuer he cam. And potym de baladon an hye man and wel acqueynted with therle of tholouse. This siege displesyd ouer moche to alle them of thooste. And in especial to the footemen whiche had moche grete desyre taccomplysshe theyr vowe to Iherusalem. & also whan the duc was comen they that had ben there to fore / began to withdrawe them fro the werke in suche wyse that euery man dyde nought. ffor it plesyd them wel that therle were greued and ennoyed that he myght departe and lede them forth with the other barons

How thooste murmured of the spere founden in Anthyoche. & of the grete myracle that happed in the presence of alle the hooste Capitulo ☞ Lxj°

t   Here was rene wed a word. by whiche the compyn people & also some of the barons whiche began to doubte of the spe= re / that was founden in Anthyoche. lyke as ye haue herde to fo= re. ffor somme sayde certaynly that it was the very spere that opened the Syde of oure Lord on the crosse, And that was with his precious blood bydewed. And by reuelacion of oure lord had be founden by an holy good man for to recom= forte his people whiche had grete newssyte and nede. Other

sayde that it was not but fals barat/tromperye and abuse· ffor
therle of tholouse had fonden this & contryued/for to meue the pe=
ple to drawe and gete syluer of theyr offrynges·And this alter=
cacion was meuyd by a preest named Arnolde chypellayn and
moche acqueynted with the noble duc of normandye·he was wel
lettred/but he was not of good lyf·he was ouer malycious and
pourchassoure of discordes · As ye shal here afterward in this
book·This rumour was grete in thoost as I haue sayd·The man
that had fonde the spere herde the doubte of the peple/And cam to
fore the barons moche hardily·And sayd to them in this maner/
Fayr lordes doubte ye nothyng that this werke hath ben by ba=
rat ne by tromperye· For theryn hath be none/But it is comen of
god/And certaynly for the comfort of the cristen peple·seynt an=
drew apperid to me·by the wylle of our saueour Ihesu crist whiche
deuysed to me alle the maner·how I haue founden it/And for to
shewe to yow/that this that I saye is trouth/I praye you that ye
make a grete fyre and meruey͠llous/And I shal entre in to it/
And holde the spere in my hand and shal passe and goo thurgh
hool and sauf·whan they herd this they acorded alle therto·The
fyre was made and brennyd lyght which was grete & meruey͠l=
lous· And this was on the blessyd good fryday/And it plesed
them that this thynge shold be thus preuyd the same day that our
lord was smeton to the herte with the same spere/he that thus of
fred hym self thus and enterpryfed· for to preue it was named
peter bartilmewe clerk/and but litil lettred after that it coude be
vnderstonde without forth·and was a moche symple man/The=
ne was alle thooste assembled aboute the fyre/peter cam forth &
kneled doun for to recommande hym vnto god/whan he had made
his prayer/he toke the spere · And entred in to the fyre· And
passed thurgh it·and was nothynge on hym peryssfied ne hurte
that ony man coude see or knowe · whan the peple sawe this alle
they ranne for to kysse hym/And made to hym moche grete ioye ·
Of this doubte thenne they wende feryly that it had be quenchid
But yet sourded a gretter errour and murmur than tofore/ffor
it was not longe after but that this Clerke deyde/thenne sayd
somme that by thanguysshe of the fyre he toke his dethe·And that
shold be thoccasion therof · The other sayde that he yssued oute al
hool and sauf fro the fyre · But it was the wylle of oure
lord syth the trouth: was knowen that he shold deye thus·or per=
aduenture the prees that cam vpon hym was so grete · whan he

13 4·

yssued out of the fyre/that he was therby hurte that he deyde Jn
this maner murmured yet the peple emong them.

Of thambassade of Egipte comen with our men in to thooste of
pylgryms / & of the reuerence that was don to them. ca? C lxij.

ſ Omme messagiers that were sente in to Egypte by our ba
rons atte requeste of them that cam vnto Anthyoche fro
the Calypphe of Egypte. had be retepned and holden there by force
and barat wel a yere/ But now they were retourned. And with
them were comen the messagers of the Calypphe. Which brought
to our barons fro hym wordes moche dyuerse & moch chaunged fro
that. they had sente to them to fore Anthyoche. ffor thenne he sen
te to them that they sholdz contryne them vygorously ayenst the
Sowdan of Perse. And they sholdz haue of hym grete ayde of
gold/ of sylver andz of vytaylles. Now hadz he chaungedz moche
his langage. ffor he sente them worde that he thought. that he dyde
moch grete thyng for them/ yf he suffred that the pilgrims myght
goo to Jherusalem. ij. C. to gydre/ or. iij. C. alle vnarmed. Andz
whan they hadz made theyr prayers. andz don theyr pylgremage
to retorne saufly agayn. Whan oure barons herd this. they hadz
herof grete desdayne. And saydz to the messagers. that they sholdz
retorne agayn to theyr lordz/ andz telle hym that by his licence ne
leue wold they not goo to Jherusalem vnarmed one after ano
ther. But they shold goo maulgre hym/ alle to gydre in batayl
les renged/ and the baners reysed and desployed. Now J shal say
to you why the Calypphe of Egypte was reysen in so grete pryde/
Whan our men had discomfyted Corbagat to fore Anthyocke. The
power of the Soudan of Perse was moche affebled. in such wi
se that none of his neyghbours doubtedz hym/ ne feredz to make
warre agaynst hym. ffor he had alwaye the werse. By whiche oc
casion it happed that a conestable of the Calypphes of Egypte na
medz Emites/ had taken the Cyte of Jherusalem fro the men of
the soudan of Perse whiche hadz holden it. xxx viij yere. Therfore
sawe nowe the Calypphe that he was at his aboue/ by the discon
fyture that our men had don to Corbagat. Andz hadz wende that
he sholdz not haue had nede of ony ayde/ Therfor he despysed now
our peple

O N that other syde were comen messagers fro themperour of
Constantinoble · Whiche complayned moche on Buymont,
and also on the other barons. ffor they sayde that all the barons
were becomen his men· And had sworn vpon the holy evangelyes that alle suche Cytees and Castellys by them conquerd,
Whiche had be vnder the power of Constantynoble shold be rendred to hym as his owen thurgh out alle the londe to Iherusalem
Now Buymont dyde contrarye this Whiche helde Anthyoche, and
the other Barons that had gyuen it to hym· Thus spak they of
the couenauntes· But they spak not of alle, ffor withoute faylle
trouthe it was that they had couenaunted this, but themperour
had promysed to them that he shold folowe them with his grete
hoost· And shold furnysshe to them grete plente of Bytaylles by
see· he was the fyrst that had broken the couenaunt and promesses· ffor he had not don that one ne that other· And he myght wel
haue don it· And therfor they were not bounden to holde his couenauntes made by oure barons. by cause he helde not that he had
promysed· ffor the lawe wyll not that a man shal holde couenaunt
to hym that holdeth not his. Thus answerd the barons to them·
And therfore sayde they that the yefte that they made to Buymont
of the Cyte of Anthyoche ought to be ferme and stable. And so
wold they mayntene it to hym and to his heyres for euer, whan
the messagers herd this· they moche prayd the barons that they
wold tarye theyr goyng to Iherusalem til that themperour were
comen· ffor they sayde that withoute faulte he wolde come to fore
thentree of Juyll. And brynge with hym moche grete plente of
peple, And yf they wold do thus moche for hym· he shold conne
them grete thanke, And shal gyue to eche of the barons many
grete & ryche yeftes· & also shal departe largely to the gentil men
& to the footemen· whan our barons herd this they sayde that they
wold counseylle them togydre· and drewe them a part· Therle of
tholouse acorded wel to this that they shold abyde so grete an ayde
as was the puyssaunce of themperour· And sayd he supposed certaynly· that he shold come· as it was sayd. but the other supposed
that he sayd so for to kepe the barons and other men atte siege. til
the cyte were taken· ffor it shold be moche dishonour· and fowl for

hym to departe fro thens without accomplysshynge that whiche he
hadz enterprised· The other barons acordedz nothynge thertv: But
wolde that they shold goo dylygently assiege the holy cyte of Jhe
rusalem for to doo theyr pylgremage· & accomplysshe theyr vowe
For whiche they hadz suffredz so many tranaylles andz diseases
For they knewe mocke wel the delaye of themperour, andz his
fayr wordes full of tromperyes andz deceytes· Therfor it was not
theyr oppynyon for to truste ony moze his couert dissimplacions·
Thus sourdedz a grete debate bytwene the barons· Andz myght
not acorde· of whiche it happed that he that helde the cyte of tryple
whiche had offred to them so mocke good by couenaunt that they
shold departe fro the siege, and goo out of the londe· whan he knewe
we that the barons were emongz them self in discorde· he wold no
moze offre to them ony thyng, but enterprisedz so grete hardynes·
that he wold fyghte ayenst them, The barons acordedz thertv andz
lefte the Bisshop of Albare for to kepe the lodgys· Andz whan
they hadz so doo· they wente so alle in bataylles ordeynedz to-
ward tryple, whan they cam there they fonde the lord of the toun
and the Cytezeyns out with grete plente of men on horsbak andz
afoote where they had ordeyned theyr batraylles and abode our
peple· whiche they doubted not mocke· For they hadz seen that the
Erle of tholouse hadz holde siege to fore this Cyte· Andz hadz no
thynge preuayled· wherfor they preysed our men mocke the lasse,
than they dyde byfore· But whan oure men approuchedz so nyghe
that they sawe them, anon they ranne on them mocke fiersly in
sucke wyse that they loste anon·vij·C· of theyr men whiche oure
men slewe· Andz of·ours·were slayn but·viij· There helde they
the feste of ester or of pasque the·x day of Aprylle

How the comyn peple complayned them, of this that they wen
te not hastely to Jherusalem·ca?   C·lxiiij?

o   wr barons that had disconfyted thise men, Retournedz in to
    theyr lodgys with alle theyr gayne· Thenne recommencedz
and began agayn the playnte andz the clamour mocke grete that
the peple made by cause they wente not hastely to Jherusalem·all
they cryed with hye vois that they shold departe fro the siege· so long
contynuedz theyr crye that the valyaunt Duc Godeffrey, Therle of
Flaundres· The Duc of Normandye andz Tancre sayde that they

wold dod the requeste of the peple afoote. And thenne trussed
they theyr tentes and pauyllons. brente theyr lodgys and depar∫
ted. It displesyd moche therle of tholouse/he prayde them moche
affectuously to abyde. But it myght not be. ffor they them self that
fyrst were comen with hym were wery and anguysshous of the
siege. And strayt helde they the way toward trypple. Whan therle
of tholouse sawe that he myght none other wise chyuyssh ne accom
plysshe his empryse/he wold not abyde there allone. & he had right
But dislodged hym/and folowed the other. Whan they were a
∙v∙myle fro trypple/they lodged them. the bayly that helde the cy
te and the countre about in the name of the Calyphe/sente theder
to them his messagers/he had moche leyd doun his pryde/ffor as
I sayd to you to fore/he wende to haue foughten peer to peer/his
messagers knewe wel that he was to feble and that it was folye
He thenne desyred and moche requyred/that oure men wold take
of hym right largely/and goo out of his powere. The mater was
so demened that he gaf∙v∙M∙besauntes . and delyuerd to them
alle the prysonners that he had of our pilgryms. And aboue that
he gaf to them grete yeftes and ryche presentes∙as horses mulets ∙
Cloth of sylk and vessel of dyuerse facions. And they promysed
to hym that they wold doo none harme to the cytees that he had
and helde/That is to wete∙archys trypple∙and ytelyn ne to theyr
appertenauntes. And he hym self sente to them/oxen/kyen/sheep
and moche grete plente of other vytaylles ∙ to thende that they
shold not destroye his londe/ Thenne cam in to thoost somme surry
ens whiche dwellyd vpon the mount of lybane whiche is nygh
vnto thyse cytees toward the est moche hye/They were of oure
fayth wyse men and trewe ∙ And were come for to see our barons
for to salewe and feste them∙ The good men of thoost called them
and desyred of them affectuously/that they wold teche them the
moost strait way & easiest for to goo to Iherusalem∙ They toke ad
uys and counseylled to gydre∙and beheld alle thynges that in suche
a caas behoued∙and cam to our barons and sayd to them that they
counseylled to holde the waye by the see coste for many resons ,
Fyrst for the surete and comforte of theyr shippes/ffor in the naI
uye were not only the shippes of guyneuyers that cam fro fflaun
dres∙but ther were shippes of gene/of venyse of Cypres/of Rho
des∙and of other plees of grece/charged with vytaylles and mar
chaundyses whiche dyde moche grete good in thoost. The surryens
wente to fore for to conduyte the hoost∙the bayly of trypple delyud

to them also men that knewe wel the countrees and the londe. They passed alle the see syde and the cyte of ybelyn/ and lodged upon a Ryuer that renneth there in a place, whiche is named Mans/ And for tabyde the feble peple that were not comen ne arryued. they soiourned there a day

Of the grete dylygence that our men made for to approche to Jherusalem/ & of thalyaunces of somme turkes made unto them Capitulo C LV°.

The thyrde day they cam to fore the Cyte of Baruth. And lodged them upon a Ryuer that ran to fore the toun/ The baylly of the toun gaf to them grete good. And made do come plente of vitaylle and good chepe for to spare the trees & the fruytes of the contre. On the morn cam they to the Cyte of Sayette. there they lodged them upon a Ryuer therby. he that gouerned and kepte the Cyte wold not doo thynge ne bounte to them, I wote not wherin he trusted. but he sente out many of his men for to doo hurte to thoost. and for to attayne certayn knyghtes/ which were lodged by for tassaylle them, but our men toke theyr horses and ran on them vygorously, And slewe of them I wote not how many. And the other fledde in to the cyte. And had nomore talente to attayne our peple, in suche wyse that our men rested them in pees that nyght/ On the morn for to reste and refresshe the mene peple, they departed not thens, But sente oute for fourage many men a foote and certayn men of Armes to kepe them in to the contre and vyllages about. They brought largely vytaylles. and horses wyth grete quantite of beestes grete and smale. and cam agayn without lesyng of ony thyng. alle to gydre sauf only a knyght named Gaultier de ver/ he wente by his valyaunce ouer ferre/ ffor he retorned neuer agayn. ne neuer was knowen where he becam, they were all moch sory for hym in thoost/ The day aftir passed they by a moche sharp & aspre way. & after descended by a destrayt in to a playne. and on the right syde they lefte this auncyent Cyte named Sarepte wherin helyas the prophete was in. After they passed a water whiche is bytwene Sur and Sayette They wente so fer that they cam to this noble cyte of Sur. There they lodged them by the noble fontayne and pytte of water lyuyng lyke as scripture sayth. They lodged this nyght in gardyns

mocke delectable·Whan it was daye they sette them forth on theyr
Journeye·And passed by a strayt mocke peryllous·Whiche is by
twene the montaines & the see · They descended in to the playnes
of the Cyte of Acres. there Vpon and by a water rennyng· they
sette vp theyr pauyllons,he that had the charge of the twun made
them to haue vytaylles at resonable prys·and made acqueyntau
ces good and honorable in this maner that yf oure people myght
take the Cyte of Iherusalem.and dwelle there after·xv·dayes in
the Royamme.in suche wyse that they were not put oute of it by
force,oz yf they myght disconfyte in the felde the puyssaunce of e
gypte,that fro thenne forthon they shold yelde and gyue ouer the
Cyte of Acres,without makyng of ony resistence.The pylgryms
wente fro thens on the lyft syde / they lefte galylee bytwene the
monnt of Carmely and the see·they cam in to Cezaire which is
the second Archebysshoprych of the londe of palestyne.they lodged
them vpon a water that yssueth oute of the palus oz maryses·
whiche ben by the twun.there helde they theyr penthecost oz wytson
tyde·thre dayes after thentre of Juyn they abode there. on the·iij·
day they toke their way. On the right side they lefte Japhe·And
by a grete playn and euen waye they cam in to the Cyte of Lide·
where the bodye of the glorious martir seynt george lyeth. In tho
noure of whom·Justynyen that was Emperour of Rome made
there a mocke·fair chirche and rycke,But whan the turkes herde
tydynges that our men cam,they bete it doun and brente the tym
bre werke whiche was mocke grete , For they doubted that oure
pilgrims shold take them for to make engyns to caste stones.and
castellis to assaile with·thenne herde our barons saye that ther fast
by was a mocke noble Cyte named Rames.they sente the erle of
Flanndres with· v · C , horsmen to fore the twun for to knowe
what semblaunt they wold make·None yssued out whan they ap
proucked it.they cam ner,and founde the yates open.And entred
in to the Cyte · And founde neyther man ne woman . For the
nyght to fore they had herd tydynges how oure pilgrims cam.&
ladde to the montaynes wyues and children,and alle theyr how
hold·whan therle knewe herof he sente to the barons how the ma
ter was and counseylled them to come in to the twun . they were
mocke glad of thyse tidynges / they made deuoutly theyr pra
yers at the tombe of seynt George , And after cam in to the Cyte
whiche was al ful of wyne of whete·of oylle and of other vy
taylles to them necessarye·they abode there·iij·dayes,they chose ther

a bisshop of the cyte / aud was a normant named Robert whiche
was born in tharchebisshoprycke of Roen / They · gaf to hym entier
ly the two Cytees for euermore that is to wete Lydde and Ra ~
mes and the countre and vyllages about them / ffor they gaf it
to honoure god / and seynt George for the fyrst gayne of the sa ~
me holy londe

How the Cristen men of bethlehem receyued moche wel Tan ~
cre and his route · And sette his baner on the chirche of our lady
Capitulo   ℂ Lxvj.

t   He turkes beyng in Iherusalem herde wel tydynges of the
          commyng of our pylgryms / wel knewe they certaynly that
alle theyr entencion was to come to the holy cyte ffor whiche thyn
ge they were pryncipally meued and departed fro the countrees ·
whan they herde this they were moche esmeued / And sayd that it
was reason to deffende it / The Cristen men that were in bethlehem
sente certayn messagers to the Barons · & desyred of them that they
wold delyuere the toun in to their handes / if they wold sende men
to receyue and kepe it · They sayd that it was reason to doo that they
requyred · They toke an honderd men of Armes wel horsed noble
valyaunt and hardy · And delyuerd to them Tancre for a Ca ~
pytayn · They that cam to feiche them conduyted them in such wi ~
se that erly in the mornyng they entred in to the toun · Alle they
of the Cyte clerkes and laye men receyued them honorably · and
with moche grete ioye with processyon brought them in to the
chirche whiche standeth in the place · in whiche the gloryouse vyr ~
gyne marye was delyud & chylded oure lord Ihesu criste the saue ~
our of the world · they sawe the crybbe in which was leyde in to re
stelthe swete childe that made heuen & erthe · whan our peple sawe
thyse holy places they were moche ioyous and had grete tendres ~
nes in theyr hertes · The Cytezeyns of the toun for signe of ioye
And for demonstraunce that oure lord and his dere moder · oure
lady shold gyue to them vyctorye · toke the baner of Tancre · and
sette it on hye vpon the chirche of oure lady · They that were lefte
in thoost · had moche grete desyr to see and vysyte the holy places
that were nygh by · as it was sayd · ffor for the loue of god & for to
honoure hym were they departed fro theyr countree · and had suf ~
fred many annoyes and grete trauaylles · And they myght not
slepe this nyght · suche brennyng desire had they forto see the cyte

Which shold be thende of their trauaylle·and thaccomplysshement
of theyr vowe:Them thought longe er the daye cam.and them se-
med that thys nyght was moche lenger than the other , ffor to a
corageous desire ther is not haste ynowgh.

Of thardaunt desire that the peple had for to see Iherusalem·
And how the hoost approched and were lodged by ordenaunce
Capitulo· ℂ·Lv·Vij?

¶ Yth that it was knowen certaynly in the lodgys that the
Duc hadde receyued this nyght the messagers of Bethleem
And that he had sente his men in to the toun.The peple afoote abo-
de neuer for leue of the Barons / ne myght not suffre til the daye
was come·but began to calle alle the nyght for to goo vnto Ihe-
rusalem·Whan they were goon a whyle forth / One of the noble
men of thooste named Gaste de bedyers had moche grete pyte of
this peple that they shold be slayn in the waye·And·therfore he
toke his hors and toke.xxx'.men of Armes with hym wel horsed
and ordeyned in arraye·And thought that he wolde goo nygh to
Iherusalem for to see yf they myght fynde out of the toun beestes
and other gayne for to take and lede away with hym. Alle thus
as he thoughte ,it fylle thus in partye.ffor whan he cam vygh the
toun.he fonde Oxen & kyen largely in the pastures,and but fewe
that kept them·they fledde away whan they sawe our men come
Gaste and his men began to gadre the beestes to gydre and droof
them hastely toward thoost,but the herdmen and kepars of them
made a grete crye'In the toun were turkes hardy and desyrynge
to doo armes,They armed them dilygently & ronne hastely after
for to rescowe the praye'gaste & his men sawe them come·& kne-
we well that they were not strong ynough for the turkes,therfor
they left this that they brought.& mouted vpon an hye montayne
therby moche angry of this mesauenture. Whan they had abyden
a whyle vpon this montayne· They bebelde in to the valeye,And
sawe Tancre come fro Bethleem retornyng to thoost with an'C.
men on horsbak·Whan Gaste sawe them he smote his hors with
his spores & cam to hym' and told hym of his mesauenture and
moche auguysshous and sayd that the turkes were not ferre'they
ran alle to gydre after them and ouertoke them er they myght co-
me in to the cyte In theyr comyng they discomfyted the turkes

that they that myght fledde in to the Cyte , The remenaunt they
flewe. And oure men recouerypdr theyr proye . Andr brought it in
to thooft with grete ioye' Alle they that were in the lodgys affem
bled. about them· Andr demaundeðr of them ententyfly fro whens
this proye cam · They anſwerdr that they hadr take it to fore the
yates of Iherusalem' whan they herde named the holy Cyte of Ihe
rusalem· and knewe certaynly that it was ſo nygh/thenne began
they tendrely to wepe, And fylle doun on theyr knees.andr ren-
dred thankynges to oure lordr with moche grete ſyghes . of this
that he had ſo moche loued them andr conduyted that they myght
ſee ſhortly the ende of theyr pylgremage'that is to wete the holy
Cyte of Iherusalem· whiche our lord ſo moche louyd that he woldr
dye therin for to ſaue the world. Grete pyte was it to ſee aud he
re the teres & the cryes of this good peple. They departed in this ſa
me maner. And wente ſo forth that they ſawe the towres and the
walles of the toun, Thenne lyft they up theyr handes toward he
uen· and dydr of theyr hoſen andr ſhoes men andr wymmen' andr
kyſſed therthe, who that had ſeen this'thaugh he had had an hardr
herte he ſholdr haue be meuydr to pyte . ffro thens forthon the waye
greued them nothynge· but they wente moch lyghtly til they cam
to fore the toun, There they lodged them all aftir thordenaunce and
deuyſe of the barons, whiche delyuerd to them the places . Thenne
ſemed verytably that the worde of the holy prophete was entierly
accomplyſſhydr . whiche ſaydr longe to fore. Leua Iherusalem' &
Aryſe up Iherusalem, andr lyft up thyn eyen· Andr beholde the
puiſſaunce of the kyng thy ſauiour, which cometh to ontbynde the
and put the oute of the bonde wherin thou art·O lordr god how the
hye barons the knyghtes.the gentylmen of our hooſt andr alle the
other generally men and wymmen were recomforted andr reconcy
ledr of the grete.trauaylles andr meſeaſes that they had longe en-
dured, whan they founde them to fore the holy Cyte of Iherusalem
Andr how ecke of them hadr goodr wylle to contayne hym ſelf in
this nede and werke

Of the ſituacion of Iherusalem andr deſcripcion, and alſo of
many other cytees townes & countrees ther aboute.ca? ℂ Lviij?

ℸ   Nouthe it is that the holy Cyte of Iherusalem ſtondeth by-
      twene two montaynes · wherof dauid ſayth in the pſaulter

Fundamenta eius in montibus sanctis, The fondementes of it
ben in the holy montaynes/ toward the west is the see and the
londe of the philistees·xxiiij. myle vnto port Japhe/ and that is
the next part of the see, But bene bothe is the castel of Emaus
Where as oure lord after his resurexion appered to two discyples
There is modyn the cyte and the fortresse of the machabews. The-
re is the place & temple. Where alymelech the holy preest gaf to da-
uid and to his squyers the loues of breed to ete that were offred
vpon the table of our lord. Wherfor saul dyde do slee hym, and the
other admynystratours of the chirche and men of the toun/ There
is lyde Where seynt Peter heeled a lame man named Eneany·and
had leyen, viij·yere paralityk, There is also Japhe as I haue sa-
yd Where seynt Peter reysed a dede woman named thabyte, There
was seint peter herberowed in a tanners hows·that tanned leder
Whan he receyued the message fro Cornelle whom he baptysed as
is sayd in thactes of the apostles·toward the eest is the flome Jor
dan, And the deserte is by yonde Where the holy prophetes were
woont to repayre/ There is the vale sauage Which is named the
dede see/ Which was a moche fayr and delectable countre lyke a
paradys to fore that oure lord made do synke. v. Cytees, Sodome
and the other, as is sayd in Genesys/ On this syde Jordan is
the cyte of Iherycho·that Josue wan more by prayer than by ba
taylle. Theder wente oure lord Jhesu Criste/ and made a blynde
man to see, There is galgala Where helyzeus the prophete dwel-
lyd·Toward the south is the cyte of Bethleem Where our lord
was born·and leyde in the crybbe emonge the beestes. There by is
kcua the cyte Where Amos and Abacuc the prophetes were born/
Toward northeest is Gabao Where atte prayer of Josue the sonne
rested·til he had vaynquysshed/ the batayll, There is Sccirs Where
as our lord spak to the woman of Samarye. There is bethel
Where as the peple of Israhel worshipped the calf of gold ayenst
the wylle of oure lord/ There is Sebaste Which is named seynt
Johan de sebaste·There is the sepulcre of seynt Johan baptist/ he
lizeus and Abdyas the prophetes were there buryed, It was
sommetyme named Samarye. The Cyte of naples is there/ Which
somme tyme was named Syckem·And it was there Where Sy-
meon and leuy sones of Jacob for to venge theyr suster Whiche
had ben enforced slewe them of the toun, aud brente alle the cyte

How Iherusalem had many names after dyuerse lordes theryn
141

i   Herusalem is the chyef cyte of Judee / Jt is Withoute me∕
dowes and Withoute Ryuers. ne no brooke ne Welle · Jt
Was first called Salem / & after Zebus / After in the tymr What
tyme Were caste out the Jherusesees. Whan dauid had regned
vij. yere in Ebron / he greWe and amended moche this cyte / And
Wold that it shold be the chyef and hede place of alle the Royam∕
me / Thenne Was it named Jherusalem. Tofore that dauid assayl∕
led the toun / he toke the toWre of Syon / Whiche Was named the
cyte of Dauyd. Thenne made dauyd the cyte to be made about the
place Whiche Was named Mellon. Joab made the remenaunt of
the toun / After Whan Salamon regned in Jherusalem / Jt Was
named Jherosolima · That is to saye Jherusalem of Salamon ·
As they saye that made thystoryes / After the deth of Jhesu criste
Titus the sone of Vaspasian Was a moche grete prynce of Rome
And assieged this cyte With a grete hoost / & toke it by force / and
destroyed it. and threWe it doun to therthe / After cam Elyus A∕
drian the fourth Emperour after hym / and called it after his na∕
me elye / ffor he redefyed it moch Wel / first it stode in an hangyng
of an hylle. in suche Wyse as toWard theest and south it Was sette
in the roundnesse of the tertre of the mount of syon · And of ano∕
ther moût named Moria. The temple only and the toure named
Anthone Was on the toppe of the tertre · But the same Elyus
made alle the Cyte to be born and redefyed right on the toppe or
sommet of the tertre. in suche Wyse that the place Where oure lord
Was crucyfyed / and the holy sepulcre · Where his blessid body Was
leyed in. Whiche tofore Were Without the Cyte · Were thenne en ∕
closed Within the Walles . The Cyte Was not ouer grete. ne ouer
lytle. Jt Was more long than brood / hit is on the four quaters en
uyronned With depe valeyes toWard the eest is the valeye of Jos∕
phat / Ther stondeth a moche fayr chirche made in thonour of the
glorious Vyrgyne Marye. Where it is sayd that she Was buryed. &
ther is sheWed yet the sepulcre · Ther vnder is the rennyng Water
of Which seynt John euangelyste sayth / that Jhu Crist passed / To
Ward the southe is a valeye named Ennon . there is the felde
that Was beught With the pens that Judas sold oure lord fo ∕
re. Which is made in sepulture of pilgrims / & named acheldemach
toWard the Weste is a parte of ther valeye Where as the piscyne

is · Whiche was a grete thynge whan the kynges of Iude were there: τ it stratcheth vnto the Cysterne. whiche is called the lake of the Patriarke . By the olde Cymetyer whiche is in the caue named the Lyon toward the northeest may men goo vp playn to the Cyte. There is shewed the place where seynt Stephen the pro= thomartyr was stoned of the Iuys · whan he prayd vpon his knees for them·that so pytte hym to deth / And so deyed a very marter

Here thystorye deuyseth of many merueyllous edyfyces con= teyned in the same Cyte of Iherusalem . And who made them. Capitulo   C lxx?

¶   O as I haue sayd , two montaynes ben enchayned within
the walles of Iherusalem·a litil valeye is bytwene them both whiche departed the toun as in the myddle / Syon is toward the weste / on the somete or toppe theron stondeth the chirche which is named Syon / And after there is a tour of dauyd whiche is the dongeon of the toun / made of moche stronge werke · walles and barbycans there be many that ben aboute the toun · Trouthe it is that to fore oure pylgryms cam in to this holy lande · the place where our lord was crucyfyed whiche was named caluarye. And there where the very crosse was founden. And where our sauyour Ihesu Criste was taken doun of the crosse· And enoynted with precio9 oynementis τ enuolupped in whyte lynen cloth this places were strayte as lytil chapelles / But after that oure crysten men had the power them thought that the chirche was made ouer strait and lytil where so grete and noble thynges were. Therfore they made it al newe walled about with good stronge werke and hye whiche conteyned and enclosed within it the fyrst chirche and the holy names that I haue named / Toward the parte of the orient is the other mount·named mona·On the hangyng therof as who beholdeth toward the south stondeth the temple. whiche the laye pe= ple calle it Templum domini . There as Dauyd bonght the place for to sette in the Arke of oure lord · And Salamon his sone made there the temple by the commaundement of God / At the begynnyng of this book we sayde to you·that Omar the sone of Captap dyde make the forme in this manere·There is a pla= ce square longe as moche as an Archer maye shote at thryes · And as brood , closed with good walles / stronge · and hye / And there toward the weste ben two gates by whiche men entre

14 2

That one is named Speciosa, Where seynt peter heeled hym that
Was lame fro his byrth·and satte to fore the gate for to demaun/
de Almesse· That other gate had no name to Ward the north eest·
Toward the thorient is another gate named the Golden gate /
Toward the south is the howes Ryall, Whiche is the temple of sa/
lamon · Vpon eche of thyse yates · By Whiche men entre in to
the town· And on the cornes ben hye towres Vpon Whiche the pro/
uostes Were Woonte to goo Vp at certayn howres for to Warne
and somone the peple to praye and say theyr orysons, and to ho/
noure our lord after theyr custommes, Somme endure yet·& the
other ben falle in the cloysture of this place·ther dar noman dwel
le·ne noman is suffred to entre but bare foot and clene wasshen/
ffor there ben porters sette at alle the yates that take hede therof·
In the mydle of this place Whiche is thus closed is another pla
ce more hye and square toWard the Weste·men goo vp therto in
two·places by degrees or stayres·and in lyke Wyse toWard the
southe· But toWard the south goth noman vp·but by one place,
In everyche of the angles or corners Were Woont to be oratoryes
Where the sarasyns made theyr orysons and prayers, Somme en/
dure yet· And many ben beten doun, In the mydle of this hye
place stondeth the temple Whiche is made·viij·square·And With
out ben the Walles couerd With tables of marble wrought With
fyn gold moche rychely· The couerture aboue Was of leed alle
round right Wel made·eche of thyse places aboue and bynethe is
paued With moche fayre Whyte stone·in suche Wyse Whan it ray/
neth · alle the Waters of the temple · of Whiche ther falleth grete
plente falleth doun cleene and cleer in the cysternes Whiche ben
Within the cloystre·Then bytWene the temple and the place Which
is emonge the pylers·There stondeth an hye Rocke and toWe by/
nethe a dyche or a fosse· It is sayd that the Angele stondeth there
on Whan he sleWe the people for the synne that dauyd had nom/
bred his peple vnto the tyme that oure lord commaunded that he
shold put the sWerde in to the shethe·there made Dauyd after an
Aulter To fore that oure men entred in to the town·it had ben a
certayn tyme alle discouered· But after they that holde it·they
couerd it With a fayr Whyte marble·& made an aulter aboue Whe
re the clerkes dyde the seruyse of oure lord

He londe in Whiche Jherusalem stondeth is namedz Ju-
rye · by cause that Whan the·xij·lygnages·oz trybus de-
parted fro the keyer of Salamon, Andz kelde them to Je-
roboam, The tweyne abode in Jherusalem With Roboam that
Were the tryke of Juda· And the tryke of keniamyn, Andz of the
name of Juda it is namedz Jurye, It is namedz also palestyne
for the phylystees·This Cyte standeth as it Were in the naupll of
the londe of Byheste oz of promyssion, after the termes that Were
named by Josue,Whiche endure fro deserte of the mount of Lyba
ne·andz fro the grete flodz of Eufrates Vntil the see.The place in
Whiche the cyte standeth in is moche aperyez dzye,Thez be no Wa-
tez in the toun but only of the rayn.ffor in Wyntez tyme Whan it
is acustommedz to rayne moche in the londe·it is recepuydz in to
the Cisternes,of Whom be many in the toun, and they occupye this
Water in all thynges that they haue nede of,Nauertheles somme
scriptures saye that they Were Woonte to haue fontaynes·Whiche
Were Without the toun· and ran in to hit,But they Were stoppedz
by the Warre , The leste of alle the fontaynes was gyon·Whiche
Ezechyas the kyng stoppedz lyke as the scripture sayth·Gyon is
noW a place in the toun toWard the south Within the valeye that
is namedz Ermon·There is a chirche foundedz in the Worshyp of
seynt prewpt marter ·There in that same place was Salamon e-
noynted as is red in the thirde kook of kynges·Without the toun
a tWo myle oz thre ken foundzn somme fontaynes · but they be
but feWe·and they rendze but lytil Water· In the partye toWardz
the south Whex as the two valeyes assemble,is a fontayne moch
renommed Whiche is named Sylde,our lord commanndzs to the
Blynde mã that neuer had seen that ke shold goo Wasshe hym in the
Water there of this fontayne.e ke saWe clerely e incontinent Was
made hool,this fontayne is but a lytil myle fro the toun·It semeth
that it koylleth a lytil·som tyme it spryngeth not·so:nme saye that
alWaye the·in·daye the Water cometh agayn atte ferthest · Whan
the turkes of the toun kneWe that oure men cam / they stoppedz
the moWthes of thyse fontaynes e of the Cysternes a fyue oz·Vj
myle akoute ,ffor they thought that the pylgzyms for lacke of
Watres sholde not maynteene theyz syege to foxe the toun / Andz

Without falte that they had grete lack and mesease therby as ye
shal here folowyng· they that were within the cyte had grete plen
te of water in cisternes, and fro the fontaynes without cam gre
te haboundannce by conduytes whiche descended in tw.ij. pyscynes
right grete by the temple· that one endureth yet in to this day, and
is named probatica piscina. Where as they were wonte to was·
she the flesshe of the sacrefyses· of whiche the gospel speketh· and
sayth that it had ·v· porches where the angele descended and meuid
the water· And he that fyrst entred after the meuynge of the wa·
ter was made hool · of what dysease that euer he had · In that
place oure sauyour Jhesu Crist heeled a lame man that had leyn
there many yeres

Of the nombre of them of thoost· of them of Jherusalem, and
how oure men lodged them in the siege to fore Jherusalem ·
Capitulo   C lxxij·

i IN the yere of thyncarnasion of our sauyour Jhesu Criste, M
     lxxxxix in the moneth of Juyn the vij daye of the sayd
moneth was lodged the hoost of cristiente to fore the holy cyte of
Jherusalem, The nombre of them that were there as wel men and
wymmen were, xl·M· There were not men defensable of the foote
men aboue, xx·M· On horsback were not passyng a· vᵐ·C · Alle
the other were feble men as seke men and wymmen and also old
peple· Within the toun were men able to bere armes, xl· thousand
whiche were comen in fro cytees and castellys ther aboute · And
they were the best men of armes and chosen for the valyauntest
that they coude fynde, After that oure men were arryued to
fore the toun : They hadde a grete counseyl emonge them · And
called the cristen men of the countre for to demaunde of them
in what syde they myght beste assiege the toun· They sawe
wel that toward thorpent· Ne toward the southe they myght
nought doo for the deepe valeys that ben there · Therfore they
acorded to sette the siege to fore the northeste, Wherfore it was
so that fro the yate named the yate of Seynt Steuen whiche
stondeth in the northeste vnto the other yate that standeth to
ward the weste· And is named the yate of Dauyd were lod·
ged alle the barons and the other pylgryms · The valyaunt
Duc of loreyne had the fyrst place, In the second was therle

of fflaundres · In the thyrde was the duc of Normandye, The fourth place helde Tancre besyde a tour of a corner Whiche yet is named the tour of Tancre. And other grete men Were lodged there With hym. ffro this toure Vnto the yate of Occident comprysed therle of tholouse the place and the people that were With hym, But after Tancre sawe that by cause the tour defended the yate so wel, and also for the Valeye that was so nygh he myght but lytil prouffyte there . therfore by the counseyl of the Wyse men that knewe Wel the keyng of the toun he remeuyd fro thens, and Wente on the tertre on Whiche the cyte is sette on bytWene the toun & the chirche of seynt Symeon, Whiche is Withoute the Cyte as fer as an Archer maye shote at ones. There he lodged hym to .thende that he myght beste greue the toun there. And for to deffende the turkes this sayd chirche. Whiche is holy. ffor there soUped our lord With his discyples, and Weesshe humbly theyr feet. There descen = ded the holy ghoost in fyry tonges on Witsondaye . In the same place passed oute of this Worlde the gloryous Vyrgyne Marye, Whiche bare in her precious body the saueour of the World. ther is sheWde the sepulture of seynt steuen.

HoW oure men began tassaylle Iherusalem. And of the grete di= lygece that they dyde to make engyns for to take it, ca? C lxxiij?

W Han the barons Were thus lodged fro the yate toWard nor = theste as I haue sayd Vnto the tour on the corner Which is Vpon the Vale of Josaphat, And fro thens Vnto that other cor = ner of the cyte Whiche is on the pendaunt of the same Vale toWard the south. thenne Was it thynge euydente that the one half of the toun Was Wyth payne or Vnnethe assieged. ffor fro thens that I haue sayd Vnto the yate named mount Syon. the Cyte Was no thynge assieged The fyrst daye after that thoost Was lodged to fo = re the Cyte it Was accorded comynly and cryed thurgh alle the lod gys that alle men shold be armed the best Wyse they myght and co me to thassault . They cam alle and began moche strongly thas = saylle aboute the toun · They hadde the hertes moche hardy and brennyng desyres and Wylle to doo the Werke of oure lord. In theyr comyng on they toke the barbycanes that Were right ayest them. And the turkes embatilled them Within the grete Wal = lys, They of the toun Were so effrayed of the grete hardynesse

144

and prowesse that they sawe with oure peple and had ouer grete fere. in suche wyse that they loste alle theyr hope for to deffende the toun. And was wel knowen afterward, that yf the talent of our men had endured and that they had had skalyng laddres & cas tellys by whiche they myght haue aprouched the walles of the toun. They had taken it certaynly. but whan thassault had endu red fro erly of the mornynge that same daye vnto one of the clok of the same daye at after none. They apperceyued wel that with oute engynes they myght not doo grete hurte ne dommage to the toun/therfor they withdrewe them abak. & purposed to come agayn to thassault. whan theyr engyns shold be better ordeyned: The ba rons toke counseyl emong them for taduyse/howe they myght fyn de manere to make engyns for tassaylle the toun. ffor them semed that in alle the countre shold not be founde trees ne wode yno we for to make suche thynges as they sholde nede. But a valyauut man of the countre cam forth and told to them of a valeye. vj. or. vij. myle thens whiche was ful of trees and grete ynowghe for to make engyns, They sente theder grete nombre of Carpenters And somme of the barons to conduyte them, Eche of them hewe doun the tres and dyde do brynge them in charyottes/ Thenne ma de they come alle them of thoost that coude medle with suche thyn ge. and dyde do make engyns perierres/ Magonneaules. castellys chatres/ and wayes couerd mocke grete plente, The pylgryms that coude werke toke none hyre ne wages yf they had as moch as they myght entretiene and kepe them self, The other that were pour receyued theyr wages of the comyns/ ffor of all the barons of thoost/ther was none that myght paye the costes of this werke sauf therle of thokouse. ffor he hym self allone susteined of his pro pre good all the werkemen without thaide of ony other. & also to many knyghtes that had despeded theyr good dyde he gyue many grete yeftes. whyles that the barons were thus besy that euery che dyde do make his engyns for hym self. The other knyghtes & the mene peple ran vnto busshes and hedges/ffor to fetche stockes and roddes with grete dilygence for to make pynnes. None was ydle. but alle men helpe to this werke. Ther was noman had sha me ne despyte to doo thynge that myght auaylle. ffor they sayd well that alle theyr trauaylle and despences that they had don & made in alle theyr waye were nothyng worth yf this enterpryse for to take this toun were not wel accomplysshed i N thoost had they grete meseace of thurst·ffor as I haue sayd to you the place Where the cite stondeth in·is moch ayenre & drye Withoute fontaynes Withoute Wellys & pyttes of Water spryngynge·ffor they of the toun Whan they herd· saye·that oure peple cam·they fylled somme pyttes that Were Withoute the toun nygh to the Cysternes Where as Was rayn Water·and they had couerd and stopped them·to thende that the pylgryms sholde haue none ease of Water· But the cytezeyns of bethleem and they of a lytil cyte called teaua that kneWe the countre al aboute·Wold and enseygned to them somme fontaynes·brokes·pyttes and Cisternes· ther Was grete prees and grete meseace·suche tyme there Was that Whan the pour peple myght brynge theyr barellis & vessellys ful of troubled Water and thycke· They sold it rychely in thooste· The fontayne of sylde of Whiche I haue spoken to fore myght not suffyse them·ffor it spryngeth not alWay·and yet that Was not right good· Thanguyssbe of thurste greWe moche of the hete that Was in Juyn· And of the trauaylle that they suffred and for the duste that entred in theyr moWthes· Whan tWo or thre had founden ony Water rennyng or Welle·alle ran theder·in suche Wyse that it faylled anon· The men a foote Were not in so grete disease as they that had horses·ffor they ledde them somtyme thre or foure myle ferre for to Watre them·& yet Vnnethe founde they ynoWgh there Were many that lefte theyr horses·and habandouned to goo Where they Wold and other beestys for defaulte of Water·ye sholde haue seen mules·Asses·Oxen·Oxen and horses goon Withoute garde or kepar in the feldes·At the laste Whan the beestys had long languysshed·they deyde· Wherof cam grete stenche in thoost· Wherof the ayer Was corrupte ouer peryllously· The peple Was not in lasse anguysshe there for thurste·than they had ben to fore at Anthyoche for hongre· Oure men Were acustomed for to seche pasture for theyr horse moche ferre fro the toun in Vyllages ther about· The turkes of the toun markyd it·and yssued Where as the siege lay not·and cam ayenst them and sleWe many·and toke aWay theyr horse·And brought them in to the Cyte· Many escaped that fledde Vnto thooste· Every daye lassed the

nombre of the pylgryms·By many suche aduentures,and by gre
te Infyrmyte and sekenesses that Were in thooste,and by many
other causes·Wherof many dyed· And in the place of them cam
none other/ But they in the toun encreced and greWe euery day.
ffor to them cam neWe ayde & grete refresshementes of men and
Vytaylle that myght entre and yssue by the yates·kepyng onte of
the siege

How the turkes enforced them to make meruepllcous engyns
ayenst the oWres· And of the meschyef that they dyde to the cristen
men that dWellyd in the toun. cⁿo   C lxxVo

m   OcKe Were our barons in grete payne for to make & adresse
     the engynes·The mene peple payned them ententyfly to ser
che and pourchasse suche ayde and helpe as they myght, They
that Were in the toun fayned nothyng·but made grete cure and
grete entente to make other engyns ayenst oures·they toke good
hede to the Instrumentes that oure men made for tassaylle them .
And they adressyd as good or better to defende them,/ffor they had
gretter plente of tymbre Within the toun than they hadde that
Were Without·the toun Was moche Wel garnysshed of alle thyn
ges that they neded·to fore·that our peple cam·they had grete plē
te of Cordes stones Wel sytyed and other thynges moze than they
neded·the cristen men of the toun Were moze trauaylled and char
ged With thyse Werkes than ony other men· And also they Were
beten cruelly·And somme they sleWe·And With alle thyse mesa ·
uentures·they bare them on honde that they Were traytours · and
descouerd theyr counseyl to theyr enemyes/there Was none of the
cristen men that durst goo Vpon the Walles/ But yf he Were char
ged or laden With stones or tymbre·and yf they had ony Vytayl
les in their hoWses it Was take from them in suche Wyse that they
suffred many meseases/Whan one had nede of ony tree/anon they
bete doun the hoWs of a crysten man , for to haue a lytil pyece of
tymbre·yf they taryed a lytil to come at the hour assygned·anon
they Were beten and hurt ouer soroWfully·they Were brought to so
moch soroW·that there Were but feWe,/but they had leuer to haue
ben deed than a lyue·they durst in no Wyse yssue out of their hoW
ses Without commaundement

a　T the Siege of Jherusalem the pylgryms conteyned them
　　as I haue sayd,Thenne cam a messager that brought ty ;
dynges,that somme shippes of the Genewes were arryued atte
porte of halappe· And moche requyred the barons of thoost they
that were come in the shippes·that they wold sende to them somme
knyghtes for to conduyte them vnto thooste·The Barons prayde
therle of tholouse which was most ryckest of them,that he wold
sende theder somme of his men he dyde that they requyred . And
sente a knyght of his named Wyldemart Carpynele,and delyud
to hym.xxx.horsmen and.L.men a foote,After that they were de/
parted,´ the barons sayde to therle,that he had sente ouer fewe men
and prayde hym that he wold sende yet moo he agreed wel·And
sente Remon pelet and Guyllamme de Arsbran with·L.horsemen
But er they had ouertaken this Wyldemart,whiche were alway
forth til he was come bytwene Lyde et rames in the playnes that
key there,ther mette hym.vj.C.turkes on horsbak which ra vpon
hym rudely. At this fyrst recountre they slewe four of oure hors/
men,et moo of them a foote,yet our men were not disconfyted,´but
helde them togydre· And warned eche other to doo well· In this
tyme whyles they fought togydre,Thyse two knyghtes that cam
after and theyr companye sawe this sekarmucke,and so moche ha/
sted that they cam and ioyned with our other men·Thenne began
they to doo wel,in such wise that they disconfyted the turkes,and
put them to flyght,and slewe.ij.C.turkes of them,´Of our men
were slayn two valyaunt knyghtes for whom alle the other we
re sory,that one was named Gylbert de trene· And that other A/
chart de mountuille·Whan our men had thus disconfyted the tur/
kes,they cam to Japhe where they were receyued with moch gre
te ioye·the maronners of Gene receyued them moche honorably ,
whyles as they soiourned there,and discharged theyr shippes for
to aduyse and ordeyne how they myght come in the hooste. Sodan/
ly or ony man toke hede of hit,the nauye of them of egypte,whiche
was made redy in the porte of Sklauonye sawe theyr tyme for to
hurte our peple cam to fore Japhe·Whan oure men and the gene/
wes apperceyued this , hastely they descended to the see,´fyrst they

essayed for to deffende them , but they whan they sawe that there
cam so moche peple that they myght not resiste them. they disgar-
nysshed theyr shyppes as faste as they myght and bare away cor-
des cables and saylles·and the other takle·and bare it and leyde
it in the fortresse . One shippe of the genewes Which was goon
for somme gayne vpon the see, cam alle laden with grete gayne ,
and wold arryued at the porte of Japhe·but they of the shippe
knewe wel fro ferre·that the nauye of the turkes helde the porte .
Therfor they caste about and turned theyr saylle.and wente to the
Eyche/The cyte of Japhe was thenne alle deserte and voyde of pe
ple·ffor the cytezeyns of the toun trusted not wel in theyr fortres
se/Therfor they were goon a litil byfore that our men cā·of which
it happed that oure men kepte nomore than the tour, And whan
they sawe theyr tyme they made them redy·and sette theyr thyn-
ges all in ordenaunce·and wente theyr waye and cam in to thoost
where they were receyued with grete ioye/ffor the maronners of
gene were moche good Carpenters & coude wel make engynes &
other Instrumentes of warre in suche wyse that syth·they were
comen/the barons began more delyuerly and the better theyr en-
terpryses to brynge to an ende

How alle the pylgryms eueryche after his estate payned them
to make thengyns for thassault. cā?   ℂ lxxvij?

t   Hey that abode in thoost dyde theyr power for tadresse their
        egyns/ffor the duc godefroy the duc of normādye & therle of
fflaūdres had a valyaūt mā which was moch wise & iuste named
Gace de Veer ' he had the charge for to take hede to the werkmen '
This man dyde do make theyr werkes iustly and wel , The ba-
rons conduyted the men a foote for to gadre to gydre the roddes
and bowes of trees for to make witthes and pynnes for to couere
the engyns. And also to hewe the grete tymbre and brynge it to
the hoost to the werkmen, they toke the hydes of the beestes that dey-
de and stratched them vpon thengynes for to kepe & defende them
fro fyre/In this partye toward·the northest the barons entremes-
dled vygorously as I haue sayd for to assaylle fro the tour of the
angle or corner vnto the west gate/Tancre trauaylled also moche
and the other knyghtes that were there lodged for taduyse how the
cyte myght be wel assaylled on theyr syde·On the syde toward the

south/there was therle of tholouse and his peple.he was moost
ryche of them/and therfor he had the moost peple that wrought
They of Genes were drawen ſalle to hym , whiche had a Cappy-
tayn a moche excellent werkman named Gnylliam Ebryac.he
made them to haste moche the werke and to amende it· Thus
was alle thoost occupyed in this werke four monethes al hool,
They had ſo moche exployted that everyche of the barons had do
made right that which he had begonne and enterprysed·Therfor
they counseylled emonge them & ordeyned at a day sett·to goo to
thassault·But for as moch as therle of tholouse and tancre had
be grete Rancour and wrath,and somme of the other Barons
and knyghtes that loued not wel to gydre for dyuerse reasons/
The barons by the admonestacion of the bisshops wolde that of
alle debate shold be good peas/and that eche shold pardone other
all euyll wyll and talente,by cause that our lord shold helpe them
the better in doynge and accomplysshynge his werke·And yf it
happed them to dye.the surer myght they attende the deth

Of the fayr processions that oure pylgryms made to thende
that god shold gyue them vyctorye,and how they pardonned eche
other theyr mal talentes and euyll wylles/ca?   ·C lxxviii

ℸ   THe daye was ordeyned and taken by compyn acorde of alle·
that processyon shold be made.& the relyquyes shold be borne
ſuche as were had in thoost·They shold alle goo vnto the mount
of Olyuet. And they shold mayntene them this day in faſtynge
In repentaunce of theyr synnes / and in oryſons and prayer
vnto our lord to thende that he wold haue pyte of his peple/and
recoyue in gree theyr seruyse · in ſuche wyſe that by them his hery-
tages myght be recouerd fro the handes of his enemyes which hel-
de it in their poſſession/Peter theremyte on that one part.and ar-
nold the chappellayn of the Duc of Normandye/ whiche was a
grete clerk and wyſe · of that other parte made the sermon to the
peple · They exhorted them by ſwete wordes to enterpryſe vygo-
rouſly the werke of oure lord/ wherin it were better to dye than
to lyue·The mount of Olyuete is ayenst Iherusalom in the este
partye about a myle fer fro the town,/ffor the vaal'of Iosaphat is
bytwene bothe·there assembled our lord his discyples and styed

and ascended vp to fore them alle in to heuen the day of thassensi=
on /and wente vp in a clowde which toke hym / whan alle the pe=
ple had ben there in grete wepynges and prayers /and alle the de=
bates appeased that were emong them /they descended fro the hyl=
le in to the chirche of mount syon. Whiche is by the Cyte as I ha=
ue sayd in the side toward the southe on the toppe of a tertre / The
sarasyns of the toun that were in the toures and vpon the wal=
les of the toun merueylled moche. What this myght be that oure
men made there /and where they myght see the presse nygh to them
with in shotte · They cessed not to shote arowes and quarellys in
suche wyse that they hurted somme. Thenne adressyd they crosses
vpon the walles /and in despyte of our sauyour. and in reproche
of oure fayth spytte on them · and made other shames aud fowle
thynges whiche be not for to be sayd. The peole of our lord · whiche
were in holy wylle for to serue hym /sawe wel thise thynges that
the turkes made /theyr desyre grewe and encreaced moche in theyr
hertes for tauenge the shame of our lord Jhesu Criste / whan they
had made theyr oryſons and prayers in the chirche of mount Sy=
on / The daye was to them ordeyned and named for to make thas=
sault by comyn acorde / Thenne they retourned to theyr lodgys. yf
ther was ony thyng to be made on theyr engyns. anon it was ac=
complysshyd / For euery man toke good hede aboute hym that no
thynge faylled that sholde be necessarye to make thassault ayenst
theyr enemyes

How oure men sodenly transported in the nyght theyr engyns
Unto that other part of the toun for tassaylle on that side
Capitulo / ☙ lxxix?

W Han the day approched that they had named for tassayl=
le the Cyte / the nyght to fore. the valyaunt duc godeffroy
the · erle of fflaundres , and the duc of normandye sawe
that this partye of the Cyte that they had assieged was moche
wel garnysshed of alle maner of engyns. and the moost defensa=
ble men of the Cyte they had sette there . Therfore they doubted
more this part · than ony other / The noble men had herupon coun=
seyll / They knewe wel that they myght not endommage the toun
there. And enterprysed a thynge of a right grete affayre and of
moche grete trauaylle /fro alle thengynes that they had by them
And the castel to fore the sydes were joyned to gydre · they bare

them alle · On that other syde Whiche is bytwene the gate of seynt
stephen & the tour of thaigle, that is toward the northeest / ffor them se
med & it was trouth. that by cause that the cyte had not be assieged
on that syde that ther sholde be the lasse defence / Wherof it happed
that they woke al the nyght as wel the barons as theyr peple in
suche wyse that theyr engyns were alle ioyned and reysed vp by
fore day or er the sonne aroos in the places Wher they ought to be
The castel was so approuched the walle, and was moche hyer in so
moche that they that were therin were almoost as hye as one of
the toures, and knowe ye for certayn, that this was noo lytil tra-
uaylle . ffor fro this place Wher they were fyrst lodged vnto the
place Where they sette theyr engyns was nygh half a myle · And
the thynges were so wel. and so hooly ordeyned that to fore the son
ne rysyng all thyng was redy at them. on the mornyng the turkes
bytelde on the walles and towres · And meruaylled what this
myght be that our men had so trauaylled all the nyght / they sawe
that the lodgys of the Duc and of the other barons aboute hym
were remeuyd · They sought them aboute that other side of the toun
And fonde them there · Where as they had sette no garde / Whan
they sawe thengyns and the castel dressyd / they meruaylled ouer
moche · how they myght doo this werke in so lytil tyme · ffor this
cause they doubted moche the more them that had thus enterpry-
sed and accomplysshed so sodenly in the nyght aboute that syde of
the toun, the barons that were lodged as ye haue herd to fore,
were not ydle · but reysed theyr engyns eueryche in his parte,
And therle of tholouse had made tapproche the walles a castel that
he had made with moche grete trauaylle bytwene the chirche of
mount Syon and the Cyte / the other that were nyghe the corner ·
Whiche is called the tour of tancre · redressyd a castel of tree moche
hye · Thyse thre castellys that were aboute the toun were nyke alle
of one facion · ffor they were alle square / the sydes that were to-
ward the toun were double , in suche wyse that one of the panes
that was without / myght be aualed vpon the walles. and then-
ne it sholde be lyke a brydge · But for alle that the side was not
vnclosed ne discouerd · But it was hool for to deffende them that
were in the castel

How the day folowyng our peple made a meruayllons assault
And how the turkes defended them subtylly and wel
Capitulo   C lxxx°

The daye begonne strongly to wexe clere, Thenne as it was
enterprysed and deuysed our men were alle armed for tap-
proche the walles. They alle were and had one purpoos. That is
to wete. or they wolde take the toun vpon thenemyes of our lorde
And delyuer the ordures of the meseauntes fro the holy places
or ellys in this seruyse they wolde rendre theyr soules to hym
that made them. Ther were none that had wylle to drawe aback
fro this werke/the old men forgate theyr age/the seke men theyr
maladyes, the wyues and childeren enterprysed in theyr lertes
to doo grete thynges Alle generally payned them to drawe forth
the castelles to ioyne them to the walles in suche wyse that they
myght approche them that defended it. they of the toun cessyd
not to drawe and shote Incessantly grete plente of arowes and
quarellys And with theyr engyns caste grete stones, the moyen
peple with theyr handes threwe fro the walles and towres/their
entente was therwith to make ouze men to withdrawen fro the
walles/The good cristen men that doubted nothyng to deye couerd
them with targes & sheldes, wise & other habyllemes they sette to
fore them for to kepe them fro the stones & shotte. they that were
within the castellis of tree lefte not to shote & caste stones vpon the
turkes Incessantly. And other had grete leuers and plente of
ropes and cordes with whiche they laboured and payned them
to drawe forth the castellys, they that were put for to throwe the
stones and to occupye thengyns were not ydle. but had theyr thyn-
ges wel adressyd. and threwe to them that defended the toun grete
stones moche asprely. and trauaylled moche for to do thynge that
myght greue their enemyes. But they that wold haue put forth
the castellys myght not doo that they wolde: ffor ther was a dych
moche depe to fore the barbycane. ffor whiche they myght not ma-
ke theyr engyns ioyne to the walles. the strokes of the stones
of that were throwen on the walles dyde not moche harme to the
walles of the cyte. ffor the turkes had sackes ful of heye & of cot-
ton. And grete pecs of tymbre bounden with cables of shippes
whiche henge a longe by the walles and towres, in suche wyse
that whan the stones of thengyns smote thyse softe thynges/the
strokes were lost and made no hurte to the walles. On that other
syde the turkes within the toun had moo engyns adressyd than
we had without, & more quantite of other artyllerye. of Arbales-
tres withoute comparyson that we hadde, by whiche they slewe
many of our pilgrims. & it myght not be but that our peple were

sore aferd · Thus was thassault moche gretꝛ & peryllous fro the mornyng vnto euensong tyme/ and duryng thassault it cessed ne= uer of Arowes andꝛ stones fleynge more thycke.than was in a M· yere to fore,Ther were so many that ofte the stones mette & hytte eche other in thayer/in suche wyse that they brak andꝛ flewe in pyeces.Thassault was in thre places·And the barons payned them sore to greue the turkes,men myght not wel knowe whiche partye had the bettꝛ/Oure pylgryms were put to grete payne to bere erthe for to fyll the dyche·to thende that the castellys myght ioyne to the walles , They within threwe fyre moche thycke in to the castellys,men myght see many arowes brennyng.brondes pot tes ful of sulphre,of oylle,and other thynges.nourysshyng to fy re.The stones to brak that the pyeces flewe thurgh out the sydes, Andꝛ it myght not be but that many were hurte that were aboue for tassaylle , hit semedꝛ many tymes that alle sholdꝛ falle to the ground.but our men quenchydꝛ the fyre with water andꝛ vyne= ger,and hadꝛ redy pynnes for to stoppe the holes,andꝛ also for to holde to gydꝛe theyr castellys moche iustely in suche wyse that theyr contenaunces were in alle thynges good and hardy

The nyght departed the saydꝛ assault Our peple withdrewe them,andꝛ how they watched wel theyr engyns/andꝛ the turkes the toun/Capitulo   C.lxxxj?

T His grete assault & peryllo9.that so long enduredꝛ the derk nyght departed·Our men retorned to theyr lodgys for to ete andꝛ reste · they lefte grete watche aboute theyr engyns,by cause the turkes shold not brenne them and they of the toun made grete watche to kepe theyr walles · ffor they doubtedꝛ moche that oure peple · whom they had seen so vygorously assaylle/andꝛ defende them.myght by nyght come vp on the walles by laddres andꝛ entre in to the toun·Therfor they peyned them to make good wat che alle this nyght,and to goo round about the walles and serche the towres,The stretes also made watche within the toun with gre te nombre of people · by cause of fere of traysoy . They sette heron grete entente.ffor it was for the sauacion of theyr lyues/ theyr wyues theyr children & alle theyr goodes hoolly.Our peple that were in the tentes and in the lodgys had not theyr hertes in reste but they remembrydꝛ of thassault that hadꝛ be , Euery man

remembryd hym what he had don And hym semed that he had
left many thynges vndon that he ought to haue don. And moche
desired they alle to come to the poynt for to doo prowesse · the daye
taryed, long er it cam as they thought, them semed, that they had
no greef ne ennoye of the trauaylle that they had suffred that day
They had, grete hope in theyr hertes, that assone as they shold co-
me agayn to gydre for taffaylle· that they by the helpe of our lord
they shold haue the better. And they were in grete aniguysshe · by
cause them semed, to be in more meseafe in theyr lodgys · than in
thassault

How our peple retorned agayn on the morn to thassault And
of the sorceryes that they wold haue charmed one of our engyns
Capitulo   C lxxxij°

The sprynge of the daye appiered · the peple Incontinent were
awaked. Eche wente to the place where he had ben the daye
to fore, Thenne shold ye haue seen somme renne to thengynes and,
other goo vpon the castellys for to shote with bowes and, araba-
leftres · And, many abode vnder for to drawe the sayd, castellys
forth. Nowe were they of the toun anon redy for to defende vy-
gorously ayenft the affayllers There deyed, ynowgh on bothe fy-
des as wel of ftones as of quarellys, but not for that · the other
lefte not, · but gretely they dyde theyr deuoyr, ne neuer was foū
den laffe cowardyfe in so peryllous affayre τ werke One thynge
happed that ought not to be forgoten, that is that our men had an
Inftrument called Caable so ftrong and so wel made that it thre-
we thre grete ftones attones · And, dyde moche hurte in the toun
where it atteyned. the turkes fawe wel that they coude not breke
it, ffor it threwe fro so ferre · that their engins myght not come ther
to, therfor they dyde do come vpon the walles · ij · old, wytches or
enchaunteresses whiche shold charme this engyne, and they had,
with them iij maydens · for to helpe to make theyr charme, Alle
they of oure hoofte beheld, them moche ententyfly · ffor they made
their enchantemēt vpon the walles, they abode so longe there that
thengyne threwe the ftones, τ atteyned the two old wytches and,
the thre maydens in such wife that they were fmeten alle to pyeces
and fyl donn ded fro the walles · of whom the foules wente forth
to helle · Thenne oure peple made an hu and, a crye so grete · And,

so grete ioye therof / that eueryman of them was refresshyd/ of this good strook/ They of the toun were ouer sorowfull and moche abasshed in suche wyse that them semed that they had loste alle theyr good / eur and fortune for the losse of thyse two old wytches that thus were slayn

Of the despayr of our peple at the sayd assault. And how they were recomforted by a knyght vnknowen. and euydent myracles . Capitulo, C lxxxiij?

IN this poynt endured thassault vnto after mydday / that men knewe not whiche of them had the better / Our men began to wexe wery. And thassault. tourned them to annoye and grief / ffor they had longe don alle theyr power / And the werke was not moche amended but were falle in a desperaunce / in suche wyse that they had talente to leue the castell of tree whiche was nygh al to broken of the stones and shotte / and wolde drawe a bak the other engyns that smoked of the fyere . that the turkes had caste therin. herfore wolde they prolonge thassault til on the morn / And herof to do thus they had good wylle. Theyr enemyes apperceyued this / that they lefte thassault thus. & were wexed in to grete pryde. They mocqued oure peple & sayd to them many fowle and shamefull wordes and more asprely defended them self / and hurten thengyns. In moche feble poynt was the condyut af oure pylgryms. And yf ne had be the debonayrte of oure lord/ Whiche by myracle comforted them. like as ye shal here. ffro the mouut of olyuet appiered a knyght whiche was not knowen ne neuer myght be founden. This knyght began to shake and mene his shelde whiche was moche cleer and shynyng. And made signe to our peple that they shold now retrue. and come agayne to thassault/ The Duc godeffroy was in his estage of the castel . And eustace his broder with hym for to deuyse and ordeyne there that ought be don & to kepe that holde whiche moch was good as sone as he sawe this signe that this knyght made. he began to call all the peple agayn with a moche hye voys & cryed & affermed that yf they wold retorne the toun shold be taken / herof it happed that by the debonayrte of oure lord . whiche put in the hertes hardynesse/ In suche wyse that they cam agayn with so grete ioye . as that euery man had be in certayne of thr vyctorye. So grete

hardynes was come in to their hertes/that they were entierly re
fresshyd/as they that in al that day had suffred no trauaylle/and
one thyng happed whiche was grete meruaylle/ffor they that we
re hurte peryllously/audr laye in theyr beddes/sprange vp anon
and reprysed theyr harnoys and armes in suche wyse that more
dylygently and of greter herte than the other/began to assaylle .
The Barons of thoost that were Capytayns of the people for to
gyue ensaple to other men/put them self alway to fore/where the
gretest daugiers were/were foude the moost hye me of thoost/by
whiche the mene peple were the more hardy/The wymmen that
myght bere no armes ran with theyr pottes ful of water thurgh
thoost/and gaf to all them that were wery of assayllyng to dryn
ke/And moche admonested them by fayr wordes for to do wel ,
And to serue our lord vygorously· Oure pylgryms hadr so grete
ioye in theyr hertes that they laboured and toke the werke so her
tely that within the space of half an hour they fylled the dyche ·
And a barbycan whiche was moche stronge , in suche wyse that
they brought the castel vnto the walle . The turkes of the twn
had haged as I haue sayd with cordes long pyeces of tymbre a long
the wall for to receyue the strokes of the stones/Emong all other
there were two grete pyeces of tymbre moche longe·of whiche our
men that were in the castel cutte the cordes in suche wyse that they
fylle to the ground.They that were vnder toke them with grete pe
rylle/and drewe them ner the castel for to helpe to staye and sette
vnder the brydge of the castel whan it shold be aualed/ffor the si
de of the castel that shold be lete falle vpon the walle/was of feble
tymbre/in suche wyse/that yf thyse two pyeces of tymbre hadr not
be/the men of armes mocht not haue passed on it.

How therle of tholouse assaylled vygorously toward the south
e of thardaut desire that eche man had to do wel·co° ¶ lxxxiiij

Whyles as they contynedr them thus vygorously in the
W   partye toward the northeest , the erle of tholouse and the
other that were with hym on the side toward the south as
saylled there with grete stregthe they had fylled a dyche in whiche
they had laboured I wote not how many dayes in suche wyse that
by force that they hadr drawen theyr castel·so ferre forth that it
was nyghe the walle / In suche wyse that they that were aboue

in the last stage myght smyte the turkes with their glayues that
defended the tour. A man coude not thynke thardaunt desyre ne so
grete anguysshe as eneryche of the cristen men had in his herte for
to do wel in this assault, one thinge there was that gaf to them
moche grete courage, And merueyllously grete hardynesse, ffor a
man that was an heremyte on the mount of olyuete had promy-
sed to them moche certaynly, that that same daye sholde be taken
the holy cyte of Iherusalem. Ne they had not forgoten the demon
straunce that the knyght made to them, whan he shoke his shelde.
ne neuer after was seen, they had moch hope of the Uyctorye by thise
signefyaunces that were shewed to them. It semed that thassaul-
tes were bothe in one poynt in eyther syde that I haue named,
They dyde bothe right wel, And certaynly it appiered wel that
oure lord wolde helpe his souldyours, and brynge theyr pylgre-
mage to an ende. whiche so longe had suffred so many maners of
mesease for to doo to hym seruyse

Of the pryse and takynge of Iherusalem, And how the Duc
godeffroy entred fyrst vpon the walles. And who folowed after
Capitulo   C lxxxv.

t   He people of the duc godeffroy and the other barons whiche
        were with hym as I haue sayd fought moche asprely a-
yenst theyr enemyes on theyr syde & delyud to them a moch mer-
ueyllous assault. They had don so moche that theyr enemyes wer-
ed wery, and weryly and slowly defended them, Oure men were
drawen forth, and the dyckes fylled, the barbycans taken and in
suche wyse they cam playn to the walles, ffor they within entreme-
ted not moche, but launched and shotte vpon the walles, The duc
commaunded to his peple that were vpon the castel, that they sette
fire in the pokes of cotyn & in the sackes of heye that henge on the
walles. They dyde his commaundement, thenne aroos a smoke so
blacke and so thycke that they myght nothynge see. The wyn-
de was northeeste and blewe vpon the Turkes that were at de-
fence vpon the walles, in suche wyse that they myght not opene
theyr eyen ne theyr mowthes. But by force they muste avoy-
de the place, that was delyuerd to them to deffende, The va-
lyaunt Duc Godeffroye whiche soynously entended to the wer-
ke apperceyued first that they were departed, thenne he commaun-
ded that they shold drawe diligently the ij peces of tymbre that
were falle fro the wall, as ye haue herd to fore, this was don anon
in suche wyse that the two endes of the two trees were leyd vpon

                                             14 3

the castel. And the two other endes vpon the walle, Thenne com-
maunded that the syde of the castel that myght be late doun, shold
be late doun vpon the two pyeces of tymbre, And thus was the
brydge made good and strong vpon the tymbre of theyr enemy-
es, The fyrst that entred and passed by the brydge vpon the wal-
les was the Duc Godeffroy of boloyne, and Eustace his brother
with hym. After thyse t weyne cam two other knyghtes, that we-
re also bretheren. whiche also were fyers noble & hardy. That one
was named lutvl. and that other gylbert. They were borne in tor-
nay, Anon ther siewed them grete nombre of knyghtes, and of
peple a foote whiche ranne moche thycke, as moche as they myght
susteyne. Anon the turkes apperceyued that our men were entred
in to the toun. and sawe the baner of the duc vpon the wallys.
And were disconfyted and gaf ouer the toures and descended in
to the toun, and put them in to the strayt and narowe stretes for
to defende them, Oure peple sawe that the duc and grete partye of
the knyghtes were now entred, and that they had taken I wote
not how many toures, they abode no commaundement but adres-
syd laddres to the walles and wente vp. It was commaunded
a good whyle to fore that euery ij knyghtes shold haue a laddre
Therfor ther were grete nombre in thoost whiche anon were adres-
syd vp. The duc rann moche dylygently vpon the walles, and
sette the peple as they cam in the toures, he moche hasted for to ta-
ke the fortresse Anon after that the duc was entred, entred in the
duc of Normandye · Therle of fflaundres, Tancre the valyaunt.
Therle of seynt poul · Bawdyn deltvrs. Gace de barre, Gaste de
bedyers · Thomas de fere, Gyralt de Roussylon, Lowys de Monco,
Conam lybres, Therle Remboult of Orenge. Conain de Monta-
gu · Lambert his sone and many other knyghtes · whiche I can
not name, whan the valyaunt Duc knewe certaynly that they
were in the toun, he called them · and commaunded that they shold
goo hastely to the yate named the yate of seynt Stephen, And
that they shold opene it, whan it was open, Alle the people cam
in with moche grete prees · In suche wyse that there abode but
fewe withoute, But alle were comen within the toun, This
was vpon a frydaye aboute None, It is a thynge for to be byle-
uyd, that oure lord dyde this by grete sygnefyaunce. ffor on this
daye and about that hour suffred he deth on the crosse right cruel
in the same place. for the Redempcion of man · Therfore wold
the swete lord that the peple of his trewe pylgryms shold gete

his town and delyuer it oute of the seruage and thraldom of the hethen men.and make it free vnto Cristen men that his seruyse myght be had therin and encreed

Of the mayntenyng of our peple entred in to the toun toward the northeest, And therle of tholouse therof alle ygnorant assaylled alle way, caᵒ   C lxxxvjᵒ

¶He valyaunt duc godeffroy of buyllon, the knyghtes, and the other men of armes that were with hym descended fro the walles all armed in to the toun/ They wente to gydre thurgh the stretes with their swerdes in their handes & glayues alle them that they mette they slewe & smote right doun men wymmen and children sparyng none·There myght no prayers ne cryeng of mercy auaylle.They slewe so many in the stretes/that there were hepes of dede bodyes and myght not goo ne passe but vpon them that so laye deed.The foote men wente in the other partyes of the toun by grete rowtes holdyng in theyr handes grete polayes·swerdes malles and other wepens sleyng alle the turkes/that they coude fynde/ffor thei were the men of the world whom our men had gret hate vnto:and gladlyest wold put to deth/ They were thenne comen vnto the mydle of the Cyte·Therle of tholouse ne his men knewe nothyng yet that the toun was taken but assaylled moche fyersly the toun ayenst syon/ The turkes that defended them ayenst hym apperceyued not that our peple were in the toun·But whan the crye and the noyse of them that men slowe began to growe, The turkes beheld and sawe fro the walles, And knewe wel the baners and Armes of the cristen men. And were moche abasshed/ They lefte alle theyr deffences·& fledde there where they supposed best to be saued·And by cause that the dongeon of the toun whiche was by.and was the grettest strengthe of the cyte Alle they that myght entre entred therin, And shette faste the doores on them, The erle of tholouse made the brydge of his castel auale vpon the walles/ and entred there in the toun be hym self,and the Erle of dye ysoar·remon pelet·guyllem de sabram/ the bisshop of albare/ & the other barons moche hastely.& wende that they on that part of the toun had be the first that had entred. thenne they wente doun of the walles, And alle the Turkes that they founde in the

144

stretes and in the howses they brought to deth and sleWe doun
right / ffro than forthon myght none escape . ffor Whan they that
fledde to fore Duc Godeffroye and his roWte . mette With other
roWtes of oure peple . Whiche smote them doun and sleWe them
Without mercy / J may not reherce ne can not to you the faites of
euery man by hym self / But there Was so moche blood shedde
that the canellys and rumpffraulis ronne alle of blood / and alle
the stretes of the toun Were couerd With dede men . In suche Wyse
that it Was grete pyte for to see / yf it had not be of thenemyes of
our lord Jhesu Criste

How · p · M · turkes Were slayn in the temple / And of the grete
tresour that Tancre founde in the sayd temple / ca?   C lxxxvij?

i   IN to thynner part of the temple Were fledde moche grete pe-
      ple of the toun / by cause it Was the moost seynorously and
rial place of the toun . And the sayd place Was fast shette and clo-
sed With good Walles / of toWres and yates / But this auaplled
them but lytil · ffor incontinent Tancre Which ladde a grete partye
of thoost With hym / ranne theder · and toke it by strengthe and sle
We many therin / And it Was · sayd · that Tancre founde therin
grete hauopr / and gold / syluer precious stones and cloth of sylk
He made alle to be born aWay · But after Whan alle Was sette in
riste / he rendryd all / And made it al to be brought in to the compny
The · other barons that had enserched the toun / and slayn alle the
turkes that they encountred herd saye / that Within the cloysture of
the temple Were fled alle the remenaunt of theyr enemyes / They
alle cam to gydre theder , And founde that it Was treWe · Thenne
commaunded they to theyr men that they shold entre in to the pla
ce and put them alle to deth . And so they dyde / It Was Wel co-
uenable thyng that the hethen men and fals mysbyleuyrs Whiche
had foWled and shamefully had maculated With theyr mahome-
try and foWle laWe of machomet shold abye there theyr fals ryi-
tes / And that theyr blood shold also be shedd · Where as they had
spred the ordure of mescreaunce · It Was an hydeouse thyng to see
the multitude of peple Which Were slayn in this place · They them
self that had slayn hem Were sore enoyed so for to beholde them · ffor
fro the plate of the foot Unto the hed Was none other thyng but
blood / Ther Was founde that Within the closyng of the temple We-

re slayn . x , M , turkes Withoute them that leye in the stretes and
other places of the cyte · Thenne the mene peple of the pylgryms
ran serchyng the lanes and narow stretes . Whan they fonde ony
of the turkes that had hyd them · Were it man or woman anon he
was put to deth , the barons had deuysed to fore that the town was
taken that euery man shold haue the howse in the town that he to~
ke and fyrst seased , and it shold be his with alle apertenaunces
Wherfor it was so that the Barons sette vpon the howses that
they had conquerd theyr baners · The lasse knyghtes and men of
Armes theyr sheldes · the men a foote sette vp theyr hattes and
theyr swerdes . ffor to shewe the tokenes . that the howses were then
ne taken and seased · to thende that none other shold come in to it

Of the fayr ordenaunces that the Cristen men made to fore they
Wente for to vnarme them after the town was taken ·
Capitulo   C lxxxviij ?

Whan the holy Cyte was thus taken . and alle the sarasyns
W   that coude be founden were slayn · the barons assembled
         them to gydre to fore they vnarmed them , and commaun
ded to sette men in the towres for to make good watche . and kepe
the town · And sette porters for to kepe the gates . that noman from
without shold come in to the town without leue vnto the tyme that
they had ordeyned and chosen a lord by comyn acorde that shold hol
de the town . and gouerne it at his wylle · It was not meruaylle if
they donbted yet . ffor alle the countre was ful of sarasyns · And
myght peraduenture assemble and sodenly come and smyte in to
the town yf ther were not good watche and hede taken · thenne de~
parted the barons . and disarmed them and toke of theyr harnoys
in theyr hostellys , and wessche theyr handes and feete moche wel ,
and chaunged theyr clothes · Thenne began they goo bare foot and
in wepynges and teeres vnto the holy places of the Cyte · Where
oure sauyour Jhesu Criste had ben bodyly . they kyssed the place
moche swetly where as his feet had touched , the Crysten peple and
the clergye of the town . to whom the turkes had many tymes don
grete shames for the name of Jhesu Criste cam with procession &
bare suche relyques as they had ayenst the barons . and brought
them yeldyng thankes to Almyghty God vnto the Sepulcre ·
and there it was a pytous thyng to see how the peple wepte for io
ye and pyte , And how they fylle doun a crosse to fore the sepulcre ,

It semed to euerycke of them that eche sawe there the bodye of
our lord there deed. there were so many teeres and wepynges that
euery man thought certaynly oure lord was there / whan they
cam in one of the holy places. they coude not departe. but yf it we-
re for thardaunt desire that they had for to goo in another · They
had so moche ioye and gladnesse. of this honour that our lord had
gyuen them the grace to see the day that the holy Cyte was dely-
uerd fro thenemyes of Ihesu Cryste by theyr trauaylles / in such
wyse that they rought not ne sette not by the remenaunt of theyr
lyues · They offred and gaf largely to the chirches. and to men
of the chirche / and made vowes to yeue yeftes in their countrees ·
Whiche thenne sette lytil by temporal thynges / ffor them thought
that they were atte yates and entree of paradys · ffor neuer
in this world myght gretter ioye entre in to the herte of a man ,
than was in them in sechyng and goyng to the holy places whe-
re our sauyour Ihesu Criste had ben · One shold haue had a moch
harde herte and lytil pytous that had seen this syght / and myght
haue holde hym fro wepynge · whan thyse barons and alle the o-
ther peple had made thus glad chiere of this that they had accom-
plysshyd theyr pylgremage. The Bysshoppes and generally alle
the peple of the chirche myght not departe fro the chirche of the se-
pulcre. ne fro the other holy places · They prayd our lord moche de-
uoutly and ententyfly for the peple and rendred grete graces
and thankynges vnto Ihesu Criste of this that he had suffred
them to see thyse holy places. where the fayth of Cristendom was
fyrst gyuen / In this daye happed certayn thynge that was seen
of many men in the Cyte of Iherusalem · that was · the valyaunt
man Aymart the bisshop of puy whiche was dede in Anthyoche ,
lyke as ye haue herd to fore / many noble men whom men ought
to byleue affermed certaynly that they sawe hym first moute and
goo vpo the walles of the toun. & that he called other to come aftir
hym / Of many other pilgryms also that were to fore by the waye
deed / It was certayne that they appiered to many, men the daye
whan they bysyted the chirches of the Cyte · By thyse thynges
may wel be knowen that our lord loueth this holy cyte aboue alle
other. And that this is the hyest pylgremage that may be. whan
deed men ben reysed by the wylle of oure lord for taccomplysshe
theyr pylgremage / whan oure lord Ihesu Criste aroos fro deth to
lyf · the gospel sayth that the same day aroos many bodyes of them
that had ben deed. and appiered to many in the cyte / This myracle

Was renewed, this day by Ihesu Criste. by this cyte Whiche had
ben longe holden in the seygnowye of the paynems, Whan it Was
vnder them that serued the lawe of machommet. So grete noyse
Was thurgh the toun of the ioye that Was made. that they remem=
bred not the grete trauaylle that they had suffred by alle theyr
Waye, Thenne Was accomplysshed alle euydently this that the
prophete sayd, Enioye ye With Iherusalem, and make ye ioye
Within them that ye loue

How the Cristen men that had charged their message for their
delyueraunce to peter theremyte kneWe hym. ca? C lxxxix?

a   S many poure cristen men as had dWellid in the toun, Which
          had seen Peter theremyte four or fyue yere to fore, Whan
they delyuerd to hym lettres for to bere to our holy fader the pope
and to the barons of ffraunce to thende that they myght sette re=
medye for theyr affayres. they kneWe hym emonge the other. the=
ne they cam to hym and fyl doun to his feet and Wepte for ioye.
And moche gretely thanked hym of this that he had so Wel per=
formed his message ne they cessed not to yeue preysyng and law=
de to our lord that had gyuen suche counseyl to the barons and to
the peple. by Which they had performed such an hye Werke. Which
Was aboue the hope of alle men. sauf by thayde of oure lord, Alle
the gree and thanke they gaf to Peter theremyte Whiche so Vygo=
rously had enterprysed for to delyuere them by thelpe of our lord
fro the captyfnes and seruage dolorous in Whiche they had ben so
long holden by the cruelte of the sarasyns lyke as ye haue herd to
fore. The Patriarke of Iherusalem Was goon in to Cyppres, for
to demannde Almesse and ayde of the cristen men there for to hel=
pe and socoure the cristen men of Iherusalem to paye the cruel tail
lages that the turkes had sette vpon them. ffor he doubted yf they
faylled of their payment, that they Wold bete and throWe doun
theyr chirches or put to deth the beste men of theyr peple. lyke as
they had don many tymes, to fore. This good man the Patriarke
kneWe nothyng of this good auenture that oure lord had don of
the delyueraunce of the toun, But supposed to haue come and to
haue fouuden it in suche seruage as it. Was Whan he departed

How they clensed the toun of the dede bodyes Of many other

W Han the barons and the other pylgryms had made theyr prayers and vysyted the holy chirches thurgh the Cyte of Iherusalem, The hye men of the hoost assembled and sayd that it was a peryllous thynge yf the toun were not voyded of the dede bodyes and purged of the blood and ordure⸱ffor in short tyme the ayer shold be corrupt, by which sekenesse and Infyrmytees myght ensiewe and folowe⸱There were somme turkes yet that were not slayn but were kepte in prons⸱to them was commaunded this werke for to bere the bodyes out of the toun, but bycause they we ⸱ re but fewe of them, and myght not suffyse to do it shortly⸱they toke the poure men of thoost, and gaf to them good hyre for to hel pe taccomplysshe this werke⸱Whan the barons had this deuysed thyse thynges⸱they wente in to theyr howses and made moche gre te ioye⸱they gaf largeli to ete & drynke⸱ffor the toun was replenes shed of alle goodes⸱in suche wise that they that were to fore poure fonde in the howses alle thyng that was nedefull to them⸱wherof they had endured to fore grete anguysshe and penurye⸱ffor they fonde the cysternes alle ful in alle the howses⸱On the thyrd day was ordeyned that market shold be holden in the toun⸱And that they shold bye and selle suche thynges as they had conquerd in the Cyte⸱They were moche refresshyd and rested⸱ffor they abode now no trauayll⸱They forgate not our lord whiche had brought them in so grete honour⸱as for taccomplysshe his werke by them, And by comyn acord of the prelates⸱of the barons and of alle the people was ordeyned⸱that this daye⸱in whiche Iherusalem was goten and conquerd shold euermore after be holden feste and holy day⸱in remembraunce of the cristen men to thanke and preyse our lord, and also praye to our lord for the sowles of them that thyse thynges had accomplysshed⸱A grete partye of the turkes that were in the dongeon of the toun named the tour danid, sa we wel that alle the cyte was taken, And that they had none hope of rescowe ne socour ayenst our men⸱Therfor they requyred by mes⸱ sagers therle of Tholouse whiche was next to them, And dyde do be sayd to hym⸱yf they myght departe with their wyues children and suche goodes as they had in the tour⸱they wold go theyr wa⸱ ye, and delyuere ouer the tour, he agreed and acorded it to them.

And so they departed, And he dyde them to be conduyted sauffly
vnto Escalonne Thus was the toun yolden' They that had the
charge for to purge and voyde the dede bodyes oute of the
toun dyde it ententyfly and dylygently, in suche wyse that in
shorte tyme this thynge was alle don. ffor they beryed them in de=
pe pyttes withoute the toun the moost parte. The remenaunt they
brente in to asshes . that the cendres with the wynde was blowen
away. Thenne were our men in good seurte and ease within the
toun to goo and walke thurgh the stretes and other places. and
dyde dayly goo in pylgremages. that vnnethe myght they depar=
te thens. They abode so gladly there . In this manere as ye haue
herd was taken the holy cyte of Iherusalem. In the yere of thyn
carnacion of oure sauyour Ihesu criste' M.lxxxxix. the.xv. daye
of the moneth of Juyll on a fryday at the hour of none. The .iij.
yere after that the pylgryms had enterprysed this . Viage . Tho
was pope of Rome Vrban. And Henry Emperour of the Ro=
mayns. Alexis emperour of Constantynople. And phylyp kyng
of ffraunce

How the hye barons of thoost assembled for to chese a kynge
of Iherusalem. And thoppynyon of the clergye vpon the same
Capitulo.   C lxxxxj?

L Yke as ye haue herd the pylgryms whiche had grete nede
    of reste soiourned in the toun. The barons deuysed the affai=
res of the cyte. In moche grete ioye were they there vij dayes. On
the viij daye. assembled alle the barons for to chese one of them .
to whome the garde. gouernaunce, and kepyng of the toun sholde
be delyuerd and the seygnorye of the holy cyte. and the charge of
the Royamme entierly as it was reason and right . They made
theyr prayers and oryfons. And with alle theyr herte called the
holy ghooste. that he wold counseylle them that daye and to yeue
to them grace to chese suche a man as were worthy and coue=
nable to susteyne the faytes of the Royamme' . whyles as they
were in this affayre. and moche entended with good fayth ther
about. An hepe of clerkes assembled. whiche had not good enten=
cion. but thought on malyce by pryde and couetyse' They cam
where as the barons were assembled . And sente to them for to
speke to them a short word or two, They suffred them to come
in. whan they were comen in , One of them spak in this manere,
Fayr lordes we haue vnderstanden' that ye be assembled here for

to chese a kyng.that shal gouerne this londe.Whiche thyng plesith
vs moche. And We holden it for right Wel don'yf ye doo it in the
maner that ye ought to doo it.ffor Without doubte the spyrituel
thynges be more digne and Worthy than the temporall,Therfore
We saye to you.that the moost hye thynges ought to goo to fore'
And thus Wolde We that ye shold doo'And thordenaunce sholde
not go forth other Wyse than it ought to be.NoW thenne We praye
you and requyre you in the name of oure lord that ye entremete
not you to make a kynge'til that We haue chosen a patriarke in
this toun that can gouerne the cristiente · yf it plese you that this
be don fyrst it shal be good and Weel for you.And We shal then-
ne holde hym for kyng that ye shal gyue to Vs·but if ye Wylle do
other Wyse·We shal not holde it· for good ne Wel don,But We
shal discorde,And after that ye doo shal not be ferme,This Worde
semed outWard to haue somme apparence of Weel,But it cam of
euyl purpoos.Ther Was therin but deceyt and trecherye, Of this
complot,and barate'Was mayster e capptayne a bisshop of Ca
labre horn of a cyte'Whiche Was named lamane.This bisshop a-
corded moche to one Arnold . of Whome I haue spoken to fore
Whiche Was ful of desloyalte.he Was not yet subdeken·and Was
a preestes sone and of so euyl and foWl lyf , that the boyes and
garsons had made songes of hym thurgh thoost·and yet not With
stondynge alle this the bisshop of Calabre ayenst god and reson
Wolde haue made hym patriark.ffor they kneWe ouermoche euyl
therfor Were they both acorded to gydre They had made a bargayn
byt Wene them that as sone as this Arnold sholde be patriarke
the sayd bisshop shold haue tharchebisshopryche of bethlehem.But
oure lord ordeyned this thynge in another maner as ye shal here,
Ther Were in thoost many clerkes of euyll contenaunce·that lytle
entended to the seruyse of our lord·they litil preysed relygyonand
honneste,ffor syth the tyme that the valyaut bysshop of puy Was
dede Which Was legat of our holy fader the pope.the bisshop Will
iam of Orenge Was in his place.Whiche Was a relygyons man ·
and moch donbted our lord,but he abode not longe'after'but Was
deed in suche Wyse lyke as ye haue·herd, Thenne Was the clergye
Without pastour and garde'And lete them falle in euyl lyf,The
Bisshop of Albare contenned hym holyly in this pylgremage ·
And somme other that Were noble · But the comyn of the cler-
kes made it alle ylle

He wordes that the Clerkes had brought to the barons in theyr eleccyon was not moche preysed. but arette it to grete folye/ ne therfore letted not to doo that they had bygonnen. To thende thenne that they myght knowe the better the couynes of alle the barons · they ordeyned wyse men that shold enserche the lyf of eueryche of them and thre maners. They dyde do come to fore them suche men as were moost pryue of the barons/ and to take eche of them a parte by the leue of theyr lordes · And toke of them theyr othes to saye the trouthe of that they shold be exampned that was of the lyf and manere of theyr lordes withoute lesynge and faylynge of the trouthe · Thus it was acorded emonge them. It was a grete thynge. whan the lordes abandouned them self tenserche theyr lyues. But the wyse men that made this enquest were trewe men and helde alle thyng secrete. that as ought not to be knowen/ Many thynges were sayd to them of whiche they toke but lytil hede · Emonge alle other thynges. they that were moost pryuee of the duc Godeffroye/ whan they were demaunded of his maners and his tetches · they answerd that he had one manere right greuous and ennoyous. ffor whan he herd masse and the seruyse of oure lorde. he coude not departe out of the chirche but sente after payntours & glasyers vnto the clerkes. & gouernours of the chirches/ he herd gladly the ryngyng of the belles and entendeth moche yf they discorded/ so longe that it displesyd moche to his felawship and seruauntes · And oftymes his mete apayred by cause of his long taryeng. in the monasteryes and holy places/ whan the wysemen herd this · and that this was the gretest vyce that coude be founden in the duc. they had moche grete ioye/ ffor they thought wel that he dyde this for the loue of oure fayth and for thonour of our saueour/ whan they had herd alle that they wold enquyre of the barons/ they spak togydre/ And grete partye of them were acorded vpon therle of thoboule. if it had not be for one thynge/ ffor alle they of his countre · that were moost pryue with hym thought that yf he were chosen kyng that he shold abyde there and reteyne the peple of his countrey · And yf he were not chosen he shold sone returne in to his countrey fro whens he cam/ and

that despyred they moche ·Therfore men Wend that they Were for∫
∫worn Wyllyngly. And sayd Vpon hym somme euyl tatches. of
Whiche he had no blame/Neuertheles he had neuer Intencion to
retourne to his londe.as it apperd after/ffor euer after he abode in
the seruyse of our lord.Whiche he had enterprysed/ Whan the ba
rons herde all the tatches after many Wordes they acorded al Vpon
Godeffroy of boloyne/And named hym to be kyng/and Was lad
With alle the peple With grete ioye Vnto the chirche of the holy ∫e
pulcre/And presented to oure lorde.Every man Was glad grete
and smal/ffor he Was the man that had the hertes of alle the co∫
myn peple

How the duc godeffroy after his election requyred therle of tho∫
louse that he shold delyuer to hym the tour dauid ca? C lxxxviij

I   IN this maner Was the duc godeffroy chosen to be kyng·and
lord of the holy Cyte of Jherusalem.Therle of tholouse hel∫
de the grettest fortresse of the toun Whiche Was called the tour da∫
uyd·The turkes had delyuerd it to hym lyke as ye haue herd to
fore/ It is sette in the hyest parte of the Cyte to Ward the Weste.
strongly Walled With square stones and ther on mē may see ouer
al the Cyte entierly.Whan the Duc saWe that this tour Was not
in his poWer It semed to hym that he had not the seygnorye/Whan
the grettest fortresse of alle the countre Was not in his possession.
Therfor he demaunded therle of tholonse in the presence of the ba∫
rons · & prayd hym debonayrly that he Wold delyuer it to hym
Therle ansWerd that he had conquerd it·and thenemyes of oure
lord had yolden it to hym/And therfor he helde it/But he had con
cluded to goo in to his countre at ester/ And thenne he Wold dely∫
uer it With a good Wylle·But in the mene Whyle he Wold kepe
it/This requyred he for to be more honoured and in the gretter ∫u
rte · The duc ansWerd playnly that yf he had not the toure/ he
Wold leue all· ffor hoW myght he be lord of the countre.Whan ano∫
ther had gretter poWer and gretter strengthe in his londe than he .
Thus Were they in debate·The Duc of Normandye and therle of
fflanndres helde With the duc godeffroy/Of the other barons ther
Were that counseylled·that he shold doo his Wil With therle of tho∫
louse.They of therles countre attysed and counseylled hym that he
shold not leue the tour.by cause they Wolde gyue hym occasion by

this discorde to retorne in to his countre/ Atte laste they acordedz
that the fortresse shold be put in the hande of the bisshop of Alba
re Vnto the tyme that they were acorded What shold be doo therin.
Whan he had it/With in a short tyme after he delyuerd it to the duc
It was demaundedz hym Why he hadz so delyuerdz it/ Thenne he
answerdz that it was taken from hym by force.It was not kno=
wen for trouthe Whether it was taken from hym by constraynt/ or
yf he delyuerd it With his gree andz Wyll.Whan therle of tholou=
se sawe this/he was moche angry.Andz hym semedz that the ba=
rons were not wel content With hym lyke as they ought to be .
consyderyng that by the way he hadz don to them many grete bou=
tees and good seruyses.Whiche they remembryd not.as it was sa
yd/ffor desdayne therof· And by atysement that his knyghtees made
to hym·he enterprysedz to retourne in to his conntre And descended
Vnto the fflome Jordan/ And there baynedz hym/After he ordey=
ned his affayre for to departe out of the londe

Of a Patriark chosen and elect in Jherusalem/And hoW ther
Was founden a part of the very crosse.
Capitulo   C lxxxviij

t   His euyl man of Whom I haue spoken to fore , the bisshop
        of maturane was ful of grete malyce andz of desloyalte ·
And payned hym moche in alle maners to sette discorde bytwene
the Barons andz the people· ffor they sayde , that the Barons
Wold not suffre that a patriark shold be chosen by cause they helde
the rentes of the chirche· Andz Wold not delyuer them , he fonde
moche peple that byleuyd hym andz acordedz to hym in suche Wyse
that by thayde of them/ayenst the Wylle of other/& also by thayde
of the duc of normandye/to Whom he was moche pryue/& hadz be
at his table in all this werk he chose for patriark this arnold that
was his felaW in alle euyl condicions/& by force they sette hym
in the seete of the patriarke in the chirche of the sepulcre/This
was ayenst reason & ayenst alle right/ Therfore it happedz ne fyll
not Wel to hym ne to that other/ Thenne it happedz that a parte
of the very Crosse was founden in therthe by the Chirche of the
sepulcre in a secrete place/ ffor the cristen men that were in the
16 1

toun to fore it was taken in so grete meschyef as ye haue herd
doubted that the turkes wold haue taken it fro them . Therfore
had they hyd it moche surely·and fewe knewe of it.But a good
man a suryen whiche that knewe it,discouerid it to the barons:
And whan they had doluen and dygged a good whyle, they fon
de it in a cheste of syluer.lyke as he had to them sayd and deuysed
Thenne was the ioye moche grete ; and they bare it a processiō
ī syngyng vnto the temple·all the peple wēre after whiche wepte
for ioye As moch as if they had seen our sauyour Jhu criste
ꝑt hangynge on the crosse· They alle helde them for moche recom;
forted of this grete tresour that our lord had thus discoueryd

How the duc godeffroy payned hym to amende the Royam ;
me of his good constitucions and estatutes·ca?   C lxxxvj?

ᵍ   Grete ioye was it thurgh the londe of this·that the valyaunt
      duc godefroy was chosen kyng· Alle they obeyed hym with
good herte·he amended dylygently alle the discordes thurgh the
londe. And alle the other thynges that had nede of amendement
in suche wyse that his power grewe fro day to day moche aperte;
ly· Of hym shal I saye in shorte wordes the very trouthe,he reg;
ned not but one yere' and that was moche grete dommage , ffor
he had the wylle wytte and power to doo grete good in the Ro;
yamme for tenfeble thenemyes of oure lord Jhesu Crist·and for
tenhaunce and exalte the Cristen fayth,But our lord called hym
fro this world to hym . to thende that the malyce of it shold not
chaunge his herte in thonour wherin he was,he was born in the
Royamme of Fraunce at boloyne vpon the see' whiche was som;
tyme a Cyte,And nowe it is but lytil more than a castel·he cam
of hye and noble folke and good crysten peple.his fader was na;
med eustace noble & puyssaūt erle in that coūtre· whiche had doon
many hye werkes & honūres vnto our lord & noble werkes vnto
the world·his moder was a noble lady of gentilesse.more noble
of herte than of hyenes of lygnage.She was named yde & was
suster to the duc of Lorayne whiche was named godeffroy bouc·
he deyde withoute heyer·Therfor he lefte alle the duchye and the
Countrye to his neuew whiche bare his name . And adopted
hym in to sone and heyr'Therfore he was duc of Lorayne whan

his vncle was deed, he had thre brethren whiche were moche wise
men and good knyghtes, and also moch faithful and trewe, That
one was Bawdwyn therle of Rages, Whiche after hym was
kyng of Iherusalem, The second was named Eustace whiche ba=
re the name of his fader. And was Erle of Cologne, The kynge
Stephen of England toke his doughter to wyf whiche was na=
med Maulde. The barons of Surye sente for this Eustace for to
make hym kyng after the deth of his broder Bawdwyn. Whiche
deyde withoute heyer. But he wold not goo, ffor he doubted the
barats & discordes of the londe whiche he knewe wel. The fourth
broder was william a good knyght and a trewe. ne he discorded
not in the bounte of his bretheren, Bawdwyn and Eustace fol=
wed theyr lord and broder in the pylgremage to Iherusalem. the
fourth broder guylliam abode in his countre for to kepe the londe
Alle the four bretheren were of moche grete valeur. But the duc
Godeffroye lyke he was the oldest. so bare he awaye the prys and
auantage of the other, as he that was ful of vertues. of bounte
and was moche noble and rightful. withoute couetyse, he dredde
and louyd oure lord aboue alle thynge, he honoured relygyous
men and good. he was moche ferme and constant of his worde, he
despysed merueyllously to bauntes. pompes, and dishonestees
and hated them, he was in almesse large and plentyuous glad=
ly he herd the seruyse of our lord and moche wel vnderstode it.
And in his prayers and oryfons prayeng our lord, he was right
longe, And fylle ofte in wepyng haboundantly teeris. And vnto
alle men he was pytous and amyable. By this it semed wel that
oure lord louyd hym. wherof he was worthy to haue the grace of
the world. And so he had certaynly. he was grete of body. not of
the gretteft, But of mene gretnesse. more ftronge than any other
man, his armes grete and wel quartred. his brefte moche brode
and large. and vysage wel made and coloured. his heeris aboru
ne. And in his harnoys and armes wel endurte and acustomed
that it semed. that hit greued ne cofte hym nothyng to bere them

Of the sayeng of the countesse of Cologne moder of the sayd
duc. that she sayde of her thre oldest sones was verified.
Capitulo   C lxxxvj
o   Ne thyng is sayd for trouthe. And it happed in the tyme
    of the yongthe of thyse four bretheren whiche ought not to
be lefte vnremembryd ne forgoten, The Moder of thyse four

162

brethern of whom I haue spoken was an holy woman, and en-
tendable to good werkes. It was nothynge merueylle though
oure lord spak by her mouth a prophecye ffor it happed on a daye
that her thre oldest sones whiche were yong and smale pleyd eche
with other, And as they chaced eche other in theyr playe, alle
thre fledde vnto theyr moder, where she satte, and hydde them vn-
der her mantel. Theyr fader Eustace cam there where the lady
was. And he sawe her mantel meue. where the children playde
vnder it, he demaunded the lady what it was. She answerd that
she had thre grete pryntes, The fyrst of them shold be a duc. The se
cond sholde be a kynge. And the thyrde an Erle. ffor Godeffroye
was, duc of Lorene after his vncle. And had also after the Ro
yamme of Iherusalem. But he was neuer crowned, ne wold
not be callyd kynge The second was Bawdwyn whiche had after
hym the sayd Royamme and was crowned, The thyrde was Eu-
stace which after the deth of his fader was erle of Cologyne. now
late vs retorne for to speke of the valyaunt Duc Godeffroy. ffor
moche honour may be sayd of hym, And also of the valyaunces
don by hym

Of the wagyng of a batayle that was bytwene the duc gode
froy and an hye baron of Almayne. ca. Clxxxvij

Moug all other hye feetes that he dyde I shal recounte to you
one withoute lesynge hit was so certaynly that one of the
hyrst barons of Allemayne a grete and strong knyght, valyaunt
and noble sieweed the duc godeffroy whiche was his cosyn, in plee
in the court of themperour of Almayne, to whom they were men
both two This man demaunded of duc godefroy grete parte of his
londe that he helde in the duchye of Lorene. And this baron sayd
that it was his right & apperteyned to hym. So longe wente the
plee forth by dayes & respytes, that they of the court iuged that
it sholde be determyned by wagynge of the bataylle. & named to
them a day to fyght for it. At the daye named they cam in to the
felde Armed and apparaylled of that they ought to haue
Thenne Bisshops and good men laboured moche. And other
Barons that were there payned them moche for to seke moyen
and manere how the pees myght be made, And shewed to them
how they were of one blood and lygnage. And that they ought

to deporte them tenterpryse thynge of Whiche muste nedes falle to
one of them shame & dishonour· They payned them moche one &
other , but in no manere coude they fynde the peas to be made by-
tWene them / Thenne began the bataylle bytWene thyse tWo ba-
rons moche fiers and sharp ffor they Were bothe good and strong
knyghtes. They smote to gydre right Vygorously , This bataylle
endured so long that the Valyaunt duc godeffroy smote that other
so grete a strook With his sWerde that it fleWe in pyeces· In suche
Wyse that there abode nomore in his hande therof but half a foote
longe aboue the crosse of the sWerde / The barons that beheld the
felde saWe hoW the duc had broke his sWerde and had the Werse
& Were moche sory & Wroth therof, And cam to thinperour & they
prayd hym sWetly that he Wold suffre that they myght comene
of the peas bytWene them / he graunted it gladly / The frendes
spak to gydre and acorded Vnto a peas. Whiche Was ynoWgh re-
sonable. But they lefte somWhat of the dukes right / Whan they
brought this acorde and pees to them, The Duc in no Wyse Wold
here herof · But began the bataylle more cruel and fiers than it
Was to fore, That other that had his sWerd hool. doubted ne-fered
not moche the strokes of the duc Whiche had but a trouchon, but
ranne Vpon the duc and oppressid hym that he had no leyzer to re
ste hym·til the duc began to thynke and to take herte, Thenne he
dressyd hym on his strewppes, And smote his aduersarye With the
pommelle of his sWerde that he helde, Vpon the lyfte temple suche
a strook thurgh the helme. that he fyl doun astonyed·that it semed
that he Was deed / ffor he remeuyd no foote ne hande, Thenne the
noble duc a lyght doun and descended fro his hors, and threWe a
Way his trouchon of his sWerde · And toke the sWerde fro hym
that he had beten doun·and mounted Vpon his hors agayn, Then
ne called he the barons·that had made and brought to hym to fore
the peas, and sayd to them. ye lordes suche manez of peas as ye of
fred to me right noW·is noW to me agreable·and am redy noWe
to take and abide, ffor though I haue the dommage and losse· At
te leste I haue no shame ne dishonour, And it plesyth me Wel. to
gyue & departe of my right·to thende that I slee not this Whiche
is my cosyn · Whan the barons herd this. alle they began to Wepe
The peas Was made suche as he sayde , he had more honoure and
loos· for the pees to Whiche he adressyd hym so sWetly than of alle
the proWesses that he had in this bataylle · In Whiche he dyde
many

Of a fayr feat of Armes that the duc dyde in a Bataylle that the Emperour of Almayne had ayenst them of Sayone Capitulo　　　　　　　　　　　　　　　　C lxxxviij°

a　N other feat of prowesse I shal recounte to you lyke as it happed without lesynge. The peple of Sayone. Whiche ben the mooste felle and moost cruell of alle them of Almayne had desdayne and despyte there to themperour, And sayde that they wold doo nothynge for themperour henry · But sayde that they wold haue a lord vpon them self · Whiche shold obeye to none other · And made an hye noble man of the countre whiche was emonge them an Erle named Raoul for to be kynge vpon them · By whom they wold be Justised and gouerned. Whan themperour herd this he was moche wroth, and desired moche to be auenged of so grete oultrage · Therfor sente he for alle the barons of thempyre · and assembled moche grete court, and made to be sayd and shewe de in the presence of them alle the pryde and rebellyon of them of Sayone · Wherof he demaunded debonayrly counseyl and theyr helpe · They acorded alle that this thynge was for to be auenged asprely They habandouned bodye and power to themperour for thamendynge of this trespaas. They departed and eche wente in to his countre · Thempereur somoned his hooste as strongly as he myght at a castel on the marche of Sayone · Whan they were entred in to the londe theyr enemyes sayde that they wolde fyghte ayenst them · ffor they were prowd and fiers · in suche wyse that they sette but lytil by the power of themperour, Whan they knewe that they must fyght, they ordeyned theyr batoylles, ffor they had moche peple, And had ynowe, Thenne demaunded thempereur, of whom they were acorded that shold bere thaygle, Which is the fawcon of thempyre, They choos to fore alle other for to doo that. the valyaunt duc of Lorayne. Worthy and moost suffisant to do it · They reputed it for a moche grete worship that he was thus chosen by compyn acord of them alle, Neuertheles he with sayde it and refused as moche as he myghte · But he muste nedes take it on hym, This daye cam, and that one partye approuched that other in suche wyse that they assembled fiersly, ther were many men put to deth ffor they were merueillously wroth eche ayenst other whyles thus as the bataylle was grete and fiers in many places · the duc Godeffroye that conduyted the bataylle of Thempereur espyed a grete Rowte of men · wherin was this Raoul whiche was lorde of saxone, ayenst them the duc dyde to assemble the peple of themperour. The duc knewe this Raoul. and smote the hors with his spores ayenst hym. And with the gonfanon that he bare, iusted ayenst hym in suche wyse that he bare hym thurgh the bodye and slewe hym that he fylle doun deed in the place. And Incontinent he redressyd and reysed on heygthe his baner alle blody, his peple sawe that they had loste theyr lord and anon were disconfyted, Somme fledde · & somme fylle doun vnto the feet of themperour and put them in his mercy. Alle the gentilmen and other gaf good hostages for to kepe euer after to hym and be at his commaundement. Many other prowesses made the valyaunt duc godeffroye, but it behoueth not to put them alle in this historye. ffor my purpose nowe is for to recountre of the holy londe by yonde the see. and not of them on this syde. but of them of whom ye may vnderstande that he was in his countre noble and a valyaunt knyght. Of his largesse ayenst oure lord I shal saye to you one thynge. by whiche ye maye vnderstande the other In the duchye of Lorayne was a castel whiche was moost renommed and chyef of thonour of Buyllon. And bare that name, whan he sholde meue to goo in his pylgremage by yonde the see. he gaf this castel as the mooste noble and chyest of his herytage vnto oure lord in Almesse in to the chirche of Lyege for to abyde there for euermore

How the valyaunt duc godeffroy augmented the holy chirche And how he wold neuer bere crowne · ca? ☙ C.lxxxix

¶ Yth that he had thus by election the Royame, like as a deuoute and a relygyous man as he was he loued moch holy chirch & the seruise of oure lord by coseyl of the bisshops & of other wise clerkes that were in thoost. he ordeyned fyrst in the chirche of the sepulcre of our lord. and in the temple clerkes for to serue & establysshed chanonnes & gaf to them grete rentes & large herytages of which they shold take theyr prebendes. & he wold that the chirches in thoo partyes there shold be ordeyned after the establementis, vses. and custommes of the grete chirches of fraunce. He began moche hyly. & wel had accomplysshed yf our lord had gyuen to hym lenger lyf. He had brought with hym oute of his countre relygyous Monkes. whiche sayde and songe theyr

164

holwes and seruyse al a longe the Waye as he cam·he gaf to them
an Abbaye in the vale of Josaphat·and establysshed them there
And endowed them there moche Rychely With good vertues and
reuennes·And gaf to them grete pryueleges·he was a very re-
lygyous and deuoute man·And had his herte moche large vnto
holy chirche·And gaf there many grete thynges·Whan he was
chosen to be kynge·alle the barons requyred hym that he Wold do
hym be crowned and receyue thonour of the Royamme as holy
as the other kynges in Cristendom doo·he ansWerd·that in this
holy cyte Where our sauyour Jhesu Criste suffred deth and had born
a crowne of thornes vpon his heed for hym and for the synnes·
he Wold neuer bere yf it playsyd god crowne of gold ne of preci-
ous stones·but hym semed that it was ynowe of that coronaci-
on that he had the daye of his passion for to honoure alle the kyn-
ges Cristen that shold be after hym in Jherusalem·ffor this cause
he refused the crowne·Ther ben some men that Wyll not accomp-
te hym·emong the kynges of Jherusalem·but me thynketh that
therfore he ought not to be lassed ne dymynued of his honoure
But the more and hyer exalted and enhaunced·ffor he dyde not
this for despysyng of the sacrament of holy chirche·but he dyde it
for tesche We the bobaunce and pryde of the World·and for the gre-
te mekenes & humylyte that he had in his herte Wherfore thenne
I saye not only that he Was not kynge·but he Was gretter than
ony kynge that holdeth ony Royamme syth that the holy londe of
Jherusalem Was conqnerd

¶ HoW the turkes of Arabe and of Egypte made theyr somau-
te for to come in to Surye tassaylle our cristen men·ca·   CC·

NEWly Whan the cyte Was taken·yet er that the Barons
Were departed·cam tydynges in to the toun of Jheru-
salem & trewe they Were·that the Calyphe of Egypte Which Was
the mooste puyssaunt and myghtiest of all the londe of thozyent
had somoned alle his power·knyghtes·gentilmen and alle other
that myght bere armes·in suche Wyse that he had assembled a gre-
te hooste meruyllously·ffor he had grete desdayne and despyte of
this that so lytil peple Which Were of a straunge londe and ferre
countrey Were so hardy and durst come in to this londe and Ro-

pamme. and had taken the cyte Whiche he had conquerd vpon his
enemyes, he made come to fore hym his conestable Whiche Was
prynce of his hoost. he Was named Elafdales. To this man he com
maunded that he shold take all this peple With hym & goo in to
Surye. And renne vygerously vpon this peple that Were so fo ⸗
lyssh and oultrageous that had turned his peas and made Warre
to his peple. Therfor he commannded hym that he shold efface and
destroye them alle. In suche Wyse that neuer Worde be spoken of
them. This Elafdales Was of Ermenye born. And Was called
Cimireeny by anothez name. Of the Cristen men he Was comen.
But for the Rychesse that Was gyuen hym. and for the lechrye
that he fonde emonge the mescreauntes. he renyed our lord and
Cristen fayth for to become sarasyn. This same man had conquerd
the Cyte of Jherusalem vpon the turkes. and sette it in the puys⸗
saunce of his lord the same yere. that the cristen men had besieged
it. And had not yet holden it. vj. monethis. Whan thoost of the pyl
gryms toke it vpon them and rendred it to Cristiente. hit Was a
thynge that it moche displaysyd his conestable that his lord had
holdn it so short a Whyle. And enioyed nomore his conqueste. ffor
this cause he enterprysed in hym this Werke, and for to renne
vpon oure peple. And hym thought it but a lytil thynge and a
light for to doo. consyderyng the grete plente of peple that he had
for to disconfyte them that had taken the Cyte. He cam in to Su⸗
rye. & brought With hym alle the poWer of Egypte. he had grete
pryde in his herte by cause of the grete people that he had, And
Was moche angry toWard our men. But our lord that can sette
Wel counseyl in alle the purpoos of men. ordeyned this Werke all
in another maner than he deuysed. he cam With alle his men to fore
the Cyte of Escalone. There they lodged them and pourprised gre
te space of ground. With them Were ioyned alle the dukes of da⸗
maske and they of arabe that Were in thoo partyes. moche grete pe
ple. TroWthe it is that to fore er oure peple entred in to the londe,
They of Egypte and the turkes of arabe loupd not to gydre, But
donbted moch thenacreacyng of the one and othez. But after they
accompanyed them togydre to come vpon oure men. more for hate
of oure peple. than for loue that they had emonge them self. They
Were alle to gydre to fore Escalone. And they there concluded to
come after to fore Jherusalem for tassiege the toWn. ffor they sup⸗
posed veryly. that oure barons durst in no Wyse yssue out ayenst
them in bataylle

W Han thyse tydynges Were spradd thurgh the cyte of Iheru
salem·Alle the peple Were gretely affrayed᷒ grete and᷒ smal
le·By comyn acord of the bisshopes they cam Wullen and barfo
te in the chirche of our lord·There Were alle the peple · and᷒ cryed᷒
mercy to onre lorde With syghes and᷒ teeris·And besought Ihesu
Criste moche sWetly that his peple Whiche he had kept and deffen
ded Vnto that day·he Wold delyuer fro this peryll ne suffre that the
cyte and holy platees that they late had᷒ rendred and᷒ yeuen to his
name and᷒ to his seruyse and᷒ that he Wold not that they sholde be
rempsed agayn and habandouned in ordure and᷒ fylthe and in the
desloyalte of the hethen men·ffro thens they Wete a processyon syn
gynge With moche grete pyte Vnto the temple of oure lord·There
dyde the bisshops and the clerkes the seruyse·And᷒ the laye ·peple
prayde With moche good᷒ herte and᷒ pytous·Whan this Was don
the bisshops gaf to them the benediction·And after they departed᷒
The duc ordeyned᷒ barons and᷒ knyghtes that shold᷒ kepe the cyte
After this he yssued out and therle of fflaundres·And cam in to
the playnes of Rames·The other Barons abode in Iherusalem·
The cytezeyns of napples had᷒ sente to fetche eustace broder of the
duc and᷒ Tancre for to come theder to them·& they Wold᷒ yelde to
them the cyte·They Were goon by the commaundement of the duc
and᷒ garnysshed᷒ moche Wel the toun With peple and᷒ Vytaylle·of
Which the countre Was moche fertile·therfor they abode there and
kneWe nothynge of thyse tydynges·But the duc sente for them
And they cam hastely·and Were With the other barons· Whan the
duc and᷒ the erle of fflanndres arryued atte Cyte of Rames ·
they kneWe Wel the trouthe certaynly that this admiral Was lod
ged to fore Escalone With so grete peple that the contre Was couerd
Thenne sente they hastely messagers in to Iherusalem Vnto the o
ther barons Which abode and aWayted the certaynte of this thyn
ge·And he bad them hastely to come alle·sauf suche as shold kepe
the cyte·And shold brynge alle the peple moche hastely as for to
fyghte ayenst grete plente of theyr enemyes

How our men assembled and ordeyned·theyr bataylles for to

¶ Therle of tholouse & the other barons that Were With hym
kneWe the certaynte hoW theyr enemyes cam vpon them
With so grete poWer, therfor they gadred to gydre alle theyr men
that Were in Jherusalem. and yssued out and come to them moch
dilygently in to the playnes Where the duc Was atte a place na=
med noW ptelyn. Whan they Were alle assembled, they nombred
theyr peple and fonde, viij. C. horsmen, and of footemen, ix M. Whan
thoost of our men had ben there one day or therabout. after euenson
ge Whan it began to Wexe derk, they espyed a fer a grete prees that
cam takyng vp the countrey. and couerd grete partes of the play=
nes. Oure men had supposed certaynly that it had be thoost of the
sarasyns, And merueylled moche hoW they cam ayenst them at
that hour. Thenne they sente oute. ij. C. horsmen armed lightly. &
Wel horsed for to see more nygh What peple they Were that cam &
hoW many Were of them. they rode forth a good paas & Whan
they approuched them, they kneWe that it Were Oxen & kyen and
mares, ther Were so many of them. that them semed there Were no
moo in alle the World. and that it myght suffyse for alle the peple
ther about. With thyse beestes Were comen men on horsbak Whiche
kepte them from theurs. And commaunded to the herdmen What
they shold doo. They that Were sente forth by the barons retourned
and sayde that ther Was none other but beestes. Thenne alle oure
men ran theder, The kepars of them fledde that myght. Somme
ther Were that Were taken. Whiche tolde the trouthe of the turkes
In suche Wyse that it Was Wel knoWn. that this grete hoofte of
sarasyns Were lodged But. vij. myle from them. And that theyr
purpoos Was to come on them and to slee them alle. Our barons
Were thenne certayn of the bataylle. And deuysed emonge them
ix. bataylles. And commaunded. that thre shold goo to fore on
that one syde. For the playnes Were grete. And thre shold goo
in the mydle, and thre shold come behynde. Of the sarasyns myght
noman knoWe the nombre. for ther Was so grete plente that eue=
ry daye they encreaced and greWe of the contre about. Whiche ran
ne to them in suche Wyse that it Was not for to be estemed. Whan
our men had goten this grete gayne that I spak of. that is to saye
of alle the beestes, they had grete ioye and ioyously restyd them
that nyght. but they that had the charge made good Watche vpon

thooste . On the mozn Whan the sonne Was rpsen·the duc dyde do
crye that euery man shold arme hym and goo to his Bataplle.and
after Wente forth a soft paas right theder Where they thought to
fynde theyr enemyes/they had stedfaste hope in our lord/to Whom
is a lyght thynge·to make that the lasse in nombre vaynquysshe
the moze & grretter/they of egypte·& the other mescreauntes that We
re With them cam in moche grete desraye vnto the place that they
saWe oure peple alle in the playne·Whan they saWe and kneWe
that our men had noo talente to WithdraWe them ne eschWe them
but cam for to secke them/they began moche to doubte.Whan they
saWe that oure men had taken and pourprised so grete a place on
the playns · Wel supposed they that they had ben mockemore
people and in grretter nombre. But the trouthe Was suche as I
haue sayd/ Our men Were but feWe on horsBak.and a foote.the
grrete company of keestes as I haue sayd Were With them/Whan
they dreWe forth on/the keestes Wente With them/the turkes We-
re that they had ben alle men Armed and had ouer grete fere and
drede/the grrettest men and they that men supposed shold best haue
bozn the fayte of the Bataplle · they began to WithdraWe them ly-
til and lytil and lefte theyr Bataplles the one after the other
& fledde all prruely·Whan the lasse knyghtes of the turkmans
apperceyued this/they neuer toke hope on them.But torned their
horses & smote With their spores·& fledde euery man Where he sup-
posed best to saue hym, On this daye Was he lost/that had sette al
his herte for to soWe & pourchasse discordes ouer al Where he Was
byleupd.Noman Wote Wher he becam/this Was the bisshop of ma-
turane Somme men sayde that the duc had sente hym for to fetche
the barons that Were left in the cyte/and Whan he returned Sara-
sins shold haue take hym & slayn hym oz brought hym in pryson
What sommeuer cam of hym it Was no grete harme . so that he
Were effaced out of this holy company/Whan oure Barons saWe
that our lord had foghten for them·And that he had put in the her-
tes of the turkes so grete fere & drede/that they Were fled Without
smytynge of stroke·they had grete ioye and rendred graces and
thankynges to oure lord deuoutly · they had counseyl that they
shold not feloWe them Withoute a raye thurgh the feldes,/ffor
they Were ouer grete nombre of peple vnto the regarde of them ·
And yf they happed to relye and gadre to gydre agayn . they
myght perauenture put oure men to the Werse·Oure men rode alle
in ordenaunce vnto the centres of the hethen men·ffor they that fledde

loked? neuer behynde them , There founde oure men so grete plen=
te of Gold? of Sylüer · of Robes.of Jewellys.and? of Vessell ·
that the leest of them had? ynowgh·Thus gadred? they alle that
they fonde there/ & retorned and Wente· agayn to Jherusalem euery
man laden and charged With despoylles·thankyng and? preysing
our lord·by Whom Was comen to them this Vyctorye ,honour and
gayne· Thenne made they Within the cyte moche ioye & grete ,As
doon the Vaynquers and conquerours Whan they departe theyr
gayne

How somme of our barons Wolde retorne home after they had
don theyr pylgremage· caº   CCiij?

IN this maner they contepned them in the Cyte of Jherusa=
lem/ The two Valyaunt men that had ben longe tyme in the
seruyse of our lord? and had? perfourmed? theyr pylgremage·that
is to Wyte the duc of Normandye/ And therle of fflaundres/ they
toke leue of the other barons and toke theyr Waye for to retorne
in to theyr countrey/ they cam by shippe to Constantinople/ Them
perour alexys Which had? seen them to fore recyued? them With
moche fayr chiere.& gaf to them moche fayre yestes at theyr depar
tyng· After they cam in to theyr countre hool and? ioyous·That
one of them·that Was the duc of Normandye/ founde the thynge
alle chaunged otherwyse in his countre·than he left it/ ffor Why=
les·he Was in maynteuyng this holy pylgremage lyke as ye ha=
ue herd·his oldest broder deyde Without heyr of his body·Wylliam
Rous Which Was kyng of englond by right/ And after the cus=
tomes of the countre the Royamme Was fallen to this duc of nor=
mandye.but his broder Which Was yonger named? Henry·cam
to the barons of the countrey and? made them to Vuderstande/that
the duc his broder Was kyng of Jherusalem/ And had no talen=
te·ne purposed? neuer to retorne on this syde the montaynes·By
this lesynge they made hym kynge of Englond? and? they beam
his men·Whan his broder retorned fro the holy londe·he demaunded
of hym his herytage entierly/ And he Wold not delyuer it to hym
The duc made redy a grete naupe/ and? gadryd as moche peple as
he myght in normandye and other places.and passed the see/he ar
ryued? by force·His broder that Was kynge cam ayenst hym With
alle the poWer of the lande/ The batrylles Were al redy for tassem
ble·But the noble and Wysemen saWe that it shold be ouer grete

hurt & damage yf thyse two bretheren shold fyght thus·Therfor
they spak of pees·and made it in this manere,that the sayd hen
ry shold holde the Royamme·but he sholde gyue euery yere to his
brother a grete somme of good·of Whiche he made hym sure,And
thus returned the duc agayn·and cam in to his londe·after it hap
ped that the kyng Whiche had somme castellys in normandye to fo
re that he had the Royamme of Englond,them Wolde he kepe as
his herytage,The duc demaunded them·And he Wold not delyue
them,thenne the duc assieged them·and toke them by force·Whan
the kyng herd this,he Was moche angry·he assemblid grete peple
and passed ouer in to Normandye , his brother cam ayenst hym
And they fought to gydre at tynckebray,ther Was the duc discon
fyted and taken his broder put hym in pryson·Wherin he dyde
Thenne had this henry alle to gydre the Royamme of Englond·
and the duchye of Normandye , Therle of tholouse cam Vnto the
Lycke in Surye·therre lefte he his Wyf the Countesse and Wente Vn
to Constantynople·And shold hastely returne,Themperour made
to hym grete ioye and receyued hym moche Wel·and gaf to hym
grete yeftes , And after cam agayn to his Wyf hoole & sauf,
to his felaWship in Surye·but it Was two yere after as ye shal
here·The duc godeffroy Was in Jherusalem ,Wel gouerned he the
Royamme Whiche oure lord had gyuen to hym he reteyned With
hym the Erle Garnyer of grete,And other Barons suche as he
myght haue·Tancre the Valyaunt abode With hym · to Whom the
Duc gaf for to holde in heryage the cyte of tabarye Whiche ston
deth on the laye of Gene· And With that alle the prynapalyte of
Galylee With the Cyte·Whiche Was Woned to be named porphire
And noWe named Cayphas· and alle thapertenaunces of
thyse thynges , Tancre helde thyse londes so Wel and so Wysely·
that he Was alloWed of god & honoured of the World,he founded the
chirches of this countrey moche zyckely·he gaf to them grete ren
tes,and endoWed them With Aournementes fayr and of grete
Value·Specially the chirche of Nazareth of tabarye and that of
mount Tabor·he lefte them in hye estate and in moche ryche poynt
But the barons that after hym haue be lordes of the countrey ha
ue taken from them ynoWgh of their tenours, This Tancre Was
Wyse and treWe , And delyted hym to doo Wel to the chirches·as
it appereth after Whan he Was prynce of Anthyoche · ffor he en
haunced the chirche of seynt peter and the prynapalyte and seyg
norye of anthyoche·made he moch greter & enlarged as ye shal here·

How Buymont and Bawdwyn beyng certayn of the pryse and
conqueste of Iherusalem wolde accomplysshe theyr pylgremage /
Capitulo.   CC.iij?

W Hyles that the Royamme of Iherusalem was in such esta
te / Buymont the prynce of Anthyoche. And Bawdwyn
Erle of Rages broder of the duc godeffroy had herd certayn ty
dynges that the other barons that helde them to gydre as brethe
ren for the accompanye of theyr pylgremage had by thayde and
helpe of our lord Ihesu Criste conquerd vpon the turkes and re
couerd to oure fayth the holy Cyte of Iherusalem / by whiche they
had accomplysshyd theyr vowes and theyr pylgremages. Ther
for they assembled on a day named for to goo to the holy sepulcre
to thende that they were assaylled of theyr vowes. And desi
red moche for to see the Duc and the other Barons. to whom
they wolde gyue ayde yf they had nede / that is to wete of their bo
dyes / of theyr goodes and of theyr men that were vnder them.
Thyse two hye men were not at the takynge of the holy Cyte of
Iherusalem. ffor by the wylle of the pylgryms that one of them
abode in Anthyoche / And that other at Rages. for to kepe soyg
nously and defende the turkes fro thyse two Cytees whiche were
fer fro Cristiente. Eche man had to doo ynowgh in his countrey.
But they lefte alle for to come to the other / Buymont cam fyrst
fro his cyte with a moche fayr company grete nombre of men of
Armes on horsbak and a foote. he cam vnto a Cyte vpon the see
named valerne on the castel of margat / there he lodged hym maul
gre them of the cyte. Bawdwyn cam fro his countrey sone after
and so moch iourneied after that he ouertoke the prynce Buymont
to fore this Cyte / And there they assembled / In that same tyme
were arryued pylgryms of ytalye at the lycse in surpe. Emong
them was a good man wyse and wel lettred. Relygyous and of
grete honneste named daybart Archebisshop of Pyse / Another
was in his company Archebysshop of puylle of a Cyte named
Aaane. Thyse men with theyr meyne cam in the companye of
thyse two barons for to passe more surely vnto the Cyte of Ihe
rusalem. Of them was moche entreced thoost of thyse two prynz
ces / in suche wyse that they were wel.xxv.M.on horsbak and a
foote. Thus thenne helde they theyr waye by suche manere / that
they fonde no Cyte but of theyr enemyes / wherfore they passed
with moche grete payne / They suffred moche in theyr way for lack

of vytaylles. ffor they fonde none for to bye · And suche as they
brought fro theyr countrey was faylled · They had grete cold /
and so grete rayne that nothyng myght endure it was so mervey
lous · It was in the moneth of Juyll · Whiche is moche rayny cu
stomably in that countrey, ffor this cause many deyed of mesease
in that companye. ffor in alle this longe waye · they myght fynde
none that wolde selle to them ony vytaylle sauf they of Tryple ·
and they of cesaire. They had grete sarcete of vytaylles for theyr
horses, Atte laste by the mercy of our lord they cam to Jherusa
lem / There were they receyued with moche grete ioye · of god · of
the barons of the clergye and of alle the peple · They vysyted the
holy places of the cyte in teeris and grete sorowes of herte, they
fylle doun flat and stratched in the chirches, they kyssed and ete
therthe that our lord had bought, After they cam in to theyr hostel
lys / where alle they of the toun made to them grete ioye / Whan
the hye feste of the natyuyte of our lord Jhesu Criste approuched
Alle the prelates and barons yssued out of Jherusalem · & wen
te to Bethlehem / There helde they theyr Cristemas · There behelde
they gladly and moche ententyfly the holy cryble · wherin the sa
uyour of the world laye bytwene the beestes · deuoutly made
they theyr prayers & oryfons in the place, whiche is as a lytil dy
che where the swete lady that was moder and vyrgyne after that
she had chylded, wrapped her sone with lytil and smale clothys · &
gaf hym souke of the Mylke of her pappes

How our Cristen men chosen a very Patriarke in Jherusalem
and assigned to hym rentes · &c? CC v°

In to this tyme had the See of Jherusalem ben without pas
tour and patriark that duely and truly had entred · It was
wel thenne viii monethes that the cyte was conquerd, Thenne assem
bled the Barons for to counseylle to haue suche a man that were
worthy of honour & myght to kepe the faytes, Ther were wordes
ynowgh, The somme wolde haue one / and other wold haue ano
ther · Atte laste by the counsel and good wyll of alle they chees
this Daybart Archibisshop of pyse. whiche was but newly come
They constituted and sette hym in the siege of Patriark, ffor he
that had be made by this baratour arnold of whom I haue spoken

to fore lyke as he was made ayenst right and reson. In lyke wy=
se he retorned agayn to nought. Whan this good wyse man was
sette in his dignyte. The duc godeffroy and the prynce buymont
cam to fore hym. Whiche had gyuen to hym this honour as for to
be the Vycayre of Ihesu Criste in that londe. and thanked and
preysed alle to gydre oure lord. Whan this was don they af=
sygned rentes to the newe Patriark. suche as his predecessour
Whiche was a greeke had holden. And other gretter aboue that
in suche wyse that he myght honorably mayntene a good and ho=
nest company of peple. Thenne Bawdwyn and buymont toke leue
of the duc and of the other barons and descended vnto flom Jor
dan and there bayned them. ffro thens they wente by the Ryuer
syde til they cam to tabarye. Thenne passed by the londe named
Fenyce, And lefte cesayre on the right syde. After they cam
to the Cyte named manbec. After helde they the see syde and so
moche exployted that they cam al hool and sound to Anthyoche

How by thatpsement of somme men a grete debate sourded by=
twene the duc aud the patriarke of Iherusalem, ca? CCVj°

The custome of somme men is suche, that they may not
suffre the peas emong the peple. Where they may sette dis=
corde. By thatpsement of suche maner folke sourded a de=
bate bytwene the duc and the patriarke. ffor the patriarke demaū
ded of hym the chyef tour of the toun whiche is named the toure
dauyd. and the fourth part of Iherusalem, aboue that he wold ha=
ue the cyte of Japhe and alle thappertenauntes. ffor he sayde that
they were the droytes and rightes of his chirche of the sepulcre,
Whan this debate had a whyle endured bytwene them. the duc
Whiche was humble and mesurable & moche doubted our lord, on
candelmas day in the presence of alle the clergye & all the peple he
gaf the iiij part of Japhe moche debonayrly to the patriarke and
to his chirche to holde for euermore. After this whan it cam to the
day of Eester to fore all them that were assembled at this feste, he
gaf in to the honde of the patriark the fourth part of Iherusale &
the tour dauyd with alle the apertenauntes. Alway forseen by
couenaunt that the dnc shold holde thyse cytees and the londes
aboute vnto the tyme that by the ayde of oure lord. he had con=
querd vpon the turkes. two other Cytees, By whiche the Ro=
yame myght be enlarged. And yf it happed that he deyde in the

iᴧj

mene Whyle Without heyer· Alle thyse thynges Withoute contra／
diction shold come in to the honde of the patriarke／and to the chir／
che· The trouthe Was suche as I haue sayd／·But it is ouer grete
merueylle. ffor What reson this holy man that Was so Wyse· demā
ded thus thyse cytees of this noble man the duc as I haue sayd／
They that kneWe the state of the londe／ helde and／ reputed／ them
self for lasse· Whan they Vnderstode this Werke and／ couetyse in
the chirche· and／ merueylled／ therof／·ffor the barons that had／ con／
querd／ the cyte gaf it to the duc so frely／that they Wold／ not／that
ony man lyuyng shold haue no right aboue hym· but that he shold
holde it hym self entierly Without making to ony other ony obeys
saunce.

Hier recounteth thystorye hoW the fourth parte of Jherusalem
cam Vnto the patriarke of the same· ca?   CC vij?

a   NVay it is certayn· that fro the tyme that the latins entred
       in to the Cyte· And yet of more Auncyente／ the patriarke of
Jherusalem had the fourth part of the cyte of Jherusalem／ And／
helde it as his oWen／ hoW this happed／ and by What reson／ I shal
saye to you shortly／ ffor the trouthe therof hath ben serched／· It is
founden by thauncyent historyes that Whyles this Cyte Was in
the hondes of the hethen peple／ It myght neuer haue peas· that lon
ge endured／ But Was ofte assieged／ of hethen prynces that Were
about it· ffor eche of them Wold conquere it and put it in his seyg／
norye／ Therfor they toke ofte the preyes· and mesdyde and trespa／
ced to the Cytezeyns of the toun／ They brake the toWres ꝛ Walles
moche oultrageously by theyr engyns· And／ for the oldenes of
the· Walles／ the Cyte Was disclosed and open in many places／ In
this tyme the Royamme of Egypte Was more ryche and／ more
puyssaūt of hauoyr and good／ and／ defence than ony other of the
Royammes of Turkye／ ffor the Calyphe helde thenne Jherusalem
and the londe therabout· and With his grete hoost that he sente the／
der he conquerd alle surye Vnto the Lycle Whiche is by anthyoche
Thus had／ he encreced／ his empyre· he establysshyd／ his baylyes
in the cytees that stonde on the see syde· And／ in them also on the
londe／ Thenne commanded he that alle sholde paye to hym tribute
ꝛ ordeyned ꝛ deuysed What he Wold haue of euery cyte· after this
he Wold that the cytezeyns shold make agayn the Wallis of cūy

Cyte/ And maynkene in good poynt the towres/and redresse alle
aboute suche as neded/by the aduys of his men· And after theyr
establysshement· The bayly of Iherusalem commaunded to them
of the toun to repayre theyr walles and/ sette them euterly in
poynt lyke as they to fore had ben· Thenne ordeyned he and deuy-
sed how moch euery strete of the toun shold make· By grete cruel-
te and malyce he commaunded that the captyfs cristiens that were
in the cyte shold make the fourth part of the walles, They were
so pour and so greued of taillages and cayses.that vnnethe [they
had emong them alle. Wherof to repayre two to wrettys. They sa-
we wel that he sought occasion for to destroye them alle· Therfore
they assembled·and cam moche humbly to fore the bayly,and fyl
at his feet.And moch requyred in wepyng/that he wold comman-
de them to doo thynge that they myght doo · For this that he
had commanded them to doo was ouermoche ouer theyr power·
That Inhumayn bayly Whiche was ful of cruelte and of pryde
bouyd not the cristen men and/ menaced them moche fiersly,
And sware that yf they accomplisshyd not the commaundement
of this lord the Calyphe·he wold do smyte of theyr hedes as tray-
tours/Whan they herd this,they were moche aferd,and on that
othersyde they sawe wel that they myght not bere the charge that
he leyde on them,therfor they dyde so moche atte laste by the pra-
yer of somme turkes/Whiche had pyte on them·that the bayly
gaf them respyte.til that they had sent to themperour of Constan-
tynople and to requyre hym for the loue of god that he wold sen-
de his almesse to performe this horrible werke.for to delyuer them
fro the peryll of deth in whiche they were condempned/yf it we-
re not by them made

Of the same mater/⸿ CC viii°

¶ The messagers cam fro them to themperour in to constanty-
nople/they seyd to hym the trouth of their message·how they
were in subiection.and what meseases what fylthes the turkes
made them to suffre. And fynally they muste alle deye yf he socou-
red them not/all they that herde them began to wepe for compassi-
on.Thene was emperour a valyaunt man wise & of grete corage na-
med constantyn and/ surname monamaques·he gouerned moche
vygorously thempyre · Whan he herd the requeste of the poure
cristen men he was meuyd with grete pyte in his herte,and sayd
that he wold helpe them gladly·and shold gyue to them so large-
ly of his good that the iiij part of the wallis which was comanded

them to make shold be accomplysshyd·But he promysed them Wel
that he shold doo nothyng but by couenaunt·That is to Wete that
yf they myght pourchace of the lord of the londe·that Within the
partye of the cyte that shold be closed With his money·none shold
dwelle but cristen me̅·on this condicion Wold he doo it/and other
Wyse not·In this fourme he delyuerd to them his lettres paten-
tes·And sente to his bayly of Cypre·that yf the cristen men of Jhe
rusalem myght pourchace of the Calyphe of Egypte this that ye
haue herd·that of the rente that he ought to haue in that londe · he
sholde lete make the fourth part of the Wallys of this holy Cyte
The messagers that had thus don theyr message·Retorned vnto
the Patriarke·and to them that had sente them/And recounted
to them truly hoW they had don and sped·They ansWerd that it
sholde be hard to be had·not Withstondyngthey muste essaye·ffor
they myght passe in none other maner·they sente good messagers
and treWe to this grete lord the Calyphe of Egypte/Our lord hel-
pe hym in such Wyse that thei fode in hym this that they sought
e shortly to say·he delyuerd to them a good chartre sealid With
his seal·e confermed With his propre ha̅d that so closyng the iiij·
part·he graunted to them the fourth part of Jherusalem·The mes
sagers retorned·They that had sente them made to them grete ioye
Whan they kneWe hoW they had achyeued their message·The bai
lyes of Cypre passed in to Surye·And they made the fourth
part of the Walles·With the goodes of themperour lyke as he had
commaunded·And this Werke Was made in the yere of thyncar-
cion of oure lord·M·lxiij·thenne Was calyphe e kynge of egypte
kommensor/And this Was·xxxvj·yere to fore the cyte Was con-
querd·Vnto this tyme the cristen men Were lodged in the toun e-
monge the turkes comynly one by another·but fro thens forth
that the Calyphe had commaunded·the fourth part of the toun Was
delyuerd to them , Thenne Were the cristen men moche eased·ffor
Whan they dWellyd emong the turkes·they that Were theyr neygh-
bours , dyde to them grete ennoyes and shames·But Whan they
Were by them self·they dyde them not so moche/yf they had ony de
bate emonge them self it Was brought to fore the patriark·ffor fro
then̅e forth Was in that part of the toun none other iustice but he ,
thus gouned be it as his oune·his iiij part is bounded as I shall sa
ye to you·ffro the gate y̶ the sone goth doun Which is named the ga
te dauid by the tour of the angle otherWyse named the tour tancre
The Walles that they made Within is bounded fro the chyef Way

that goth fro that gate vnto the chaunge·And fro thens agayn
vnto the West gate·In this space stondeth the mount of Calua:
rye Where our sauyour Ihesu Criste was crucified·& the holy se:
pulcre·Where he laye deed in·and out Wherof he aroos fro deth to
lyf·The hows of the hospytal · Two abbayes one of monkes &
another of nonnes·The howes of the patriazke·And the Cloystu:
re of the chanonnes of the sepulcre

     HoW the duc Godeffroy for to augmente the Cristiente assie :
ged one of the toWnes of the turkes ·caº   CC iꝛ?

   i̖   N this tyme after that alle the Barons that Were come in
       pylgremage Were departed fro the londe and returned in to
theyr countrees· The valyaunt duc to Whom the Royamme Was
delyud·& tanxe Whiche Was abiden With hym·they Were almost
allone in tho partes·they Were moche pour of good and of men·
Vnnethe myght they make Whan they dyde alle theyr poWer thre
hondred men on horsbak·and two thousand a foote· The Cytees
that the pylgryms had conquerd Were ferre a sondre·And none
myght come to other Without grete perylle of theyr enemyes·The
Byllages that Were aboute the cytees Whiche Were called casians
therin dWellyd the turkes that Were theyr subgettis and obeyed
to the lordes of the cytees·but thise turkes hated nome more·than
they dyde the cristen men·and pourchaced incessantly alle the har:
me & euyl that they myght·Whan they fonde ony of our men allo
ne out of the Way·gladly they murdred them·And somtyme they
ledde to the Cytees of the saraysyns for to selle them ·yet thought
they of gretter meschyef and folye·ffor they Wold not ere ne la:
boure theyr londes·to thede that the lordes and men of the cytees
shold not take theyr rentes·and desired them self lyuer to suffre
mesease·rather than onr peple shold haue ony good of auaylle
The Cristen men Were not Well assured Within the Cytees· ffor
they had but feWe peple· And there cam theupe by nyght
that Robbed theyr houses·and sleWe them in theyr beddes· And
bare aWaye alle theyr thynges · By this occasion many there
Were of the Cristen men·that lefte theyr fayr tenementes and
howses in the Cytees and returned pryuely in to theyr coun :
trepes·ffor they hadde grete drede·that the Turkes·Whiche that
dWellyd aboute them·sholde assemble somme daye and take the
toWnes by strengthe & destresse and destroye them for euer in such
Wyse that neuer sholde be memorye of them · ffor hate of them

                                                   113

that thus Vente Was establysshyd fyrst in that londe . that Who
that helde a yere longe in peas his tenement and his londe,he shold
neuer after answere therof to ony other·by cause ther Were many
that for fere and for coWardise lefte alle theyr thynges and fledd
a Way.After Whan the countrey Was better assured,they cam a ;
gayn.and Wold haue recouerd them,but by this laWe that Was
thus establysshyd they Were neuer herd·Whyles that the Royam
me Was thus in grete pouerte,the Valyaunt duc godeffroy Which
hadd moche grete courage and good hope in our lord·enlarged his
Royamme·he assembled as moche peple as he myght·And Vente
for tassiege a Cyte nygh to Japhe on the see Syde·named Arsur
But he fonde it Wel garnysshed of Vytaylles·of men of Armes
and other engyns· And ther Were therin turkes many hardy and
defensable·The hoost of the Cristen men that Were Withoute Were
but feWe and suffretous by cause they hadd no shippes · by Whiche
they myght defende the Waye of the see · Where they myght entre e
yssue Whan it plesyd them,/for thise thynges the duc Was con ;
strayned to leue the siege·and departed thynkyng to come agayn
to the same place/Whan the tyme shold be more couenable·And
that he Were better pourueyed of men,Wherof he had nede for to ta;
ke the toun·And so had he don yf our lord hadd gyuen hym longe
lyf in this World

How the turkes brought presentes to the duc godeffroy at the
sayd siege and of theyr deuyses to gydre·ca?   CC x?

i   T happed in this siege of Whiche I haue spoken a thynge
     that ought not to be forgoten·ffro the montaynes of the lon
de of Samarye·in Whiche is the londe of Napples.cam summe tur
kes Whiche Were lordes of Casians theraboute.and brought Vn;
to the Valyaunt duc godeffroy ·presentes of brede·of Vyn of dates
and of other fruyte· It myght Wel be that they cam more for te;
spye the keyng and contenaunce of our men.than for other thyn;
ge·they prayde so moch the men of the duc that they Were brought
to fore hym/ Thenne they presented to hym suche as they had
brought,The noble duc.as he that Was humble and Without bo;
baunce sat in his pauyllon on the ground.e lened Vnto a sak full
of stuff ,There abode he a part of his peple that he had sente in fou
rage.Whan they that had made thyse presentes/saWe the duc sytte

so lowe·they merueplled them ouermocke/andꝛ began to demaūdꝛ
of the peple that vnderstode theyr langage · Wherfore it was so·
that so hye a prynce of the weste.whiche hadꝛ troubledꝛ alle tho
ryent and had slayn so many men/ and taken and conquerd so puis
saunt a Royamme·conteyned hym so pourely/ne hadꝛ not vnder
hym tappytys ne clothes of sylk · ne habyte of a kynge on hym ·
ne hadꝛ not aboute hym sergeantes oꝛ knyghtes holdyngꝛ nakedꝛ
swerdes oꝛ haches oꝛ apis danoys · by whiche alle they that sawe
hym shold doubte and fere hym/but satte so lowe as he were a mā
of lytil affayre·The valiaūt duc demaūded of them that knewe ⁊
vnderstode theyr langage what they saydꝛ · It was tuldꝛ ⁊ an
swerd of this whiche they merueplled.Thenne he sayd that it was
no shame to a man moꝛtel to sytte vpon therthe/ffoꝛ theder muste
he returne after his deth and lodge there in his body and become er
the·whan they herd this answere.they that were comen foꝛ tespye
andꝛ essaye what he was/began mocke foꝛ to allowe and preyse
his wytte and his humilyte·They depaꝛtd fro thens/sayeng that
he was shapen andꝛ lyke foꝛ to be loꝛd of alle that londe·and to go
uerne the peple/that was so withoute pryde/And knewe pouer
te and the fragilyte of his nature so wel.This woꝛd was spradd
ouer al by them that hadꝛ herd hym·he was so mocke dradde andꝛ
doubtedꝛ of his enemyes/that enquyredꝛ of his affayres/whiche
founde not in hym but vygour·Rayson and mesure without ony
pryde oꝛ oultrage

How buymont was taken in goyngꝛ to Meletene.whiche cyte
the loꝛd of the same wold yelde to hym ca?   CC xj?

i   IN the Royamme of Iherusalem they conteyned them thus
      as ye haue herdꝛ · Thenne it happenedꝛ that a ryche man of
ermenye·named Gabryel was loꝛd of the cyte of meletene.which
stondeth by yonde the Ryuer of Eufrates in the londe of mesopo
tayne·This gabriel doubtd mocke that the turkes of Perse shold
come on hym/ffoꝛ the men that they helde/ran ofte on hym/in
suche wyse that he myght not wel suffre it/Therfore he toke coun
seyl·And sente messagers to buymont prynce of Anthyoche/that
that sholdꝛ saye to hym in his name.that he sholdꝛ haste hym in to
his londe/ffoꝛ he wold gyue ouer to hym his Cyte by certayn co
uenauntes resonable ynough whiche he sente to hym · he louꝛd

buymont, And sayde that he had leuer that buymont had his cy
te by his agremēt: than the turkes sholde take it from hym ayenst
his wyll, whan Buymont herde thyse tydynges as he that was
hardy hasted hym mocke for to make hym redy · And toke with
hym a good company and went forth on his way, he passed the
Ryuer of Eufrates and entred in to mesopotayne, And was
nyghe the Cyte of meletene, ffor whiche he wente for to recyue,
whan a puyssaunt amyral of the turkes named domsmayn, that
had certaynly the very knowleche of his comyng. And laye in a
wayte for hym, and ranne vpon hym sodenly · and his men beyng
alle out of araye and dispourueyed, They that abode were alle
slayn, ffor ther wew ouer grete plente of turkes, The other fledde
Buymont was taken and retyned · and they ladde hym the han=
des bounden with cordes, And his feet chayned wyth yron, Of
this auenture mounted the turke in grete pryde, And trusted
mocke in his hooft that he ledde, that he cam to fore the cyte of me
letene. and assieged it. by cause he supposed that they wold haue
delyuerd it without taryeng, But somme of them that escaped
fro thens where the prynce was taken cam fleyng in to the cyte of
Rages . They tolde to therle Bawdwyn this grete mesauenture
that was fallen to them, whan the valyaunt Erle herde this , he
was mocke angrye. And had grete pyte of the prynce, whom he
helde for broder for the companye of the pylgremage . And by
cause they had theyr countrees so nygh to gydre It shold haue dis
plesyd hym yf the turkes shold conquere this cyte that buymont
shold haue had. Therfor he somoned hastely alle his men that he
myght haue on horsback and a fote · and toke with hym that was
necessarye for suche a vyage and wente toward thoo partyes.
wel a thre daye iourneye was Rages fro meletene · he had sone
passed this waye in suche wyse that he was nyghe the cyte. But
the sayd donysmayn knewe wel the comyng of therle and durst
not abyde ne fyght with hym. But lefte the siege and departed
and ledde forth. with hym buymont faste bounden and straytly
whan Bawdwyn herde that he durst not abyde hym, But fledde
to fore hym, he ran after with his men and chaced hym thre da=
yes longe, whan he sawe that he myght not ouertake hym, he re=
tourned in to the cyte of Meletene. Gabryel the lord of the town
recyued hym with mocke grete ioye with alle his men. and ma=
de to them good chere. And after gaf ouer the cyte to hym by the
same couenauntes that he had offred to buymont · whan he had

How the duc godeffroy assembled alle his peple·And entred in to Arabye·And of the gayn that he made·And of his deth Capitulo   CC xij?

Godeffroy the valyaunt Duc and his men that were lefte
With hym for to kepe the Royamme began to haue moche
grete mescase·and suffre suche pouerte that vnnethe it may be deuysed·Thenne it happed that good espyes and trewe brought to hym tidynges that in the partyes of arabye on that other syde of flom Jordan were moche ryche peple whiche doubted nothynge· And therfore they dwellyd out of fortresses·yf they were surprysed there shold be moch grete gayne wonne·The valyaunt Duc that so moche had suffred toke with hym peple a foote and on hors bak as many as he myght sauf the garde of the Cyte·Thenne entred he sodeynly in to the londe of his enemyes. There gadred he many grete propes·that is to wete·horses·beufes·Oxen and sheep And ryche prysonners brought he grete plente·Thenne retorned he toward Iherusalem·Somme turkes ther were hye and puyssaunt of them of Arabye whiche were moche hardy· and noble in Armes·And had grete prys· Emonge all other ther was one that had longe desired for to see the duc Godeffroye of bolonye·& wold fayn knowe yf it were trewe that was said of his force & strengthe·& acqueynte hym with his peple of ffraunce of whom he had herd so moche·that were come fro the occident vnto thorpent, And had conquerd so many londes·And sette them in theyr subiection. Aboue alle other he desired to see duc godeffroy and knowe yf it were trouth that was sayd of his prowesse & his strengthe·he dide so moch to such men as he spak·that he had good surete & truewas to come vnto the duc·he salewed hym moche lowe enclynyng lyke as is theyr custome. And after he prayd and desired of the duc moche humbly , that it wold plese hym to smyte with his swerd a Camel that he had brought moche grete·ffor as he sayde it shold be grete honour to hym in his countre· yf he myght recounte ony of his strokes that he had seen hym self·The duc knewe wel that he was come fro fer to see hym· And dyde that he requyred hym·he drewe his swerd·and smote the camel on the neck where it was grettest · And smote it of as lyghtly as it had ben a sheep·whan the turke sawe this·he merueylled ouer moche ·In

such wyse that he was all abasshed/ Whan he had a litil bethought
hym, he sayd in his langage. I see wel sayd he that the duc hath a
good swerd & wel trenchant & cuttyng, But I wote neuer yf he
coude smyte so grete a strook with another swerde. The valyaunt
duc demaunded what he sayd. And whan he knewe, he began to
smyle a lytil, And after sayd, that he shold delyuer to hym his
owen swerde. The turke dyde so, the duc thenne smote therwith an
other camel. In suche wyse that he made the hede to flee of moche
lyghtlyer than of the other/ thenne merueylled ouermoche the turk
And sayd that it was more by the strengthe of the arme
than by the bounte of the swerde, he had wel preuyd. that it was
trewe that was sayd, of the Duc in his countreye. Thenne he
gaf to the duc many fayr Jewellys of gold and of ryche stones
and moche acqueynted with hym. And after retorned home in to
his countre. The valyaunt duc cam vnto Jherusalem with alle
his proye/ & the trusses & fardellys of his gayn Which wer so grete
that all the men of his companye were ryche : In that moneth of
Juyll. the valyaunt duc godefroy Whiche was gouernour of the
Royamme of Jherusalem had a maladye and sekenes moch gre
te,/ Alle the phisiciens of the contre were sente for. They dyde alle
that in them was possible, But alle auaylled not. ffor the payne
encresyd alway more. After this he sente for men of relygyon as
prelates/ curates & other good & deuoute men for to haue coūseyll
of them for the helthe of his sowle/ he was moche wel confessyd
and veray repentaunt with grete wepynges, And in his right
mynde with grete denocion departed out of this world/ Certaynly
ly we ought to thynke that the sowle was brought vp with an-
gelis to fore the face of Jhesu crist. he deyde the .viii day of Juyll the
yere of thyncarnacion of oure lord. M.j.C. he was entiered and
buryed in the chirche of the holy sepulcre vnder the place of the
mount of Caluarye/ Where our lord was put on the crosse/ That
place is kept moche honestly for to entere and burye the kynges
vnto this day

Thus endeth this book Intitled the laste siege and conquest of
Jherusalem with many other historyes therin comprysed/ Fyrst
of Eracles, and of the meseases of the cristen men in the holy
londe, And of their releef & conquest of Jherusalem, and how Go
deffroy of boloyne was first kyng of the latyns in that royamme
& of his deth. translated & reduced out of ffrensshe in to englysshe

by me symple persone Wylliam Caxton to thende that euery cri=
sten man may be the better encoraged tenterprise Warre for the de
fense of Cristendom. and to recouer the sayd Cyte of Jherusalem
in whiche oure blessyd sauyour Jhesu Criste suffred deth for al
mankynde. and rose fro deth to lyf / And fro the same holy londe
ascended in to heuen· And also that Cristen peple one Vnyed in a
veray peas / myght empryse to goo theder in pylgremage with
strong honde for to expelle the sarasyns and turkes out of the same
that our lord myght be ther seruyd & Worshipped of his chosen cri=
sten peple in that holy & blessyd londe in Which he was Incarnate
and blissyd it With the presence of his blessyd body Whyles he was
here in erthe emonge Vs. by Whiche conquest We myght deserue af
ter this present short and transitorye lyf· the celestial lyf to dwelle
in heuen eternally in ioye Without ende Amen / Which book I pre
sente Vnto the mooste Cristen kynge· kynge EdWard the fourth.
humbly besechyng his hyenes to take no displesyr at me so presu=
myng ·Whiche book I began in marche the Vij daye and fynys=
shyd the Vij day of Juyn, the yere of our lord· M.CCCC·lxxvj
& the xvi yere of the regne of our sayd saueraын lord kyng Ed
Ward the fourth. & in this maner sette in forme & enprynted. the
xx day of nouembre the yere a forsayd in thabbay of Westmester
by the sayd Wylliam Caxton